商业筹码狙击战

中国商企密谋与诡道竞争

辛华豪◎著

中国社会出版社
国家一级出版社★全国百佳图书出版单位

图书在版编目（CIP）数据

商业筹码狙击战：中国商企密谋与诡道竞争／辛华豪著．--北京：中国社会出版社，2013.6

ISBN 978-7-5087-4465-0

Ⅰ.①商… Ⅱ.①辛… Ⅲ.①企业竞争—研究—中国 Ⅳ.①F279.2

中国版本图书馆 CIP 数据核字（2013）第 129346 号

书　　名：商业筹码狙击战——中国商企密谋与诡道竞争
著　　者：辛华豪
责任编辑：王晓翔
助理编辑：赵津莹

出版发行：中国社会出版社　　　邮政编码：100032
通联方法：北京市西城区二龙路甲 33 号
电话：编辑部：（010）66061723
邮购部：（010）66081078
销售部：（010）66080300　　（010）66085300
（010）66083600
传　真：（010）66051713　　（010）66080880
网　　址：www.shcbs.com.cn
经　　销：各地新华书店

印刷装订：中国电影出版社印刷厂
开　　本：170mm×240mm　1/16
印　　张：16.25
字　　数：240 千字
版　　次：2013 年 8 月第 1 版
印　　次：2013 年 8 月第 1 次印刷
定　　价：33.00 元

序

在全球经济日趋陷入危机的大环境影响下，中国经济格局不可避免地会受到外部经济环境的影响，从而面临着较大程度的经济政策和产业结构的调整。中国企业尤其是民营企业也不可避免地参与到企业生存的战争中，由于国企在政策、规模、融资渠道上占据诸多优势，使得民营企业的生存空间越来越小，生存环境也越来越恶劣。

面对复杂的企业生存环境，辛华豪著作的《商业筹码狙击战》一书问世了。这是一本很值得一读的书。

俗话说：不虑万世者不足谋一时，不虑全局者不足谋一地！为了企业的生存，民营企业家们犹如八仙过海，各显神通，他们运用各自的优势和特长，充分发挥聪明才智，在创造了一个又一个可圈可点的成功案例的同时，也积累了相当多的经验与教训。

20 世纪 90 年代辛华豪开始进入金融投资领域，对经济产生浓厚兴趣并进行了深入的学习和研究，特别是在宏观经济、企业策略与发展方面有独到的见解。他对若干中国知名民企在生存与发展中的经典案例作了全面的分析，用平实的语言，生动的故事，精准的视角，讲述了中国企业面临的一些问题，尤其是民营企业在后经济危机时代如何面对国际以及国内复杂的环境调整策略，运用中国式的谋略与形形色色的对手博弈，走出了一条独具中国特色的发展之路。

这本《商业筹码狙击战》是继《看得懂的经济内幕：中国十年经济热点

大反思》后，作者推出的又一力作。本书不仅阐释了后危机时代中的企业战略、竞争手段、内部博弈，还对企业未来发展提出了一些指导性意见。通过对多家国内知名企业的竞争诡道窥探，向读者展示了后危机时代国内企业波谲云诡的博弈谋略真相。

以往我们在讲到企业发展之路的时候，都有一个惯性思维，那就是从文化传统意义上思考企业诚信，而作者则透过诚信层面发掘出更深一层的东西。如果一个企业发展既要走得快又要走得远，在诚信的基础上还有一项必不可少的内容——企业领导的智慧与谋略，智慧决定了企业发展战略即生存之路，谋略决定了企业发展战术即生存技巧。

全球闻名的沃尔玛公司是世界上雇员最多的企业，连续三年在美国《财富》杂志全球500强企业中居首，他们成绩的取得靠的是与众不同的经营战略；梦想全中国的网民和企业都为他的平台打工的马云，把日益强大的淘宝、支付宝、物流宝经营到极致，靠的更是他灵活多变的经营战略；海尔集团能够发展壮大靠的则是企业的自主创新的经营战略；而美国以成本为王的埃克森美孚、以银行资本控制工业资本的洛克菲勒，也都有着它们独特的成长方式。这些企业的成功之路，是值得好好研究的。

在当今复杂多变的大环境下，你想让你的企业有长远的发展吗？那么，这本书就更值得一读了。

中祥投资有限公司董事长

童　增

目　录

前　言

商业竞争，在当今社会非常普遍，其形式更是多种多样。有的通过金融手段，有的通过产业并购，还有的通过经济地位形成垄断，更多的是以价格战、商业间谍战、势力分化战等多种形式存在的企业竞争。企业要生存、要发展，本来如果提升自身核心竞争力即可在市场中占得一席之地，但当今，有很多的经济形式具有不可复制性，各种经济势力犬牙交错。如何在这样的环境中生存发展，除了具有经济智慧之外，还要具有极强的政治头脑。

在经济全球化的今天，我们可以感受到经济发展带给我们的变化，但同时也承受着经济发展过程中所产生的问题及其后果。因为社会发展过程中所产生的经济危机带来的影响远远大于我们的想象，而人类本身，恰恰是那种可以由穷日子、苦日子慢慢变好，但却接受不了日子越过越差的物种。而经济危机本身则会不断地提醒着人们，不管经济多发达，科技多进步，最终还是无法解决危机所带来的负面影响。

于是，如何能够在经济危机产生后依然得以生存和发展就显得尤为重要。在2007年以后，由次贷危机作为导火索，全世界性的金融海啸袭来，让整个世界包括拥有最发达经济体的国家也陷入了经济危机。在此之后是漫长的经济冬天，也被称为后危机时代。哪个国家能率先从经济危机中走出来，就能够在未来发展中占取先机。到2012年为止，处于旋涡中心的美国，虽然失业率依然严峻，但企业已经开始走出冬天。相对来说，欧债危机依旧在延续，但在欧元区各个国家境况却大不相同。而不同国家面对经济问题所实行的政治策略，也就影响着其国家企业的生存状态……

相对其他国家来说，我国在经济发展过程中遇到的问题往往会更多、更隐蔽，也更为复杂。改革开放初期，我国的经济发展是呈井喷式的。1978 年国内生产总值（GDP）仅 3600 多亿元，而到 2011 年已经达到 47 万亿元以上。虽然这么多年经济得到了飞速发展，但是与经济发展相关的法制和管理却相对滞后。最重要的是随着改革的深入发展，各地方的地方保护主义思想开始逐步出现。地方垄断、市场不能维持公开透明成为司空见惯的现象，“潜规则”成了经济体生存的法则之一。

2007 年全球金融海啸之后，我国面临着对外出口行业遇冷，人口红利逐步消失，资金链顿时紧张，实体经济趋冷导致热钱不断涌动。2008 年为了应对逐步向中国袭来的经济危机风暴，国家出台了 4 万亿元经济振兴计划。4 万亿元的投资使得更多的实惠走进了垄断国企以及基础建设，而实体经济面对的问题依然严峻。相对来说，很多国企由于国家的投资拉动，解决了原来部分产能过剩的问题，但由于过分乐观，致使他们持续加速生产，因此更加重了产能过剩问题。而由于投资拉动，让各地方政府在实体经济上的关注度不够，因为基础建设带来的房地产热提供的土地附加值足以解决财政问题。这就造成了全国民营企业没有得到应有的关爱而走向冬天。不管从历史还是从世界眼光来看，民营企业都是一个国家经济发展活力的源泉，他们的生存状况直接关系着国家经济的命脉。

国内的企业在全球经济都不景气的后危机时代该如何生存，就成了一个不可回避的问题。因为，国内企业不仅要面临着包括汇率升高、订单减少、贸易壁垒等诸多外来的挑战，更要面对国内通胀带来的生产原料价格提高，房租、水电、税收、工资上调等诸多内部压力，经济危机的无预兆性又让很多企业的资金链出现问题。截至 2012 年，大批久负盛名的民营企业在一夜之间垮塌，老板或跑路或被抓。

这么多残酷的实例，让挣扎求生存的国内实体企业如履薄冰。为了在日渐萎缩的消费市场内争得一席之地，产业巨头为了保住行业地位而不遗余力地维持垄断，实力不够强大的企业也会避实就虚，采用各种商业计谋赢得市场份额。为了能够获得巨大的经济利益，企业往往会用一些剑走偏锋的招数。我们无法对这些企业作出道德谴责，因为是市场平台造就了企业，而企业为了生存与发展，往往就会钻市场漏洞，频频出阴招。本书的着眼点就是要分析这些企业与个人在后危机时代是如何生存与解决经济问题的，以及这些商业诡道又能对企业起多大的实际作用；而每当作出商业决定的时候，这些商业诡道又将为企业、投资人、经理人带来什么样的影响。除了商业诡道，很多企业也有产业创新。那么，这些创新给他们带来了什么？他们又如何将创新融入核心竞争力？

总之，不管运用什么样的商业诡道，或者用什么样的生存模式，只要能够生存并立足于市场，就是一个企业的经营王道，即使他们“目光短浅”，即使他们“投机取巧”。但是，在残酷的市场面前生存才是企业的第一要务，而本书将会展示并分析他们的生存模式与竞争策略。

第一章 资本大鳄与企业创始人的断杀博弈

在企业的发展中，投资扩张需要有大量的资金支持，这个时候资本进入会带来双方共赢。但近些年来，资本大鳄的进入往往使企业创始人被踢出局，如何能够在与资方的博弈中占据主导地位是企业家们必须思考的问题。对资方来说也是如此，如何投资一家潜力企业并使其焕发生机，是需要极强的经济智慧的。本章将向大家详细介绍资方与企业之间的博弈关系与谋略。

雷士照明内斗危机（一）：兄弟反目祸起萧墙

雷士照明，一个国内低调且极具实力的民营企业，在2012年却被媒体广为报道。一场类似“国美内斗”的大戏在雷士照明内部上演，先是公司创始人被迫辞职，投资人做董事长，随后公司员工罢工、经销商倒逼雷士创始人回来。国内民营企业家、国际资本大鳄、企业投资人之间的角斗不断。既对企业造成了困扰，又影响了其正常发展，这场企业内部的暗战可以称得上近年的经典企业战例，既凸显出了商场的残酷斗争和谋略博弈，又能从中得到企业运作的启示。要了解整个事件的来龙去脉，得先从雷士照明的创业人吴长江讲起。

吴长江，1992年辞职后开始下海经商，两年后与几人合资成立了总资本

10 万元的惠州明辉电器公司，主要生产电子变压器。因吃苦肯干，很快就赚了 20 多万元，每个股东分了近 4 万元。有了首次的成功，吴长江信心大增，1998 年与另外两名同学一起用 100 万元（吴长江出资 45 万元，杜刚、胡永宏各出资 27.5 万元）创建惠州雷士照明有限公司。股份占比为吴长江本人 45%，其他二人 55%。这也表示吴长江本人虽是第一大股东，但其他二人可以在关键时候牵制吴长江，这也成为后来雷士照明出现危机的导火索。

公司建立后，雷士照明凭借质量可靠、服务到位的行业口碑，使公司逐步发展起来。雷士能够发展壮大的原因有三个：第一，在行业中最先建立专卖店。这既是雷士销售网络的雏形，也是渠道建立的开始。第二，开拓商业照明市场。这一点非常具有前瞻性但比较难以开展。雷士以装修公司及工程设计团队为主要目标市场，逐步占领了商业照明市场，由此保证了企业销售量。第三，建立产品精神，提高雷士照明的品牌价值。以“光环境专家”作为产品精神，大幅提升了行业地位，为公司走向集团化发展奠定了基础。

吴长江的管理能力，胡永宏的市场开拓能力，杜刚的资源调配能力共同协作，让雷士照明仅用 5 年时间销售额就达数亿元。不过，在中国的生意场上历来是能同患难却无法共富贵。随着企业规模越做越大，股东间的分歧也越来越多。

吴长江雄心勃勃，对于资本扩张的欲望也随公司的发展而加强。其他两个股东则相对谨慎，并逐步感到了来自吴长江的压力。于是，其他两名股东开始干预企业管理。为了安抚两名大股东，吴长江将自己部分股份分给两个合伙人。公司至此为止三分天下，每个股东股份均等。

不过，此一变故让吴长江懂得企业筹码的重要性。他运用自己最擅长的管理能力逐步将企业销售渠道掌控手中，并进行渠道改革。改革方案是将原本雷士的全国直营销售网络分成三十几个管理运作平台。管理职能由原来的销售逐步转化为从货品、物流、资金全面独立的网络平台。最重要的一点是，这三十几家网络运作平台是独立出来的，不再受雷士控制。这意味着企业对销售网络的管理权被剥夺，而由公司决策人单线控制。企业权力的流失让其他两名股东无法容忍，2005 年 11 月，两人联合对吴长江施压，打算将其挤出雷士。由于两大股东的联合施压，最终吴长江答应以8000万元退股并辞职。

不过，一手缔造雷士照明的吴长江显然不会轻易放弃。仅三天之后，全国各地经销商突然群体施压，逼迫其他两名股东不得不各自以8000万元退出公司。由于强大的渠道掌控能力，吴长江此役获得胜利。

之所以会出现这个局面，有几个原因：第一，多年来吴长江苦心经营雷士照明，虽说渠道并非完全自己建立，但其管理影响力已经逐步渗透进去，可以说渠道本身已经成为吴长江管理的一部分。第二，渠道改革使地方经销商权力更大，利润更为丰厚，所以大家都支持吴长江也是情理之中的。凭借着渠道商们的支持，吴长江成功地把昔日的同学、两个大股东挤出公司。但随后雷士面临着更大的问题：由于两大股东的退股，雷士要支出1.6亿元现金，这导致雷士立刻陷入了财务危机，随时面临资金断链的危险。

2006年是吴长江最难熬的一年，他四处融资，但一直没有实质性的进展。而这个时候一根“救命稻草”的出现，让吴长江逐步摆脱了这场危机。这根救命稻草就是金融投资的女强人——毛区健丽。

此人非常具有资金运作能力，在金融领域有着多年的资本运营经验。1993年，她曾成功将一家中国企业在美国运作上市。此后她成功投资多家企业，成为多家世界著名银行公司的顾问，并在2002年创办了亚盛投资公司。多年的金融运作以及投资企业的经历，为毛区健丽积累了强大的人脉资源及运作经验。

2005年末，雷士照明面临资金危机，具有强烈商业投资嗅觉的毛区健丽感到这是一个不可多得的投资机会，于是开始同吴长江进行接触了解。刚开始，吴长江并未想立刻与她合作，而是把更多希望放在与联想的合作上。经过多次的接触，联想的柳传志也愿意帮吴长江渡过难关。不过，从联想拿钱出来不是一个人就可以拍板的事情。时间紧迫，雷士的危机愈加严重，逼迫吴长江不得不另想办法。

毛区健丽是个非常老辣的商人，早就知道对方手中的筹码是多少。在商言商，商业决策是绝对不能以道德标准来衡量的。所以，只要双方各取所需，也就无所谓谁吃亏了。

2006年，雷士照明的资金链危机愈加严重，吴长江不得不考虑毛区健丽的建议，以低于合理估值的一半，即1000万美元的价钱将雷士照明30%的股份卖给毛区健丽。一桩似乎价值不对等的股份交易就这样形成了。从表面来看，吴长江似乎很吃亏，但在毫无其他融资渠道的前提下，这也是拯救企业的唯一办法。

毛区健丽的亚盛本身属于一家中间机构。在雷士照明的投资中，投入资金的一半是投资人的，但自己所持股份比例却占到2/3（雷士照明的20%股份），这种一手托两家然后用商业智慧获取超额利润的能力确实令人叹服。

拿到雷士照明20%股份的毛区健丽并没有以当时市价逐步卖出套利，而是有着更长远的策略。她首先让雷士照明加快资本扩张，实现账面大幅增值，使手中股份利益最大化。

吴长江也尝到了资本运作的甜头，有了更多的资金才能顺利地施展自己的企业发展大计。于是在亚盛的多方联络之下，2006年的夏天，也是后来雷士照明事件中的关键一方——软银赛富加入雷士。软银赛富在2001年成立，2009年以后更名为赛富亚洲，是目前最大的风险投资和企业投资基金。曾经成功投资盛大网络、橡果国际、58同城等企业。此时再次出手，以2000多万美元的代价，换取了雷士照明近36%的股份，确实是比较具有投资眼光的。

当然赛富亚洲与毛区健丽收购股份的成本是无法相提并论的，但这也是商业投资的魅力所在。商业价值往往也随着时间的改变而变动。吴长江在不到一年的时间，就得到了2亿多人民币的资金支持，不但补上了资金缺口，还能有资金巩固资金链，并参与公司运作。这看似是各取所需的企业与资本运作的完美结合。

雷士照明内斗危机（二）：掌控渠道暗度陈仓

不甘雷士照明维持现状的吴长江为了充分满足企业的生产能力，于2008

年向软银赛富和金融投资大鳄高盛集团融资4600多万美元。这次高盛成为了主角，支出了约3600万美元，赛富仅出资1000万美元。

为此吴长江付出了较大代价，让出了第一大股东的位置，所持股份仅相当于2005年合伙人退出时的比例。赛富一跃成为第一大股东，占股36%以上。高盛股份虽然只有11%，不过从其资本运作历史来看，每次高盛参股国内企业也都仅当第二、第三大股东，以方便将来公司升值后能快速套利，这是高盛的一贯做法。吴长江也终于如愿以偿，一举将拥有多家灯具生产厂的世通投资揽入怀中。

这个时候，各方的想法不尽相同。吴长江为了企业扩大生产和市场占有率，运用大量资金去完成企业扩张。此时的他认为雷士照明在他的努力下能够做得更好，投资方自然不会有异议。而赛富亚洲本来与高盛的想法一样，就是寻找合适下家，然后高价抛售。可后来雷士照明寻找到下家之后，赛富却逐渐无法控制形势了。

2011年7月，法国施耐德电气参股雷士，以12.75亿港元的代价换得雷士照明9.22%的股份。与前几家在雷士照明做风险投资搞资本运作不同，施耐德是一家真正的实体企业，为上百个国家提供基础设施建设、能源、工业及网络的整体解决方案。其中在能源与基础设施、工业过程控制、楼宇自动化和数据中心与网络等市场处于世界领先地位。此次参股雷士照明的目的比较明显，就是看中了雷士照明的品牌地位以及其强大的网络销售渠道。虽然参股雷士照明价格不算便宜，但从长远来看还是值得的。

另外，从以往国内企业并购的案例来看，外资一旦在国内企业参股，必然是不断地渗透企业行政管理领域，一步一步地扩大投资，最后掌握控股权。这也是后来施耐德与吴长江闹得水火不容的原因之一。有意思的是，高盛与赛富都没有卖股套利，而是继续持股。从旁观的角度来看，应该是打算施耐德全盘掌控雷士之后再高价出手。此时，在雷士的关键人物中，只有吴长江已经逐渐变成了资本运作过程中多余的人。也就是说，把吴长江赶出局让施耐德掌控雷士是未来的必然趋势。于是，赛富、高盛、施耐德无形中成为了一条战线上的弟兄。

吴长江是一个在商界混迹多年的老江湖，难道一点都没看出来风向不对吗？其实也不是的。在施耐德参股后，吴长江已经感觉到了紧张气息。施耐德参股以后，不断派遣自己的职业经理人进入雷士并参与一些重要部门的行政工作，吴长江感到大权开始旁落。但此时吴长江手里的股份已经不足18%，为了让自己不至于被踢出局，他在2011年下半年用高达数倍的金融杠杆增持5000万股，重新成为第一大股东。这么做更像是饮鸩止渴，因为利用金融杠杆购买股份风险极大，它很容易让资金大幅缩水。另外，赛富与施耐德已经确定站在同一战线了，仅这两家的联合就可以让吴长江出局。因此，雷士照明的企业创始人出局已经在所难免。

2012年5月25日，吴长江突然被免职，随后赛富与施耐德联合接管了雷士。最有意思的是，赛富在雷士的董事长与施耐德方派出的CEO竟然还毕业于同一学校。在此背景下，这件事显得太过凑巧。

如果这是在别人的企业，或许创始人就这么被踢出局了，历史上又会增加一个民族企业被资本兼并的案例，但事情远没有那么简单。虽然吴长江在资本运作方面经验不足，也过于大意，但他在企业管理与渠道掌控方面却有着多年经验。这也是吴长江为何会那么自信，多次接受媒体采访都认为不会被踢出局。因为，在2005年吴长江经历合伙人倒戈一战后，更加明白手里掌控渠道资源的重要性。所以在此之后与资本大鳄们“合作无间”的几年里，已经加紧完成了渠道资源整合，并成功把经销网络从雷士的企业中剥离了出来。

当初施耐德花费大资金入股雷士，却没有发现雷士的销售网络并不属于雷士，这是施耐德最失算的一个地方。所以当施耐德参股并认为已掌控大局之后就翻脸把吴长江踢出局，结果造成了所有经销商集体倒戈相向。2005年吴长江就能够控制局面让众经销商倒逼股东退股，更何况现在的雷士内部管理都是吴长江一手抓。

因此，自吴长江宣布辞职后，施耐德、赛富话语带着火药味，但吴长江反倒不着急了。因为这次，不仅全体经销商帮自己，雷士的企业员工也罢工表示支持。这样施耐德和赛富就显得更加被动了，因为目前企业只要一天不开工，货一天卖不出去，企业就损失一天。对于手里掌控着大量专卖店和经销商的吴长江来说，无非就是先不卖货，退一步讲，大不了卖别的厂家的货，时间久了雷士必然要妥协。

果然在经历了网络骂战、企业罢工、被捕谣言等事件之后，雷士让步，出台了一个折中的方案。决定设立一个临时运营委员会，管理公司的日常运营，运营委员会责任人由吴长江担任，运营委员会成立后将接替现行管理委员会的职能和责任，并向董事会汇报，当然这个委员会里自然也安插了投资方的高级管理人员。

这场创始人与资本运作间的博弈战，逐步开始偃旗息鼓，但事件本身却把几方带入一个尴尬的境地。对吴长江来说，虽然说在这个事件中已经逐步占据了主动地位，但这个委员会是个临时机构，想以后重新入主董事会并没有那么简单。而投资方也陷入一个进退维谷的境地。因为双方脸皮已经撕破，后面面临的问题是已经不可能将经销网络在短时间内争取过来。而施耐德原本的目的在于控制雷士销售网络，如今花了那么多钱却无法达成愿望，来自总公司的压力可想而知。赛富一方呢，想踢走创始人并高价把股份转给施耐德的愿望已经不可能达成，所以也是进退两难。一场战争让三方都难受，像是一个三角形，互相掣肘，互相制约。雷士的企业运作以及其股价都遭受重创。

从长远来看，如果雷士想重新焕发生机，必然是此三方有一方坚持不住并退出，否则很难解决尴尬。三方同心协力搞好企业已经是一个看起来离得很近，但却抓不到的梦了。虽说如此，但是相对来说，国内民营企业的创始人能够有力量抗衡国际资本运作的入侵这本身就是一次突破了。以独立销售网络作为筹码，反过来逼迫国际资本就范，可以说是个创举。我国民族企业近些年来逐步沦为资本牺牲品，想要在这种大环境下生存就需要一些特别的“中国式”的商业智慧。

颇具玩味的是，这几方都因此场混战受到了损伤，唯独一开始低价购进股份的毛区健丽大获全胜。刚开始，她在雷士照明投资不到 500 万美元，如今在获利近 1 亿美元之后，手里仍然有大量股份，可谓资本运作界里的女中魁首。其持股超过5年以上也说明她不仅眼光独到、智慧过人，而且有超人的耐心与细心。无须大资本的运作，完全是个人智慧的体现，能够赢得这么干脆，也不得不让人深思。在经济全球化的今天，在资本机器运作的环境下，个人能够独自杀出血路并获得高回报本身就有很多值得学习的东西。

在资本运作的游戏中，有一个企业最终也是完全被收购，创始人也是一样被赶出局，但这个创始人却没有恼怒，反而庆幸自己成功退出。这又是哪个企业？这个创始人又是谁呢？他，就是蒙牛乳业的创始人——牛根生。

蒙牛“与狼共舞”的迷失（一）：“资本蜜月”凸显的危机前奏

说起蒙牛乳业，相信全国老百姓没有不知道的，而蒙牛的创始人牛根生，更是一个传奇人物。蒙牛也像牛根生一样，在这个竞争激烈又极端复杂的市场中不断大起大落。从1999年蒙牛的成立并快速崛起，到2011年牛根生正式辞任董事会主席，蒙牛与牛根生的命运曾经是那么的一致。如今蒙牛进入了国有化，而牛根生则如愿以偿地过起了“退休”生活。牛根生所带领的蒙牛十几年的发展路可以说是中国民营乳业的一个奇迹。能在国营资本压制下闯出一条新路，成为国内乳业巨头，确实不容易。

从蒙牛的发展经历可以看到，从1999年的成立到2008年是成长阶段，而2008年以后，则是面临危机的阶段。不过牛根生最终还是全身而退了，不得不说其商业智慧确实非常了得。从蒙牛发展到遇到危机，再到牛根生的危机公关，面临国际资本的恶意收购的窘境，最终给蒙牛找到了新东家，并全身而退，牛根生到底是如何做到的呢？我们就从牛根生与蒙牛的发展起落开始讲起……

牛根生从伊利的洗瓶工人到车间主任，并一步步升到生产经营副总裁，从底层做起的他自然知道企业内部各个位置的难处与辛苦，所以更加体恤员工，使得他在企业里的群众基础非常坚实。加上其企业经营能力非常突出，久而久之必然会让企业高层有危机感。有人说，当年牛根生离开伊利是因为与高层的“企业发展战略产生矛盾”，但其实说白了就是一山不容二虎。牛根生在伊利的时候有着自己的一套坚实的班底。有关生产方面的部门负责人基本都是服牛根生的，这一点伊利高层心知肚明。

在伊利高层的角度，如果不早点出手伊利就会成为牛根生的天下。而事实上也确实有这方面的趋向，在牛根生离开伊利并创办蒙牛之际，伊利内部的部门主要负责人除了财务、人事部之外基本都跳槽跟着牛根生过来了，而事实上他们的选择并没有错。在企业发展过程中，基本上是一朝天子一朝臣，伊利的高层肯定会逐步对这些人削权，而跟着牛根生出来的这些人，后来也都个个功成名就。

牛根生在人才的掌控上可以说非常厉害。一方面，自己非常重视节俭；另一方面，对员工则非常大方，他甚至把自己年金的八成分给下属。这样，团队自然对他死心塌地。所以，在牛根生离开伊利之后，其实相当于一负一胜。负，指不得不被伊利高层挤出企业；胜，就是因为自己强大的个人魅力与人脉关系，让伊利大批生产管理人才不计报酬地跟随自己，并快速打开市场，这一点难能可贵。

在牛根生离开伊利并创立蒙牛之后，牛根生的产品定位非常清晰。他知道自己的企业不可能快速超过伊利，但是可以借巨人的肩膀站立，以打造草原乳业第二品牌为发展目标，这样的好处非常多。第一，就等于明确表示不与伊利为敌，避免那种大型生死对决的死磕，给自己的发展壮大争取时间。第二，就是将品牌的行业地位迅速提升，因为行业第二品牌就意味着接近于第一品牌。在消费者心目中先确立品牌信任感。虽然蒙牛在行业中遭受打压的事件频出，但牛根生以退为进，先确立事实，再大度表示不计较。让群众自己评论，自动取得了百姓的信任将危机化解。第三，就是产品定位更亲民，既确立了品牌地位，又会有物美价廉之感。

蒙牛在产品发展上走了两步。第一步，就是用“运奶车桑拿浴车间”以及“闪蒸”工艺，让牛奶在原汁原味的基础上口感更醇厚。虽说提高了成本，但在口感上更具竞争力。第二步，就是在国内率先推出“利乐枕”。“利乐枕”的优势在于比当时已经出现的“利乐砖”保质时间缩短，但又比“巴氏消毒”牛奶储存时间长，让百姓有种既新鲜又能保证饮用期的感觉。抓住了消费者的两方面的需求，因此产品推出后受到了市场的欢迎。在产品营销方面，蒙牛不与伊利强行争夺市场，而是采用迂回战略，用“小区包围超市”的方式进行，并让大家免费品尝。当市场对产品接受之后，其产品覆盖面就是复合型的增长。因此，蒙牛在两三年内快速发展并进入乳业前十位。有了市场占有率，有了资金，剩下的任务就是巩固市场逐步确立行业地位。

想要确立行业地位，就必然要先给产品确立品牌精神，让全国消费者都知道和接受。首先蒙牛在2003年“非典”时期确立“健康增强免疫力”的精神。之后“神舟五号”成功发射并返回，蒙牛借助“航天专用奶”的电视广告，成功将“爱国”“民族振兴”的精神灌输到产品中，并赢得了全国消费者的认可。2004年，蒙牛又拿到了央视黄金时间广告标王，进一步确立了品牌知名度。不过，靠央视广告固然可以打响知名度，但却可能成为一种负累。因为第一年当标王，就意味着以后也要努力做标王，否则就可能丧失品牌的优势，市场占有率也会流失。

这个时候，蒙牛来了一个“华丽的转身”，与湖南卫视的“超级女声”合作，仅用了1400万元就取得了“超级女声”的冠名权。蒙牛将自己的市场目标从中老年的消费阶层逐步扩大到青少年，为自己的产品品牌注入了青春的音符。蒙牛酸酸乳当年就获得了25亿元销售额。当然在投入之初也面临风险，毕竟这只是地方台的一个综艺节目，到底会有多大影响谁也说不准。所以由此可以看到牛根生的商业眼光。风险会有，但相对来说广告费用投入的代价却并不大。从此以后，蒙牛长时间支持此类音乐节目，并从中获益。最终，蒙牛稳稳占据行业第二。

蒙牛的发展到2008年以前可以说已经达到一个巅峰，产品行销出口到美国、加拿大、蒙古、东南亚及港澳等多个国家和地区。能够发展到这个地步也是需要付出代价的，快速发展的背后也需要足够的资金做后盾。与此同时，蒙牛在融资以及资本市场方面也是大踏步前进。2004 年 6 月蒙牛在香港挂牌上市，融资超过 13 亿元。这样也就为后来蒙牛铺开市场并大力做大品牌起到支持作用。其实以当时的蒙牛来说，并没有能力那么快在香港上市，其原因就在于这里面有私募基金的“功劳”。

早在 2001 年，蒙牛为了快速发展，就已经想了很多融资渠道。但相对来说，国内民营企业想要在银行融资的可能性很小，所以蒙牛只有另寻他法。由于国内 A 股上市门槛过高，导致短时间内也无法通过上市筹集资金。而国内民间的资本尚不成熟，对企业掌控欲望过高，也就更无合作的可能了。

至此，蒙牛只有寻求境外投资者这一个渠道了。2002 年，摩根士丹利、鼎晖投资、英联等私募基金主动联系蒙牛并愿意为其投资。蒙牛欣然允诺。因为对于蒙牛来讲，在当时只有可能在香港二板上市。一旦上了香港二板市场就再也没机会在主板融资。二板市场流动性差，投资者并不关注，不利于蒙牛的快速发展。有了这三大基金投资蒙牛，在香港主板上市就成为可能。剩下的工作蒙牛不必再操心，一切资本运作方面的事就交给这些基金做就可以了。

于是 2002 年 12 月 19 日，摩根士丹利公司、北京鼎晖创业投资有限公司和英联投资有限公司联手投资蒙牛乳业集团，从 2600 万美元换取其 32% 股权。他们的加入给蒙牛带来了发展的良机。不过，这也为其在 2008 年以后的后危机时代中逐步陷入险境埋下了伏笔。

蒙牛“与狼共舞”的迷失（二）：国有化潜藏的“老牛智慧”

这几大基金投资之后，又与蒙牛在 2003 年签署了一份对赌协议，其实也就是“看涨期权”。其中约定，2003 ~ 2006 年蒙牛乳业的复合年增长率需不低于50%，若达不到，公司管理层将输给这些基金6000万~7000万股的上市公司股份；如果业绩增长达到目标，这些机构就要拿出自己的相应股份奖励给蒙牛管理层。

这纸协议对蒙牛来说看似是一个“业绩激励”措施，但实际远没那么简单。如果盈利达到预期，则企业发展同时还能获得奖励；输了则被迫让出股份，并被踢出局。其实这一招是非常毒辣的，国外投行在国内投资中可以说是屡试不爽。因为这相当于给自己的投资加入了金融杠杆，让自己的投资风险几乎降为“零”。如果说企业不能实现应得利润，资方可获得股份补偿，再从其他途径把企业包装打包卖掉获利。如果企业达成利润指标，那么即使把这些股份奖励给企业，资方前期获得的股份也能大幅增值，一样可以获取巨大利益。所以，这种对赌协议基本上是一纸完全保障资方利益、转化风险的工具。风险几乎全部转嫁给了蒙牛的经营团队。

不过，蒙牛是幸运的。随着蒙牛产品营销战略的成功，摩根等基金提前终止了与管理层之间的对赌，将其持有的近5000万元可转股票据给了蒙牛管理层控股的金牛公司。说蒙牛幸运，是因为如果这份对赌协议在2008年后签署，那么很可能蒙牛就完全被外资控股。即使是这样，蒙牛后来还是险些被外资并购。有些事情，只要是沾上了就很难脱手。

近些年来与外资基金签订对赌协议的国内企业有很多，但最终都是输多赢少，避免不了被并购的命运。比如曾经红极一时的太子奶，签署的对赌协议与蒙牛几乎如出一辙。只不过太子奶输了，其领导李纯途不得不丧失领导权。而导致其失败最重要的原因，就是签署协议的时间是在国内爆发乳业危机的前一年。所以，牛根生毫无疑问是既幸运又极有眼光的民营企业家。

在经历了逐步走向巅峰的发展之后，中国的乳品行业遭遇了集体危机，这就是三聚氰胺事件。由国内知名品牌三鹿牛奶所引发的整个行业大震动把蒙牛也牵连了进来。之所以对全行业产生这么大的影响，除了众所周知的信任危机之外，还有产业结构不合理的因素。

当时所处的时代背景，是在全球消费急剧萎缩的2008年。行业处于经济冬天，加上三聚氰胺事件，可以说对蒙牛的打击是非常大的。这个危机的影响一直持续到2010年，但蒙牛能够在事件发生后的一年内没有出现资金断链，可以说牛根生功不可没。

三聚氰胺事件被媒体关注并报道是在2008年8月末。随后在短时间内三鹿即宣告破产，国内乳业风雨飘摇。在所有的乳业集团中，蒙牛是一家高成长的民营企业，在这种危机时刻基本属于高风险企业了。

因为成长快，所以就意味着资金调度比较紧张。民营企业背景，更意味着国有银行不会对蒙牛雪中送炭。再加上行业竞争激烈，因此这个时候在所有的乳业企业中，最危险的反而是看似强大的蒙牛。

不过牛根生的一个神秘举动，却延缓了蒙牛危机的发生。在危机爆发前的一个月，也就是2008年的8月初，牛根生通过摩根士丹利出售了3.65%上市公司股权，套现12.55亿港元，其持有的股份也降至26.27%。我们不能下定论说牛根生会预知未来，但可以确定的是在发生问题前，牛根生凭借着自己的商业触觉已经感觉到了危机出现的可能性。不过，这样的危机还是远远超出想象。由于三聚氰胺事件，让蒙牛股价暴跌。而牛根生在摩根抵押的4.5%的股份，因暴跌很可能要被迫“被动出售”。

不过由于多年来民营企业所处的尴尬地位，让这些民营企业家拥有了超强的风险防范意识。所以不知不觉间他们建立了一个“抱团取暖”的企业联盟。这次蒙牛危机联盟发挥了作用。牛根生面临危机的时候，联想的柳传志连夜召开董事会，48小时之内就将2亿元打了过来。而其他国内民营企业家如马云、田溯宁等也表示支持。

“民营企业联盟”给了牛根生强有力的支持，并赎回了被质押的股份。牛根生再次逃脱了危机。这次的危机让牛根生体会到，蒙牛在这种状态下生存已经越来越困难。一方面，这些投行基金已经成了入室之狼，随时环视在侧并准备咬上一口。另一方面，此次事件让蒙牛元气大伤，资金方面虽已摆脱危机，但再也经不起太大的事件了。最重要的是，经济大环境愈加恶劣，如何能够在这个后危机时代生存下去才是关键。

三聚氰胺的事件也让牛根生清醒地认识到国有企业的优势。因为国有企业可以获得无限资金的帮助，而不必担心资金断链。外国投行与国企相比较，还是卖给国企更好。这样，最起码自己不会因资本市场的变动净身出户，可以逐步退出。

于是在三聚氰胺危机过去后，牛根生积极地接触国企，有意识地洽谈并购事宜。终于，2009 年 7 月 6 日晚，在香港上市的蒙牛发布公告称，中粮集团携手厚朴基金，于当天以 61 亿港元的高额资本共同入股蒙牛。中粮作为国企巨头，看中了蒙牛在产业中的地位，有助于自己企业的产业链延伸。对牛根生来说，此举犹如卸下了千斤重担，把一个已经危机四伏的民营企业转给了国企。从此，蒙牛再无资金忧虑，自己也因此获益。对那些外资来说，更可因并购的附加值大赚一笔，可谓皆大欢喜。2011 年牛根生辞任，2012 年随着蒙牛最后一个元老杨文俊的离开，蒙牛进入了一个由中粮领衔的新时代。

但在中国这片土地上的商业博弈远没有结束。先来说一下中粮集团领导下的蒙牛发展。在牛根生创业团队离开蒙牛之后，蒙牛又因质量问题、私改生产日期问题陷入危机。在危机中，蒙牛没有像三聚氰胺危机时那样小心翼翼，而是进行一连串的活动，反而带领行业涨价。这让消费者感觉到了国企入驻后的“霸气”。

但霸气是要付出代价的。在一系列事件后，蒙牛的市场占有率受到很大影响。于是中粮领导下的蒙牛在 2012 年 9 月为蒙牛打造新形象，建立“只为点滴幸福”的新视觉和新理念。蒙牛的新包装牛奶在全国 100 余万个销售网点逐步上架，而“点滴秀幸福”的大型消费者互动活动也同步在全国 300 个城市开展。似乎蒙牛开始了由重视大众形象到针对消费品位的转换。不过，在社会大众消费者对品牌的不信任感消失前，这种换装行动所能带来的效果则无法保证。也许时间能证明一切。蒙牛在质的转换后，不缺的是资金，缺的是行业的灵动性与竞争的危机感。

这个时候，似乎所有人都忽略了一个人，那就是牛根生。牛根生在蒙牛被收购后似乎洒脱了很多，到处做慈善，并把自己定位为一个退休的“专职慈善家”。不过，有很多事情的发生却预示着这位国内卓越的企业家并不是一个能耐住寂寞的人。

2010 年，一家叫作“现代牧业”的企业逐步进入社会公众的视线。这个企业的独特之处在于，其企业的掌控人与蒙牛的创始人团队有着千丝万缕的联系。现代牧业董事长邓九强原是蒙牛集团的副董事长，牛根生的创业伙伴，而邓九强也是2008年离开蒙牛的。

时间上的巧合让人不禁产生联想，那就是独具慧眼的牛根生，从开始建立大后方稳定的奶源基地，到外资侵略再到中粮收购的过程中，早就未雨绸缪，有了准备。而现代牧业出售给蒙牛的奶源占到了九成。大胆设想一下，也许牛根生早就洞察到乳业奶源的不稳定，牛奶品牌早晚要靠强大的乳业生产基地来支撑。

因此当蒙牛被收购后，牛根生做了慈善家。这说明了一个经营性的企业家也在逐步转型，从台前走向幕后，并由企业家转型为战略投资家。而现代牧业也已经不断募集资金并上市，成为乳业新锐。

一代商界名家牛根生，或许会成为在民族资本运作中少有的转型成功人士之一。因为以目前态势，现代牧业进可攻退可守。进，可以立足奶源，依靠与中粮合作不断累积实力。在时机成熟后壮大品牌，并以奶源为后盾发展新的牛奶品牌，最终形成产业链的优势。退，以目前资本运作为底牌，吸引大资本或者重量级企业来并购，最终以高资本获利。

以牛根生的商业智慧，或许在蒙牛没找到下家之前就已经部署好这一步。这么好的固定奶源基地，以及强大的网络合作伙伴，要扔掉现代牧业就等于扔掉未来。当整个乳业陷入混乱，必然在呼唤着整个行业的重新整合。也许，牛根生随时在准备着！当然，以上分析只是个人猜想，只有事实才能创造历史。

在所有中国乳业巨头中，还有一家企业一直以低调的方式生存。它虽说没有称为耀眼企业明星，但却一步一个脚印平实发展，让外资投行也无法见缝插针。其行业竞争力在2008年以前毫不突出，但在后危机时代逐步占领先机。它既不高调，也不与行业内部企业产生矛盾。但它反而在这个危机重重的新时代里逐步增强了竞争力，它就是新希望乳业。这样的乳业集团到底做了什么，它又会给我们带来什么启示呢？

新希望“返璞归真”战略的成与败

新希望乳业在乳品行业里面属于一个异类。这家集团化公司没有在乳品行业井喷的十年大发展中分得一杯羹，也没有与蒙牛、伊利进行市场争夺。在所有的乳品集团当中，新希望属于极为低调的品牌。但是这么多年的发展，新希望不是由小做大，而是由弱做强。其在2008年以后逐步把握住了市场脉搏，并成为少有的能在行业危机中逐步拓展市场的品牌之一。这样的企业在国内非常少见。究竟新希望乳业是如何做到的？为什么在乳业高发展阶段新希望乳业没有抓住机会，在进入后危机时代反而异军突起？让我们从头开始分析。

要讲新希望乳业，就没法不讲新希望乳业的总公司。新希望乳业集团是新希望集团旗下的乳品企业。而新希望集团则是改革开放后首批发展起来的企业集团。新希望集团的前身是希望集团，1995年希望集团分家之后，刘氏弟兄就各自发展。古人说：修身、齐家而后治国平天下，这话一点也不假。在分家的时候，四兄弟就各自发展不同行业，且划定不同区域发展。这就避免了将来由于产业扩张导致兄弟在商业决策上产生矛盾。

其实，刘氏弟兄从分家之前就已经开始形成习惯，就是不赊销、不负债。而刘永好的新希望更是秉承了这样的传统。自从他们各自发展开始，都是一步一个脚印慢慢做。毫无疑问，新希望乳业把这种控制企业负债率的传统逐步继承了下来。因为企业的一切发展，必然会受到董事会的监督。

当蒙牛、伊利等企业以市场为先，到处拼广告宣传并发展“利乐枕”乳品的时候，新希望乳业则更注重货源的稳定性以及乳品质量的保证。其实这么做本身没有错。但如果是在乳品大发展、企业齐抢市场的年代里，新希望乳业就显得有些呆板和死脑筋。果然，在短短六七年内，蒙牛、伊利、光明等品牌不断争夺市场，国内的主要市场几乎被争抢殆尽。

这里面其实也有很多原因。第一个原因，集团一向的作风是稳健逐步占领市场。而乳品行业是一个新兴的、亟待快速开发的市场，因此进入市场的步调讲究快、狠、准，这就与新希望本身的发展风格相矛盾。因此即使从伊利等企业挖人过来，也不会适应新希望的企业管理模式。第二个原因，由于新希望更加重视企业的生产程序，在没有把企业运转方面做好之前不愿意过多宣传，因此在开始几年错失了机会。

不过，新希望乳业在这几年却做了几件事情，对企业未来发展起到至关重要的作用。第一，是做蒙牛、伊利忽略的事情，那就是牧场建设。一个稳定质量的货源，决定着这个企业的品牌口碑。因为如果是奶源质量控制不好，必然给未来带来不可估量的隐患。而2008年中国整个乳业集团的危机产生就是因为这个原因。第二，就是企业的发展方向。与蒙牛、伊利等企业相比，新希望无论在企业发展策略、营销策略、产品整体运营、对人才的笼络等方面都无法与蒙牛、伊利等企业相比。因此想要既建设牧场，又在市场上以品牌定胜负，这在短时间内是无法达到的。因此新希望乳业走的是一条长远发展、短期难以见效益的地方品牌发展之路。

从2002年新希望乳业建立开始，不到一年的时间就收购兼并了11家地方国企，但随后并没有全面铺开。原因比较复杂，主要是由于这些企业本身都称不上什么大规模的企业；企业员工的地方安置也出了问题，由于地方政府进展缓慢，这在一定程度上给新希望乳业的发展拖了后腿。另外，集团对于乳品企业的兼并重组的复杂性考虑不足，导致预期过于乐观。因为乳品行业与其他行业不同，从生产到加工直至营销的产业链条，涉及资金、人才、统一调度管理，问题非常繁杂且分散。而新希望乳业的发展模式又讲求一步一个脚印，下属公司对董事会责任清晰，所以造成了下面没有足够的自由度去进行管理改造。

因此在刚开始的三四年内，新希望乳业的发展一直比较缓慢。

另一方面，当满世界都是“利乐枕”的时候，新希望乳业为了坚持产品品质以及营养做鲜牛奶加工，没有跟风学习。在当时消费者尚没有重视产品营养结构的前提下，竞争力就凸显不出来。再加上鲜牛奶保质时间短，空间跨度小，所以只能在各地方窄小的市场半径中发展。

恰逢2004年，国家质检总局和国家标准化管理委员会率先发布了食品标签标准《预包装特殊膳食用食品标签通则》，标准中明确指出，凡是加热过的食品，其标签上一律禁止使用“鲜”字。而新希望乳业主打的就是鲜牛奶。因此给整个品牌带来一系列后续问题，可发展空间越来越小。所以在那段时间，新希望乳业想快速进入全国乳业前三甲的愿望没能实现。另外，由于这几年新希望乳业在慢慢摸索适合自己步调的发展模式，在调试的过程中必然影响发展速度。

不过到了2008年，全球经济危机到来的同时，乳品企业也因三聚氰胺问题导致整个行业雪上加霜，各个著名品牌风雨飘摇。所有曾经出现在央视黄金档的乳品广告一夜间消失。这时候反而成为了新希望乳业翻身的机会。因为与其他的乳业集团不同，新希望乳业更注重“先牧场，后市场”的战略。其稳定的质量自然是口碑的保证，但却制约了宣传效果。这次行业危机，则正好可以印证自己与其他乳品企业的不同。

所以当其他乳品企业的广告开始偃旗息鼓的时候，新希望乳业开始第一次高调地宣传起来。适时，新希望乳业“好品质源自好鲜奶”的品牌宣传广告出现在了央视一套黄金时段。这时候，巨大的市场需求缺口因为央视广告让消费者们把注意力放在了一些多年前就被新希望并购的地方品牌上，推动着新希望乳业开始快速增长。

虽然后来蒙牛、伊利逐步开始收回失地，但由于新希望品牌的竞争力大幅提高，从其他乳品企业逐步争取回来的市场份额，很难再被抢走。又因为新希望的品牌极具地方特色，没有覆盖全国，所以短期并没有对其他乳品集团造成较大的威胁，也就不会有太多的针对性竞争。

因此，自2008年以后，新希望乳业的市场份额呈每年25%的速度稳定增长。在整个全球市场都低迷的状态下，国内市场又经历了行业的生死洗礼，新希望乳业可以稳定高速增长，这也可以说是行业中的奇迹了。而正是因为新希望乳业逐步走出阴霾并开始了可持续发展之路，所以也就坚定了其“牧场先行”的信心。

2012 年新希望乳业对外发布：未来 3 到 5 年内，该公司将在华东、四川、云南新增设三个万头奶牛养殖带，三大养殖带投入的资金将超过 10 亿元。这样就巩固了原本就比较坚实的奶源基础，让企业能够良性发展。

我们可以看到，新希望乳业的发展虽然并不是一帆风顺，但却走得异常稳健。而其企业的竞争优势也随着时间逐步展现出来。新希望乳业的发展模式属于久远型，这种形式的企业发展往往短期比较吃亏。在外人看起来走了很多弯路，也可能在短期内没能符合市场需求。但是，一旦其产业链基础做好，在行业中的优势就会慢慢显现。

其实整个新希望集团一直在走这条路。农业的产业链条完善工程一步步展开，从开始畜牧业覆盖到乳业再到相关的多元化产品。这种完整的产业链条看起来不起眼，花的功夫也多，但长远看起来是非常了不得的一件事。因为当整个产业链趋于完善之后，从上游到下游，从生产到物流、加工、直至销售，都将快速地整合。在保证了产品质量绝对稳定的前提下，大幅降低了产品的成本。

尤其是农副产品整合，由于产品之间的高度联系，一些产品余料可以再度利用，转到相关产业链另一方，并不断复合式利用。另外，由于近年我国产业发展出现不均衡现象，导致农产品期货价格提高了相关产业成本。但当新希望这样的企业把整个产业链覆盖之后，直接避免了受相关市场的影响，整个产业链条的每一项都独具产业竞争力。

所以作为整个新希望集团中的一部分，新希望乳业所走的发展道路只会越来越宽。另外，由于该集团公司整体秉持了一步一个脚印、低负债率的企业传统，因此让国际资本大鳄无缝可钻，根本不可能有机会并购这样的企业。从这方面来看新希望比其他企业又棋高一着。相对地，由于手里有着大量的资金，当同行业其他企业出现危机有机会参与资本运作的时候，该企业又可以趁机做大市场。那些在经济危机中逆流而上的企业，往往就是平时低调、一点一点发展市场的企业。相信新希望乳业今后的路会走得更稳健。

在中国国内很具实力的企业当中，有一个集团也是在不断地整合产业链，打算在行业里把相关的产业都收入囊中并试图整体发展。可从近些年走过的轨迹来看，该集团每收购一家企业，就会出现各种各样的问题。到底是这个集团倒霉，还是其他企业有自身问题？或者这个集团在运作过程中也有自身的问题？总之，随着该集团越做越大，所遇到的问题也越来越多。而这个极受争议与关注的企业集团就是——国资背景的中粮集团。

“大胃王”中粮资本吞并路的消化不良根由

中粮集团，这是个与新中国共同成长的国有企业品牌，其资历与深厚的资金背景自不必说。从最初的粮油食品贸易公司发展成为今天中国领先的农产品、食品领域多元化产品和服务供应商，可以说，中粮集团是国内涉及多产业的企业巨无霸，也是唯一在农业产业链条中最具话语权的企业。中粮就像一艘航空母舰的旗舰，带领着众多企业舰船航行于商业领域。不过，这个以打造全产业链产品为目标的国有企业，在国内商界也有很多的问题。下面我们就来集中分析中粮集团的产业优势与问题。

中粮集团由于有强大的资金背景，加上银行大力支持，以及政府的补贴，让该企业拥有民营企业无法比拟的商业优势。可以说，中粮几乎从来不存在缺钱的问题，也没有任何国际资本大鳄能够撬动这个巨无霸。除非是该集团有意为之，否则想空降一些具有话语权的股东进来几乎是不可能的。

因为该企业有足够的资本，所以也就衍生出一些问题，而问题恰恰是在近几年才显得更为严重。2008 年以后，国内诸多具有潜力的企业出现了资金问题。在国际金融危机爆发以前，中粮已经并购了一些企业。但在 2008 年以后，中粮集团加快了企业并购的步伐，并购了一系列在各行业比较有竞争力的企业。

在 2008 年以后的并购中，“五谷道场”方便面的并购属于大戏的开端，此后就开始了中粮密集的并购大战。2005 年，“五谷道场”品牌建立。其企业的领头人王中旺可以说是近年来快速运作资本的典型人物。他先在 1999 年合资建立中旺食品有限公司，其后创建了“一碗香”的低端品牌优势，使得 2002 年的销售收入超过 5 亿元。2003 年，与康师傅合作成立三太子实业有限公司。康师傅当时的目的，是想利用王中旺的低端领域优势，逐步打击竞争对手。

但王中旺却有着自己的算盘。逐步做大的他已经不满足在低端市场发展，他也想在中高端的市场分一杯羹。与康师傅的合作，就是想利用康师傅的资金与资源迅速熟悉并进入中高端市场。在康师傅看来，这相当于反戈一击，所以两个合作者的分歧越来越大，不得不在一年后分道扬镳，而王中旺的代价是把自己的低端市场直接拱手让出。

但对他而言，王中旺一切已经不能回头。所以他加强了其进入中高端市场的决心，决心发展以“非油炸”为卖点的中高端方便面市场。2005 年，在“非油炸”方便面获得专业资格认证后，一切整装待发。但这个时候，王中旺由于前期投入较大，手里资金已经十分有限。

不过，王中旺的资金腾挪之计起了作用。他利用一些偏僻地区需要投资拉动的现实为由，争取了政府的最大优惠和银行的支持。在 2005 年的下半年，“五谷道场”横空出世，“五谷道场”仅在央视的先期广告费用就花了近 1 亿，不过这里面很大部分由代理公司垫付，因此王中旺可以腾出手来把资金用于建设生产线和在全国重点城市铺货。

为了能够尽快把企业做大，王中旺对于生产基地、销售、广告等诸多环节都以赊账的形式发展，重点将资金用在了生产线上。另外，由于该方便面的口号是“拒绝油炸，还我健康”，触动了国内方便面几大巨头的紧张神经，原本已经是相对饱和并制衡的竞争环境被“五谷道场”打破。

因此这时候“五谷道场”成了“众矢之的”。其他产业巨头在 2006 年上半年损失惨重，而五谷道场则以每月 30% 的速度增长。巨大的市场压力把众多方便面巨头逼迫到了一条战线。在“五谷道场”生产、渠道、销售等还没有稳固的前提下，其竞争对手搞了一个“方便面安全调查”并发布消息称非油炸与油炸方便面并无本质区别，这样就减弱了其优势带来的影响。

其实这样并不足以搞垮"五谷道场"，但王中旺在没有夯实产业基础与销售渠道的前提下盲目扩张，一下子由十几条生产线增长到38条生产线，顿时绷紧了五谷道场的资金链。这样导致"五谷道场"快速由盛转衰。实际上，非油炸方便面确实有市场，但市场在完成最初需求后，需要有一个渐进发展的过程。而王中旺想要快速占领方便面六成以上的市场本身就是一种急功近利。恰逢他在扩张的时候正赶上全球经济大萧条，其腾挪资金难度加大，再加上行业中树敌太多，加大了其发展的压力。而非油炸方便面的生产线以及原料都比油炸方便面成本高，为了占领市场，"非油炸"价格又不能定得太高，多加的生产线使得产能过剩，最终整个资金链开始断裂。这个用了6年发展的企业大厦却在不到两年的时间内快速倾塌。

从表面上来看，"五谷道场"是因为缺乏资金，但实际上是由于企业发展过快，错误估计了市场的容量，最终让企业崩塌。而就在这个时候，中粮集团适时出现了。中粮以前也试图做方便面，但却没有成功。眼看着在方便面三大巨头之外，快速崛起一个极具行业竞争力的"五谷道场"，这样的诱惑是很大的。

于是中粮由2008年开始有意并购，到破产重组后的介入，花了不到一年时间。应该说这对中粮集团来说是一个较为上算的重组行为。因为如果该企业尚未破产中粮就选择介入，那么代价可能更高。如此还不如等破产再介入，无非就是偿还债务而已。应该说，中粮介入的时机还是很不错。在偿还债务的同时，优先与原债权人继续合作，这样就不需要重新构建销售渠道。在中粮入主后，其他企业巨头压力倍增。单从中粮加入"五谷道场"这个案例来看，还算比较成功，以较小的代价换来较高的市场前景。也许短期回报率不高，但在中粮的相关产业链构建上还是十分有利的。

有了"五谷道场"的成功并购，中粮随后的投资并购就加快了速度。2009年，中粮随后投入177亿元建立生猪产业基地，40亿建立粮油产业基地，5亿元整合丰原生化进入生物领域，推出"悦活"果汁，20亿元投入新疆林果业，收购海外葡萄酒庄，收购万威客食品有限公司，联合厚朴基金并购"蒙牛"，这一系列的并购，都标志着中粮进入了大踏步资本扩张的时代。

而利用后危机时代的背景加速拓展自有产业，并同时收购优质品牌企业，这是很正确的。

不过在并购企业之后，中粮在后续的整合方面却显得力不从心。比如，在重组“五谷道场”之后，该品牌并没有按照既定的步调在市场上占领优势。其实这个时候的市场大环境已经和以前不同了。在后危机时代，食品安全问题甚嚣尘上，其实正是重拾品牌信誉的好机会。但中粮没有把握时机，没有抓住“非油炸”以及中粮在原料供应方面的优势进行市场营销策略。

其实低调夯实基础没有错，但如果不能抓住时机凸显优势，时间长了就很可能把品牌做成一潭死水，而“五谷道场”的发展趋势恰恰就是这样。

对“蒙牛”的收购也有同样的问题，在收购后，承诺“三年不干预内部管理”这本身就有很多潜在的问题。第一，“蒙牛”原创始团队在企业内继续努力维护品牌形象的动力不足。在“蒙牛”一个个危机过后，并没有采取积极的措施。第二，在这三年时间内，给了原来创始团队一个运用蒙牛资源的机会。在没有监督的前提下，如果有什么不利于“蒙牛”发展的事情发生，也无法阻止。而事实上，随着蒙牛原团队的逐步离开，“蒙牛”又出现了新的竞争对手——现代牧业，而这个竞争对手又与“蒙牛”曾有着千丝万缕的关系。这不得不说是中粮的失策。

虽说中粮将多家企业收入囊中，但从该企业 2008 ~ 2010 年的财务报表中，我们可以看到潜在的问题。2008 年公司资产总额 1305. 86 亿元，公司实现营业收入 1012. 08 亿元，利润总额 75. 83 亿元，净利润 61. 7 亿元，母公司获净利润 34. 8 亿元，净资产收益率 11. 43%，资产负债率 58. 67%。2009 年总资产 1785 亿元，利润总额 82. 08 亿元，净利润 64. 82 亿元，母公司获净利 42. 95 亿元，净资产收益率 9. 07%，资产负债率 59. 97%。2010 年总资产 2326 亿元，营业收入 1346. 56 亿元，利润总额 91. 33 亿元，净利润 72. 68 亿元，母公司获净利 54. 17 亿元，净资产收益率 9. 2%，资产负债率 66. 02%。这里面包括政府补贴。也就是说，如果把政府补贴去掉，实际利润率更低。2008 年到 2010 年总资产翻了近一倍，但净资产收益率由 11. 43% 降到 9. 2%，资产负债率却由 58. 67% 上升到 66. 02%。对于一个资产数千亿元的企业帝国来说，其实已经说明其盈利模式的低效率。

从以上的并购案例以及财务数据方面，我们可以看到中粮面临的问题总结起来有以下几个方面。第一，虽然说中粮集团属于以整合产业链为目标的企业，但是，从中粮的运作中我们能够看到，中粮虽然涉及多个产业，并已经具备了产业链优势，但却并没有把众多企业有效结合，整合成为具有产业链条优势的企业集团。我们可以把中粮与新希望这两个企业相比较。新希望的发展是先夯实产业链的各个连接点，把整个链条掌控之后，再将旗下企业以高效率整合在一起，这样最终出来的效果就是比同行业更具价格竞争优势，成本可以控制到极低。而中粮的企业虽然也涉及同一产业链条，但却各自为政，各自为战，形成了各个企业自由发展的态势，切断了原本具有的产业优势。

第二，大量的并购行动虽然将一些优质企业收入囊中，但没有在后续接管方面下功夫，导致企业失去竞争力的问题没及时处理，继续失去市场。而在并购企业的时候没有具体的方向性，多而杂的企业加大了集中整合产业资源的难度。让原本可以高效结合优势的企业没有成功对接，反而加重了中粮的负担。

第三，由于中粮的国企性质，导致企业不缺钱，这虽然是优势，但也容易造成企业缺乏忧患意识。从“五谷道场”“蒙牛”等被收购后的后续发展就可以看得出来。当企业没有危机感的时候，往往也就没有竞争的动力，从而慢慢失去市场。

总之，由于这些原因的汇集，导致了中粮集团这个巨型舰队出现了问题。也许很多问题都是潜在的，但危机往往也是从小处开始的。在企业发展过程中，选择覆盖产业链还是整合产业链，形成企业优势哪个是本哪个是末，一定要搞清楚。多元化发展本身没错，但多元化没有有效整合就是一盘散沙。企业越大，效率越低，负担也就越重。

回过头来我们看中粮集团与“五谷道场”，虽然规模大小不同，但对于企业发展的做法却如出一辙，一样只注重量，不注重质，一样有急功近利的思想，一样对于产业发展判断缺乏协调统一的整合。因此我们可以看到，企业的发展不管大还是小，都有类同之处。也许在这些企业发展的弊端交错中也会给大家带来启迪。

学会制造资本入侵的制衡“核弹头”

我们国内企业的发展壮大，毫无疑问伴随着兼并与并购，也伴随着资本运作的影子。而从趋势上来看，2008 年基本上是一个分界线。在 2008 年以前，我国高成长的企业迅速崛起，并成为众所周知的明星企业。很多企业曾几何时被大众看作民族的骄傲。而这个时候，国内企业与那些资本运作的投行、基金进入蜜月期。他们的加入让国内企业以乘数效应拓展市场，或成为国内品牌的龙头，或占尽行业优势。但是 2008 年以后，全球进入经济冬天，消费萎缩，企业发展困难。这时候国内这些快速成长起来的企业就可能因为大环境的不景气以及短暂出现的问题而被那些曾经“合作无间”的国际资本所趁机吞并。这样的案例在近些年来已经数不胜数。

曾经领尽风骚的太子奶，其实就是被国际资本整垮的。太子奶的领头人李途纯 1997 年带领太子奶拿下央视标王，这也成为其后来快速扩张发展的起点。然而太子奶由于快速扩张带出的问题也代表了很多国内企业共同的问题。

在 2006 年以前，太子奶涉及了很多与乳品不相关的产业，逐步丧失了夯实基础增加行业竞争力的机会。而正是由于投资过散，太子奶才会引进国际资本，并一再举债。而最要命的是同蒙牛一样，李途纯与英联、摩根士丹利、高盛三家投行也签署了对赌协议：三大投行注资后，前 3 年如果太子奶集团业绩增长超过 50%，可降低投行股权；如完不成 30% 的业绩增长，李途纯将失去控股权。蒙牛的牛根生当年也是签署了几乎完全一样的对赌协议。不过牛根生赢了，而李途纯则没有那么幸运，他做的事也更为疯狂。

因为在对赌协议之后，2007 年，太子奶又获得了六大银行财团共计 5 亿元人民币的授信。拥有大量资金以后，太子奶就开始了快速扩张，但后面事情发展就没那么顺利了。2008年，先是地震等灾害带来的损失，接着全球金融危机，导致国际六大财团将“太子奶”的信用贷款利息上调30%，加重了负担，紧接着就是三聚氰胺事件。原本因原料价格过高而利润已经很低的太子奶遭受了重创。毫无疑问，李途纯的对赌不可能赢了。当然，后来“太子奶”被同行业再踩一脚，并引发一系列事件导致企业回天乏术则另有原因。

但是，从“太子奶”的发展到衰落，可以看到国内企业在发展过程中所出现的问题竟然是那么雷同，基本都是企业创始人非常有开拓及冒险精神。而正是由于自己这种冒险精神，通过资本借贷快速成长，企业在几年内就发展成为同行业里的佼佼者。但企业往往会因为发展过快，遇到危机之后，不得不寻求资金帮助。而国内银行往往对这类民营企业支持不大，尤其企业遇到危机之后，加大了风险，国内银行就更不愿意给予资金了。国内民间资本在这时候更多考虑实际控制权，而创始人基本都不会愿意大权就此旁落，最终唯一可选择的就是国际资本了。

但国际资本的做法更加决绝，并基本都已经形成规律。先是伸橄榄枝，在关键时候资金进入，开始合作非常愉快。先帮助企业继续融资引进新股东，然后想办法在股市上市。到此为止，往往创始人都会非常开心，因为从募集资金到企业上市，自己基本很少操心，所操心的事情就是把大把募集来的钱用于企业扩张。

往往这些国际资本进来的时候都会给企业创始人一份像“太子奶”一样的对赌协议。这份协议看起来像是激励企业发展的协议。实际上，是加了一副枷锁给创始人，用金融高杠杆把国际资本的风险转化，转到创始人这方来。不管对赌协议是输是赢，国际资本都是赢家。在企业遇到危机期间他们会以股票质押、贷款等形式“帮助”创始人走出困境或者谋取发展，但最终的结果却是大部分创始人被踢出局。即使少量没有被踢出去的创始人，投行们也赚得钵盆全满，创始人的股权依旧不断被侵蚀。

当然，国内企业家在经历国际资本的洗礼的时候，也会总结经验，并进行“中国式”的商业反击。比如前面所讲到的雷士照明，其创始人吴长江虽然股份被稀释，并被国际资本挤出董事会。但是他利用自己手里的渠道资源做筹码，将雷士照明的渠道分销系统直接独立于雷士照明之外。因此当这些国际资本对其动刀的时候，吴长江反戈一击，占到了主动位置。虽然这样的争斗对雷士照明来说可能在企业发展上是极为不利的，但从个人角度来讲，吴长江手里拿了一副好牌，他用自己独特的方式，逼迫资方不得不按照自己的意愿去出牌。

这可以说是近些年国际资本进入国内企业首次处于如此尴尬的境地。虽说这么做并不符合商业规范，但却是国内企业者面对国际资本侵蚀的一个经典案例。当然除了吴长江，牛根生也不简单，在签署对赌协议的时候，他能够看清形势不盲目发展，并很早就已经想好后路。从被国际资本稀释股份到找到中粮接手，最后到现代牧业横空出现，一步步很有点明修栈道暗度陈仓的意味。当然，能够在国际资本夹击下生存下来的例子并不多。这就给企业以启示，到底在获得资本后该如何发展，对赌协议该如何完成，企业发展应该如何进行，是盲目扩张还是夯实基础?

从新希望乳业的发展就可以看出，虽然没有快速进行产业扩张，这对于占领市场是不利的。但相对来说，稳健的步伐、本土化的经营品牌、低负债率、产业链的有效整合，往往在危机出现的时候最能体现出重要性，使得企业本身虽然不会快速崛起，却会慢慢地稳定增长。

与国际资本侵蚀股份后打包卖掉的做法不同，国内企业在收购后往往是想长期经营。但这里面问题又出来了，如何收购企业，收购兼并企业后该如何发展才是重点。首先，在收购企业的时候不应仅仅看到企业的优势，更该看适不适合自己，能不能把收购的企业有效整合，并降低成本。而收购以后又如何进行企业监督，在交接过程中如何保持企业优势，又不会继续扩大原来企业的问题，这是非常值得思考的。

从中粮集团的各种兼并、重组与收购中，其实也可以看到，一个企业再庞大，当整体的协同运转无法执行，就相当于整合没做好。这样即使并购再多优秀企业，也只会给自己增加压力。多元化的企业发展建立在完善的产业链条相互合理协调的状态下，整合得越合理企业运作成本就越低，净利润率也就越高。

因此，不管是企业发展还是企业兼并，其实他们之间都是有着千丝万缕的关系。当危机来临之前，如果能够未雨绸缪，有效整合产业链使其健康发展，相信不管多么大的危机，多么厉害的国际资本都不可能轻易撼动企业，企业也就掌控着制衡这些资本入侵的“核弹头”了。

第二章　商标争夺战背后的鬼蜮伎俩

在如今的世界经济格局中，“商标”“专利”都成了不可忽视的隐性资产，且越来越重要。而从欧美先进国家的经验看来，近些年商业实体主要的竞争就是在各个产品的专利上面，有时候一个专利之争可以上升为产品之争、企业胜败之争。转回国内呢，则更多的是商标之争，一个商标，不管有没有产品，都是商业价值。所以商标争夺战在国内不断上演。

IPAD 商标争夺局中局（一）：唯冠衰落真相

2012 年，一场官司引起了国内甚至是国际舆论的注意。这就是唯冠与苹果争夺国内 IPAD 商标案。这场官司，最终以唯冠获得 6000 万美元与苹果达成和解画上句号。官司虽然结束了，但由此引发的讨论却并没有结束。这场官司为什么会引起这么大的注目？该案件成为了商标争夺的经典案例，而唯冠的成功获得利益更被诟病为投机取巧的典范。唯冠到底怎么一步步让全球的产业巨头“苹果”掉进了陷阱中？想要了解这桩案子背后的玄机，就必然先从唯冠的成长史说起。

说起唯冠，其实并非是大众眼中的“皮包”公司，其生产规模并不小。唯冠公司在 1989 年成立，以几十万元人民币起家，并开始做显示器材料加工。1991 年进入深圳沙头角保税区，从此开启了唯冠以显示器为核心的发展壮大之路。十多年后，唯冠就成为了全球第四大显示器生产厂商，年销售额过百亿，企业员工人数过万，并在香港、台湾两处上市。最辉煌的时候，全球每十台显示器就有一台是唯冠生产的。

其企业发展经历了三个阶段。这三个阶段不仅可以看出唯冠的发展轨迹，更能看到此类企业的共通点。第一个阶段，是高速发展阶段，也就是从唯冠创建到 2003 年这个阶段。这个时候唯冠迎着中国改革开放的春风一路走来，由于在改革开放的前沿——深圳，所以同大多数的同类企业一样，唯冠享受着地方优惠政策、地价优惠、人力资源极其低廉等优待，这种以代加工（OEM）的形式逐步做大的企业数不胜数。而声名远播的代加工巨头——富士康，也是从这时候开始发展起来的。唯冠与富士康虽然规模不同，但发展轨迹还是极其相似的。

唯冠在代加工不断做大的同时，也开始有转型的欲望，并于 2000 年并购了品牌显示器厂商美格的股份。如此一来，唯冠由低端显示器为主，逐步开始进入中高端市场，并确立了品牌地位。第二阶段在 2003 ~ 2007 年，是唯冠发展的一个相持阶段，其实在这个阶段唯冠可以有更多的发展。但由于与传统通信产业巨头摩托罗拉的合作，让唯冠在这个时期的业务逐步走向被动。2003 年 10 月，唯冠与摩托罗拉双方正式公告摩托罗拉与唯冠集团达成联盟，同时宣布摩托罗拉液晶电视、等离子电视等系列家电产品登陆中国。

其实在刚开始，双方都是本着一种集中双方优势资源形成市场优势的想法。作为传统通信产业巨头，摩托罗拉一直觊觎此类家电业市场，尤其是中国这个拥有巨大需求的市场。液晶、等离子电视的市场蛋糕又极为诱人，但苦于没有相关产业的生产能力做基础，所以就想找一个合作者。而唯冠呢，虽然做了多年显示屏，但也仅仅是作为各品牌代理商，因此双方一拍即合。当时商业前景似乎比较乐观，覆盖面非常之广，从等离子电视、液晶电视、楼宇可视对讲机、数码录放影机、汽车影音开始，准备逐步渗透进入所有相关产业市场。

但此次合作，却迎来了两家厂商的“双输”局面。对摩托罗拉来说，由于新兴品牌与产业的冲击，让这个老牌通信产业巨头面临巨大危机，而其企业本身因为产业结构过于臃肿，发展目标与市场需求产生了背离，已经是危机四伏了。此时与唯冠的合作也是想开始新的尝试，企图在家电市场方面做起来并重夺优势。不过由于摩托罗拉早就舍弃家电市场，并未料到电视产业将迎来新的春天，而在等离子、液晶生产方面继续发展，所以这个时候摩托罗拉回到家电市场，可以说已经慢了好几拍。

在这个电视升级极其迅速的时代，电视核心的升级甚至可以以天计，慢半拍都会落好远。偏偏这个时候，摩托罗拉对于唯冠的技术要求是，必须由其在不同地区的七个研发部门通过才可批量生产，这样就耽误了新产品快速上市的时间。在竞争激烈的电视行业，时间就是金钱，就是市场。一方面摩托罗拉研发以及产品实验都需要时间，另一方面唯冠对于相关电视产品制造经验不足，这样两个“性格不合”的“夫妻档”在一起，时间长了必然会产生“婚姻危机”。

果然，仅仅一年之后，也就是 2004 年的 10 月初，唯冠宣布由于在产品营销认识上的分歧，已经停止与摩托罗拉共同生产销售资讯家电（包括液晶电脑显示器、等离子电视机和液晶电视机、数字电视等产品）的合作。这场短暂的婚姻，让唯冠与摩托罗拉在资讯家电产业中都铩羽而归，被打出了局。实际上，在 2004 年以后的市场，国内家电产业巨头都面临着不同的问题。这不仅仅是摩托罗拉与唯冠本身出了毛病，即使它们合作无间，在当时日渐饱和的国内家电市场上，其实也很难走远。国内专业制造和销售的巨头们都在面临着产能过剩问题，新合作的它们又怎么会讨得了便宜去。

但不管怎么说，立足于代加工领域的唯冠有着多年的行业积累，在此次合作失败之后，也没有动摇其根基，只是堵住了唯冠首次转型脱离代加工领域的成长之路。虽然唯冠在此期间也尝试转型，但代加工企业快速转型成功的案例在历史上也是少之又少。所以在此后的几年，唯冠并没有多少大动作。在维持这种以代加工为主的产业发展几年后，迎来了唯冠发展的第三个阶段——衰落期。

进入衰落期是显而易见的，因为并不仅仅是唯冠，也是全球此类企业的危机。2007 年以后，由于众所周知的全球金融危机，导致全球经济出现了问题。因此对于此时的唯冠来说，面临着三个最大的问题。第一个问题，就是市场需求大幅减少带来的产品囤积问题。产品的囤积致使成本不断增加，同时资金也就无法回收。第二个问题，就是欠债企业的资金无法到账。第三个问题，就是产量过剩引发的行业整体降价，降价导致资产缩水。这几个问题其实汇集起来都把危机指向同一个地方——资金链。因此唯冠的资金链瞬间开始产生断裂。

幸好在 2008 年末国家推出了十大产业振兴计划，而其中家电下乡的刺激计划让唯冠暂时摆脱资金断链的危机，也让当时同一时期的同产业企业喘了一口气。随着家电下乡带来的附加值逐步回落，消费市场逐步趋于饱和，显示屏以及家电相关产业制造商们在 2009 年以后再次进入冬天。连代加工巨头富士康都压力倍增，不得不将厂区搬迁，以降低成本，更何况是身兼电视、显示屏等多项产能过剩问题的唯冠了。于是，在 2010 年 8 月，唯冠国际旗下的唯冠股份不得不因资金断链而停牌。

此后唯冠国际旗下的深圳唯冠就一直处于破产的边缘。基于众多债主缠身，深圳唯冠本身又无力偿还的前提下，一个可以让深圳唯冠的债主、股东降低损失的机会摆在了眼前，这就是与苹果的 IPAD 商标权争夺。

IPAD 商标争夺局中局（二）：唯冠、苹果与破产诡道

关于唯冠与苹果关于 IPAD 的商标之争，唯冠自己也始料未及。因此有人说，这是唯冠蓄谋已久的一场“商标狙击战”，这么说并不完全正确。因为在 2000 年，唯冠旗下的台北唯冠在苹果尚未研发之前就在世界多个国家和地区注册了 IPAD 商标，其目的原本也是用于自己的产品，并非所谓的恶意抢注。2001 年，深圳唯冠在内地也注册了 IPAD 商标，对于唯冠把 IPAD 不同地区的商标归属权分了两家公司去注册，一些媒体和专家把这称为缺乏商业道德。

其实这么说有些偏颇。因为从其企业发展和当时国情来看，唯冠台湾分公司在全球各地关于知识产权与商品进出有着其特殊的优势，相比较而言在我国大陆则更加严苛。从企业发展的战略考虑来说，分开注册是正确的。而深圳唯冠单独注册内地商标，其实在产品品牌发展上更加方便。所以基于不同的考虑及种种原因，唯冠在不同地区注册的商标由旗下两家子公司分别掌握。如果说到目前为止唯冠一直是比较按照规矩做事的话，那么后来转让商标，直到与苹果打官司则确实也有着很多并不“光明”的招数。不过，苹果在这桩交易中也并非那么光明磊落。

2006 年苹果开始研发 IPAD，到 2009 年开始准备推向市场的时候，商标问题成为了阻碍。为了能够低成本拥有在全世界各地已经注册的 IPAD 商标，苹果偷偷在英国注册了一家公司——IP 公司，用这家公司开始低价收购全世界的 IPAD 商标。由于是一家不知名的公司，所以苹果的收购进行得很顺利。2009 年 12 月 23 日，唯冠国际授权麦世宏签署了相关协议，将 10 个商标的全部权益转让给英国 IP 公司，协议签署之后，英国 IP 公司向唯冠台北公司支付了 3.5 万英镑购买所有的 IPAD 商标。然后英国 IP 公司以 10 万英镑的低价格将 IPAD 商标的所有权益转让给了苹果公司。苹果公司的偷龙转凤计谋因此得逞，这也是让唯冠国际后来后悔不迭的原因。但唯冠也不傻，明明中国内地的商标所有权是深圳唯冠所有，但在协议中却只字不提，其实也是留了后手。客观地讲，在这一点上唯冠想要自辩清白就比较难了，这件事也成为后来两家公司的焦点所在。

2010 年，苹果的 IPAD 产品在全球包括中国大陆上市，这一点让唯冠大出意料。没想到便宜打包卖出的 IPAD 商标，竟然是让苹果公司买走的，其贱卖的商业价值不言而喻。而此时苹果公司也已经知道大陆 IPAD 商标使用权并不在自己手里。为了消除未来隐患，苹果公司先发制人，以深圳唯冠连续 3 年停止使用 IPAD 商标为由要求撤销商标。但由于对方申请了资产保护，所以苹果并未得逞。此后苹果提出诉讼，认为之前已签署协议，要求归还商标使用权，但因并未与深圳唯冠签署协议，诉讼被驳回。

本来深圳唯冠并未有行动，但由于此时已经进入债务重组阶段，担任唯冠债务重组顾问的和君创业公司发现唯冠没有任何有价值的资产，仅剩下这个品牌有价值。在和君创业以及众债主的推动下，又恰逢苹果“自投罗网”，深圳唯冠开始了反诉讼，先要求苹果公司在大陆禁售 IPAD 相关产品，随后舆论传唯冠向苹果索赔 100 亿美元。当然这属于“虚张声势”给苹果公司造成压力，最终唯冠亮出的底牌是 4 亿美元。

4 亿美元恰恰是深圳唯冠欠的债务总和，如果索赔成功则各债主皆大欢喜。但实际上，苹果公司这样的国际巨头久经沙场，在协议中未发现其没买入大陆商标使用权已属低级错误，又怎么会用这么高昂的价格买一个商标呢。不过，对于此类电子产品而言，时间就是金钱，产品更新换代速度极快，为了最大限度降低损失，再加上官司在中国内地又接连败诉，苹果公司终于开出了 6000 万美元的和解方案。对于深圳唯冠来说，众多债务人都在看着这笔钱。如果苹果公司一旦觉得成本过高而改换商标，则大家都竹篮打水一场空。所以自然而然的，这个庭外和解顺理成章地达成了。不过有意思的是，官司过后大家都看中了这 6000 万美元的肥肉，帮助唯冠的律师团更是向其索要高达 7000 万元人民币的律师费。这让整个事件增加了戏谑色彩。

从整个事件中，我们来看各方利益。先来说苹果，苹果公司在整个事件中先用皮包公司低价收购商标，再因协议未审核明白付出了 6000 万美元的代价。钱倒是小事，关键是耽误了上市最佳时机带来的隐性损失，可以说赔了夫人又折兵。但需要注意的是，苹果公司在产品的核心价值上永远处于高端，这一点是任何中国企业所无法比拟的。而未来，苹果公司仍将长期占据市场，这一点不会因为一点点的疏漏而改变。

再说一说深圳唯冠的债主们，在他们推动下最终减少了损失，好歹也算没白忙。其实相对来说，在整个事件上推波助澜并狠咬了苹果一口的，并非唯冠集团本身，而是这些背后的债务人。另外，深圳唯冠的律师团虽然没有即时获得足额律师费，但名声已经打响，仅从这方面也能获得巨大的隐形资产。后来还借由 7000 万元人民币的高价索价继续打响名声。而实际上他们应得的律师费用也还是会支付给他们的。

其实需要说明的是，在整个唯冠集团运作中，最厉害也是最神秘的就是唯冠的创始人——杨荣山。我们客观梳理唯冠的发展以及与苹果之争，会发现他在企业的资本腾挪方面非常厉害。这里我们不妨揣测一下。当然，只是揣测并非既定事实。

2008 年国际经济危机正浓，毫无疑问唯冠也在旋涡之中，资金链紧绷是必然的。而此时在香港，杨荣山因为拖欠别人 430 万美元，被对方呈请破产。个人破产本身没什么，但当时杨荣山手中拥有大量债券，却并未卖出还债，而是以现价卖出会被压价为由申请月底再还，最终法院还是判其破产。这里看似正常，但当时唯冠国际欠债 30 多亿元，其中由杨荣山个人担保的贷款就高达 10 多亿元。毫无疑问，其个人的破产也相应地减去了唯冠国际的负担，在当时来说足以让整个集团度过那段艰难时期。

此后，苹果与唯冠签协议，大陆商标权归属并未写在协议中。这一点，相信杨荣山也心知肚明，恐怕也为以后在争夺商标权上留了一手，当然他当时可能并不知道是苹果买的商标。不过，这个留一手却肯定是早有预谋。而深圳唯冠作为唯冠国际的“龙兴之地”最后竟然只剩下债务，这一点也是比较让人疑惑的。

随后，大家集中精力对付苹果，杨荣山却从容不迫，坐观其成，并连律师费都只以承诺先应付之，不得不让人佩服其空手套白狼的能力。而最妙的是，在与苹果争夺案之后，杨荣山迅速“重整旗鼓”宣称将转型进入 LED 照明行业。这就更奇怪了，作为代加工企业，近些年唯冠并无突出业务，又逢经济形势急转直下，企业发展也不尽如人意，大量债务缠身，杨荣山本人更是已经破产。如此前提下，有谁会大量投资并进军新业务？而杨荣山本人对于其投资具体数量也是“不便透露”，只说有上亿新投资。我们不能就这些事件说杨荣山和他的唯冠国际有什么问题。但在杨荣山神秘的资本腾挪之后，唯冠国际仿佛重获新生，并干干净净地成立子公司投入新能源产业。这一个华丽的转身，相信并非谁都能够做到。

不过可以看出，中国的企业家可以利用中国的经济特色，用自己的方式不断发展。但在整体之中，我们的企业再怎么发展也很难脱离低端产业发展，相比较苹果那样占据优势产业链条的科技创新，我们已经棋差数着了。该如何才能走向健康发展，依然要看制度平台的转变和企业家们的能力。当然，这种商标之争并非仅仅是国内企业与国际巨头的博弈，国内国企与民企的商标之争，往往更加惨烈，其影响也更加深远。在2012年有着百年商誉的老字号“王老吉”的商标之争，就是近些年最典型的一起。

上演“二母夺子”的“王老吉”抢夺战（一）：王老吉品牌增值之“祸”

说起“王老吉”，所有中国内地的消费者都非常熟悉。即使没怎么买过该饮料的人也对此品牌有着极高的认知度。在2012年受关注最广的恐怕就是广药集团与香港鸿道集团之间对于“王老吉”的品牌之争。

事情还要回溯到1995年，加多宝的领头人陈鸿道开始了首次与广药集团的合作，租下了广药旗下“王老吉”的生产销售权。当时“王老吉”产品定位不是很清晰，市场渠道建设也不够完整，宣传力度更不尽如人意，整体品牌并不特别突出。而陈鸿道当时看重的是“王老吉”多年以来的生产基础、产品配方以及品牌的历史渊源。

“王老吉”的历史渊源颇深，从清朝道光年间开始。当时这种凉茶的配方由王泽邦配制。开始的目的是因为当地瘴气爆发疫症，而王泽邦用中草药配制了凉茶治好了民众的病，因此声名大振并开了间凉茶店叫“王老吉”。后人将其发扬光大，到1949年以后分成了两支，一支海外发展，一支也就是后来发展成为广药旗下的“王老吉”。虽然广药旗下的“王老吉”只能在内地发展，但对于陈鸿道来说，这个品牌的历史渊源深厚，可以用作发展的坚实基础。对于广药来说，虽说该品牌有着深厚的历史积淀，但对于市场建设能力却不高。所以在与加多宝合作之后，到1997年正式再次签约，把“王老吉”品牌租给了鸿道集团，并将租期延至2010年5月2日。

不过对于一个品牌来说，10年的商标租约并不足以让人放心。因为在商场上，想要运作起一个品牌，即使付出巨大的人力物力，也需要5年以上的时间。到时，如果广药发难，提高商标使用费或者要回商标，那么不就是竹篮打水一场空吗？心里不落底的陈鸿道，在2001～2003年，用300万港币“潜规则”了当时任广药总经理的李益民，换得了以每年500万元再续10年到2020年的合同。

“占了大便宜”的陈鸿道解决了后顾之忧，才开始认真运作“王老吉”。公道地说，当时的“王老吉”的商标使用费并不低。因为当时其品牌没有被运作，价值也就无从谈起。如果陈鸿道没有用这些非法手段，那么到2010年续约的时候，必然要面对商标涨价。但用这种非法手段换来的合同，给陈鸿道带来的是更大的隐患。

鸿道集团旗下的加多宝拿到“王老吉”的商标使用权之后，就开始了细心雕琢的过程。在专业营销机构的帮助下，加多宝公司给“王老吉”找到了准确的定位。当年“王老吉”凉茶主要的作用是治病，从产品定位以及功能上都与现代发展不相吻合。而广药发展的时候，也没有找到合适的定位。而加多宝给“王老吉”的定位是“预防上火”。

现代都市人工作生活压力剧增，逐步从体力上的压力转到心理层面的压力，所以更加容易上火。“王老吉”的准确定位就迎合了这部分人的消费心理。另外在配方上也做了些改变，从“治病”功能改变为“饮料”的功能，口味也更容易被消费者接受。在加多宝公司的努力下，“王老吉”逐步为人们所熟知。

应该说，陈鸿道在品牌营销方面非常有独到之处，甚至从他做人也可看出一二。陈鸿道向来以“佛商”著称，一方面，与一般的企业家不同，他在香港很少出席公众场合，却常参与佛学有关的集会。另一方面，在企业运作上特意加入了佛学元素，不主动辞退员工，并关心员工身体健康。

这些“人性化”的关怀，把“济世为怀，普度众生”的烙印刻在了他身上，更渗透进了其企业文化中。这样一来，不管他本人做的什么善事，都可以变成“王老吉”的品牌文化。介于“王老吉”的历史渊源加上陈鸿道的企业文化，逐步将企业文化与品牌结合在一起。在这方面其实是需要相当的耐心的，并非每个品牌都能做到这一点，这也就是后来“王老吉”品牌能够快速崛起的原因了。

有了逐步建立的渠道基础、准确的品牌定位、产业文化的渗透之后，王老吉开始在体育节目、网络、公益活动方面逐步确立品牌知名度与公信度。在企业努力运作下，2007 年王老吉销售量超过了 50 亿元。品牌基础已经确立，在这个时候就需要一个品牌提升的机会。而这个机会在 2008 年到来了。

灾难带给国人痛苦，但同时也孕育着不同的商业机会。2008 年的汶川大地震，举国震惊，也引发了近 10 年来最大的一场募捐活动，大家踊跃捐款。对于“王老吉”来说，想要快速建立品牌地位，这是个非常好的机会。从历史的眼光来看，在前后 10 年内，能够引起全国乃至世界人民关注的事件只有这一次。而这次就是加多宝公司带领的“王老吉”品牌一次营销的最好良机。2008 年 5 月 17 日，陈鸿道拍板向汶川灾区捐款。5 月 18 日在央视举办的募捐晚会上，“王老吉”品牌的副总现场捐出 1 亿元。一石激起千层浪，“王老吉”的名字顿时为人们所关注。

但是，捐款 1 亿元虽然能够吸引人们注意，却无法产生持续效果。而“王老吉”本身又不能把捐款的事做得太高调。因为如果这么做，反而会引起公众反感，有借慈善打广告的嫌疑。而这个时候，网络论坛的功能就成为这时候产品营销不可缺少的阵地了。因为有时候“小道消息”往往会更加凸显企业“低调”和“不图虚名”的定位。

这个时候，一个“让王老吉从中国的货架上消失！封杀它！”的帖子横空出世。刚刚捐款就冒出这样的帖子，必然群情激愤。足够引起眼球效应之后，发现该帖子是说买光“王老吉”，让货架空起来的意思。这么一来，吸引了眼球之余，又把购买其品牌上升到了“爱国”的角度。毫无疑问，这么一来“王老吉”及其企业文化，与“爱国”“济世为怀”“低调”“英雄”相结合，快速确立了在消费者心目中的地位。看似网友无心之举，却成就了“王老吉”的品牌价值。但事后回过头来看，其实很多事情却显得过于巧合。不过一切并不重要。重要的是，灾区确实得益了，而“王老吉”也确实提升了品牌价值。这种双赢，其实也不是坏事。

“王老吉”的品牌价值，像坐火箭一样蹿升。加多宝带领的“王老吉”品牌销售量很快突破百亿，成为首家超过可口可乐的饮料企业。而借着品牌运作的成功，广药所生产销售的绿色盒装“王老吉”凉茶，也达到了近20亿元。品牌带给双方的“共赢”效果开始体现。

但这个时候的广药想法却不一样了。一方面，商标使用权仅仅让广药每年获得500万元，相对于快速提升的“王老吉”品牌来说，心理落差极大。另一方面，已经多元化发展的广药集团，开始萌生想利用“王老吉”品牌做更多的事情的想法。有句话说得好：“同患难易，共富贵难。”这句话用在加多宝与广药两家企业上可以说恰如其分。

2010年11月，广药集团在“中国知识产权（驰名商标）高峰论坛暨广药集团王老吉大健康产业发展规划新闻发布会”上宣布，广药集团旗下“王老吉”品牌价值，经北京名牌资产评估有限公司评估为1080.15亿元，成为目前全中国评估价值最高的品牌，并同时在全球招募新的合作伙伴。广药为什么能够这么理直气壮地招募合作伙伴？其实正是由于当年陈鸿道用“潜规则”手段续约至2020年，让广药抓到了把柄。合同本身参与了非法手段，也就有机会不成立。另外，当年的广药总经理早已下台并被判刑，“拨乱反正”已经没了顾虑。而这个时候的广药，实际上也没有要跟加多宝谈的想法了。因为从加多宝的角度来说，“王老吉”就像是继母收养的孩子，好不容易培育成人中了状元衣锦还乡，这时候孩子亲妈要把孩子夺去，多年的心血白废了，所以这时候已经没什么可谈的了。

于是2011年4月，广药提出仲裁请求，并以国有资产流失作为依据。随后，与加多宝的和解自然也就没有什么可能性了。2012年5月11日，广药集团收到中国国际经济贸易仲裁委员会日期为2012年5月9日的裁决书，贸仲裁决：广药集团与加多宝母公司鸿道（集团）有限公司签订的《“王老吉”商标许可补充协议》和《关于“王老吉”商标使用许可合同的补充协议》无效；鸿道（集团）有限公司停止使用“王老吉”商标。到了7月份，北京一中院驳回鸿道集团提出的撤销国际经济贸易仲裁委员会作出的（2012）中国贸仲京裁字第0240号仲裁裁决的申请。

由于此次是终审裁定，所以最终加多宝把多年运作的品牌拱手让给了广药。广药终于如愿以偿，将“王老吉”品牌揽入怀中“坐享其成”。

上演“二母夺子”的“王老吉”抢夺战（二）：市场品牌的输赢谋略

此时对于加多宝而言，是赔了夫人又折兵。由于鸿道集团的老总陈鸿道多年以来一直致力于重点发展“王老吉”品牌，并未开发其他品牌，所以此次商标被收回可以说是沉重的打击。品牌就意味着渠道，更意味着消费者的认知度。在这个时候，加多宝公司首先要面对的问题是：加多宝需要在渠道建设方面稳定局面，另一方面还要让消费者快速认知新品牌。所以加多宝公司在危机公关方面做了很多工作。从后来的结果来看，其危机处理能力还是相当强的。

其实随着广药“撕破脸”提起诉讼，加多宝公司就已经开始了针对性策略。那就是假如官司输掉了，品牌被拿走，该如何让消费者继续购买加多宝的凉茶。诉讼需要时间，这段时间就是转换品牌的“缓冲”。作为加多宝公司来说，这个时候的时间最为宝贵。于是在2011年年底的时候，市面上的“王老吉”产品的罐装外包装上，都放大了“加多宝”三个字。王老吉与加多宝的品牌并行，让消费者有了对“加多宝”三个字的心理接受期。如果官司赢了，也不会影响消费者的品牌认知，输了则有后路可走。

其实对于当时的加多宝公司而言，基本也知道输多胜少。因为广药毕竟是内地有影响力的国有企业。而对于地方来说，广药的企业发展好坏直接影响地方财政和经济。因此，其背后少不了行政方面的推手。加上广药打着“避免国有资产流失”的大旗。而当年的潜规则也确实不合法，所以多方面看起来胜算已经不大。加多宝能够做的也就是尽量拖延时间，缓冲品牌转变带来的影响。

到2012年中旬“王老吉”品牌被确定收走后，加多宝展开了一系列的行动，将品牌转换带来的不良影响降到最低。首先就是品牌的重新定位。虽说还是原来的配方，一切并没有改变，但此时的市场却已经产生了变化。因为这个时候“怕上火”的定位已经不是问题，多年来的品牌积淀已经让消费者有了极大的认同感，强调这点就相当于打了水漂。这个时候需要的是挽回大众对新品牌的认同感和信任感。因此当“加多宝”三个字正式替代“王老吉”后，新的品牌定位重点放在“正宗”“原来的味道”上。当大家认为“加多宝”才是正宗，而味道、品质又不变的时候，心里归属感必然增强，“王老吉”的品牌影响力必然顺利由“加多宝”交接。

但仅仅是改换包装的过渡根本不可能让所有消费者对“加多宝”有所认知。另外，广药收回了“王老吉”，也就相当于增加了一个强劲的竞争对手。因此，在2012年5月以后，加多宝把销售预期由160亿元下调到了90亿元，而将单月广告费用增加到4亿元。因为加多宝知道，2012年是加多宝能否成功收复失地的关键一年。这个时候消费者的选择尚未落定，市场争夺战就是生死之战。所以在渠道的营销方面，“加多宝”与广药“王老吉”交战可谓惨烈。每一处加多宝的货铺现场，旁边必然是“王老吉”的货架。而其营销人员的恶性冲突事件也不断出现。两家企业的混战，让人们见识到了什么是商场如战场。

对于加多宝来说，2012年虽然是多事之秋，但关键的几步却走得非常正确。尤其是两轮广告效应所占的上风，让“加多宝”快速扳回一局。第一轮，就是借奥运会进行的广告攻势。在伦敦奥运会期间，加多宝主办的“红动伦敦，畅饮加多宝”活动以独具创意的方式，将奥运精神、民族情感与企业文化融合在一起。加多宝用惯用的营销方式，再次将“爱国”“中国红”及“体育精神”贯穿于自己的红罐凉茶品牌之中。并且特别强调“正宗”“原味”，用“全国领先的红罐凉茶，改名加多宝”“还是一样的配方，还是熟悉的味道”，让所有的奥运相关频道处处“红罐凉茶加多宝”。借着奥运的平台，让加多宝重新与历史传承、与民族精神对接，这样就把“王老吉”品牌的历史传承感带了出来。这一下，加多宝的新名字让全国甚至海外消费者对“加多宝”产生了浓烈的民族品牌感情。当然其在广告方面付出的代价也不小，虽然不知具体数字，但奥运期间加多宝的广告费绝对是以10亿计的。

不过，加多宝想要确立新的品牌地位，更需要灌输“青春”“活力”的理念。而这就需要在选秀、综艺类节目中大量投入。而近些年来，电视媒体尤其是各地方卫视正逐步崛起，而各地办的特色综艺节目，吸引了相当一批的年轻观众。而这些人就是“加多宝”此次的首要目标。因此，加多宝的第二轮广告攻势，就放在了各地方卫视的节目上。

其中，由“加多宝”冠名的由浙江卫视主办的“中国好声音”意想不到地一炮而红。其实对于加多宝来说，此次“押中”“中国好声音”并非仅仅是运气。因为制作“中国好声音”的制作团队，也就是曾经制作“中国达人秀”的原团队。在前有“中国达人秀”的成功保证，后有此节目在国外成功运作的背景下，“加多宝”自然不会放过此次机会。而据加多宝内部人士透露，其冠名投入金额远远超过招标方案。

不管怎么说，“中国好声音”的大火让“加多宝”真正夯实了新的品牌地位，并争取到了不同阶层的消费者。而相比较而言，“中国好声音”的其他赞助商则没有加多宝获益那么大。

虽然说加多宝做了这么多工作，也成功将新品牌对接，但品牌损失已经造成。而且由于过多的广告营销资金投入，也必然影响其母公司鸿道集团的整体盈利。据媒体报道，冠名2012年浙江卫视“中国好声音”大获全胜后，加多宝再次投入2亿元夺下2013年冠名权，之后又冠名湖南卫视的跨年演唱会，并且在央视招标上，为凉茶产品再次投入1.9567亿元。频繁投入巨资在广告方面，使得加多宝多了一项隐忧，就是这种高投入广告能否持续，净利润如何保证。广告的投入往往不进则退，未来如何在让产品销售稳定的情况下又能保证好的净利润率才是关键。另外，广药既然拿回了“王老吉”的商标，就不会坐失良机。这个时候从加多宝身上能撬走多少市场，就会成为多少未来的坚定客户。而广药，也并非仅仅要与“加多宝”分庭抗礼，而是有更大的野心。

对于广药集团来说，毫无疑问重新夺回“王老吉”是一次非常难得的机会。因为虽然“王老吉”品牌的回归并不意味着能够把加多宝整个市场都“撬”过来，但最起码能够从加多宝公司那里争取更大的市场。

不过广药显然胃口更加大。广药是一家多元化经营的公司。其主要业务除了药业外，还有很多其他业务。而“王老吉”的回归，意味着整合其他业务，借由“王老吉”品牌效应共同发展的机会来了。

所以广药的第一步，就是品牌的延伸。用一个“大健康”概念，把王老吉的品牌延伸至药酒、药妆、保健品、食品、运动器械等多个领域。王老吉牌儿童药、绿豆爽、固元粥、绞股蓝饮料等产品相继上市。第二步，就是市场渠道的建立。广药拥有着国有企业特有的优势，除了利用自己集团取之不尽的资金优势与加多宝抢夺渠道之外，广药还与国企中石化广东分公司签署协议，将红罐王老吉铺向中石化广东分公司的易捷便利店。此渠道可以说是作为国企的广药所具有的独特优势，这也是加多宝无法与其相比的。第三步，就是解决生产问题。巨大的市场就意味着巨大的产量，加多宝有着成熟的生产线、众多的自有工厂做后盾。而广药新收回“王老吉”品牌，很难快速建立生产线与加多宝争夺市场。这个时候广药依然利用自己的资源优势，瞬间建立起自己的生产大后方。

2012 年 6 月底，广药与食品巨头统一、银鹭、惠尔康集团签署生产代工王老吉凉茶的协议，并与 30 多家食品生产、原料和包材供应企业合作。就这样，巨大的生产能力瞬间“变”了出来。有了这三方面的努力，广药“王老吉”迅速扩张，并抢夺加多宝市场。

不过广药走的这几步也是把双刃剑，品牌策略开始显露问题。第一，其实广药近些年一直都在多元化发展，由于投资过于分散，很多品牌逐步显出竞争力不够的问题了。而“王老吉”品牌回归之后，广药并没有将全部心思用在夯实品牌基础上，反而搞出了一个“大健康”概念，并把诸多二线饮料的品牌冠以“王老吉”的名字，这样更加模糊了消费者的品牌认同感，实际上是企业品牌运作的一大忌。第二，在渠道方面，由于过分着力于打击“加多宝”品牌，所以上诉要求对于以前加多宝的“王老吉”存货进行查封。这样做毫无疑问会得罪渠道商，因为对于渠道商来说由此产生的损失全部要自担。另外由于广药“王老吉”品牌尚未稳固，各渠道商都心存疑虑，所以这又是广药走的一步昏招。第三，就是合作以代加工的形式生产，这么做虽然能够快速生产产品，但却不可持久，因为众多厂商鱼龙混杂，让产品品质难以保证，所以未来广药必须拿出大精力来自建生产线。但在这方面广药显然经验不足，且他们也不见得有耐心去建立这样稳固的生产后方。

这些都只是隐忧，最重要的是当“加多宝”在努力夯实消费者品牌认知的时候，广药却慢慢吞吞，重要的广告宣传时机都被“加多宝”抢了去。关键的时间点的品牌确立与市场抢夺输了一城，从长远来看无论是品牌定位还是渠道建立、产品品质都无法保证。如此一来很可能只是昙花一现，让“王老吉”这个百年品牌在多元化的状态下逐步没落。

当然一切都需要时间去检验。但有一点需要注意，就是从历史来看，任何经历过市场磨炼，摸爬滚打出来的企业，其竞争力都要远胜于养尊处优的国企。不过即使是长期在市场竞争中处于优势的企业，也难免有被狙击的可能。

家纺龙头“商标盗链”背后的市场危机

2009年开始，出现一场家纺业两个龙头企业商标侵权案。2009年9月至10月，罗莱家纺利用Google竞价排名，宣传“买富安娜，到LOVO”等虚假信息，并将链接指向罗莱家纺的电子商务网站。罗莱对其他13家家纺品牌也有侵权行为，所以富安娜为了维护品牌权益，一怒将罗莱告上法庭。

其实运用电子商务的手段进行品牌侵权在近年来已经不是什么新鲜事了。相对来说，此前的家纺行业竞争并不会激烈到走此等“歪门邪道”的方法。但为什么近几年却频发此类商标侵权案件呢？我们就先单独把富安娜和罗莱两个品牌进行介绍并分析其行业竞争形势。

富安娜家居用品股份有限公司于1994年创建，是全国最早以特许经营模式运作的企业，并于1995年在深圳开设其国内首家床上用品的专卖店。随后公司采取了直营与加盟专卖店相结合的形式迅速做大企业，由于较早自建行业渠道并迅速扩散，到2000年富安娜在全国已经拥有上百家连锁店，成功建立经销渠道。在夯实渠道基础以后，富安娜家居又走了关键的几步棋。第一，就是清晰的品牌针对化发展，建立了针对年轻消费者的“馨而乐”。而后又成功推出高端品牌“VERSAI”，这么一来富安娜就为走向专业化铺好了道路。第二，保证品质，顺利通过国际质量体系认证，被授予“中国名牌产品”称号，并三年免检。第三，也是富安娜做得非常明智的一点，就是整合产业链条。富安娜不断购买土地建设工业园区，从深圳到常熟，启动了“长三角战略”大量工业园区的建设，加强了产品覆盖优势，节省了物流资源，并且避免了因地价增长带来的成本增长隐患。第四，就是优化整合了销售终端。这一点非常重要，只有各个销售终端的资讯接收清晰才可以集中调配并降低成本。而与ERP第一品牌用友软件的联手，直接解决了这一问题，在这方面富安娜走在了全国同行业之前。有了以上几点做基础，富安娜的竞争力自然大为提升，剩下的事情就是在产品概念上下功夫。富安娜先是在产品品位设计上不断创新，并在各种比赛中获奖，然后打科技健康牌。比如2005年富安娜“零压力记忆智能枕”通过了“中华预防医学会”认证，成为国内第一家通过该项认证的床上用品品牌。最后在欧美风格上下功夫。国内高端消费者对于欧美风青睐有加，富安娜就迎合此类顾客的喜好进行设计，高度的针对化服务让富安娜的竞争力大为提高。

罗莱也是一家专业经营家用纺织品的公司，并集研发、设计、生产、销售于一体。罗莱在1992年成立，并在1994年成立“南通罗莱卧室用品有限公司”，1998年开始引入加盟连锁的直销形式。在这一点的发展上其与富安娜时间差不了很多。不过相对于富安娜来说，罗莱的发展方向有所不同。首先，罗莱没有在刚开始就购买大量土地进行基础建设，其主要的发展方向，除了自我研发外，还代理了大量的“JOYBY”“喜来登”“尚玛可”“迪士尼”“意欧恋娜”“Christy”等国外品牌。这种内外结合的方式可以有效地将“罗莱”品牌西洋化。对于国内市场倾向于西洋化的消费习惯来说，这一点罗莱做得比富安娜更加深化。其实在1999年罗莱把总部迁往上海的目的也就是为了“欧化”品牌理念。罗莱的产品定位也比较明确，那就是自有品牌针对中高档消费群体，以中年女性为主要销售对象。洋品牌代理则更加注重高端化，并突出“奢华”二字。相对来说，富安娜的整体布局都要优先于罗莱，但电子商务方面的建设罗莱则占了上风。这也是后来富安娜与罗莱产生矛盾的原因。

其实，富安娜和罗莱两个品牌在2008年以前矛盾并不那么尖锐。因为两个品牌一个在华南一个在华东，各自在不同区域发展，此前虽说也有竞争，但并不会有矛盾升级的情况。不过在2008年以后，尤其到了2009年，行业发展的大环境产生了很多变化。

其变化包括以下几点。第一，就是原料价格暴涨。由于国际经济形势变化加上国内通胀、资金炒作等原因，面纱、化纤等原料价格遭到急速拉升，导致整个家纺行业受到冲击。第二，是消费群体产生了变化。由于家纺行业毕竟不是快速消耗品行业，经过一段时间的发展行业整体的消费量下降，导致全国各地市场出现萎缩。如此一来，家纺行业由原来的各自区域发展，转变成为全国性的整体竞争。第三，消费者也由高、中、低端平衡需求转变成为了中端逐步萎缩，向高、低端两极分化的现象。而此时电子商务由于逐步成熟，也进一步开发了低端市场。因此谁在电子商务的争夺中取胜就意味着谁能够占领低端市场。

相对于品牌竞争力与资金安全性基础来讲，罗莱都要逊于富安娜。因为富安娜在2005年以前已经基本夯实了产业链基础。尤其是大量地购买工业用地，使得其抗风险能力明显强于罗莱。其实罗莱也察觉到了这点，所以在2007年以后加大了这方面的建设。可是众所周知，在2007年以后国内地价不断猛增，所以虽然说罗莱先于富安娜成为了上市公司并大量融资，但这时候的资金投入毫无疑问大大提升了成本。而随着行业整体需求的萎缩，家纺行业也开始出现产能过剩，在行业整体进入冬天的形势下，谁能有足够的成本控制能力及资本安全性并占取市场份额谁就是最后的赢家。

因此在2007年以后，罗莱的内部问题频发。先是中外合资企业身份的真实性遭到质疑，并被指偷逃税款。随后又被爆出“褪色质量门”，再次将企业推到风口。而上市后罗莱不断募集资金被指超募也能显露其资金管理混乱问题。其实相对而言，罗莱的问题是内部产业链条整合不足，尤其是作为大后方的工业园建设与土地购入时间太晚，成本大幅提高，在行业整体进入冬天的时候这么做无异于雪上加霜。在渠道建设方面的产业链整合逐步让罗莱与富安娜产生了差距。2009 年，富安娜与罗莱的专营店渠道相比，只占罗莱60%左右，而单店销售富安娜却比罗莱多 10%。另外，由于长年的生产、物流、销售系统整合，富安娜的成本控制远远要比罗莱做得好。

所以在这个时候，罗莱作为进入电子商务较早的企业，一定要在这个领域占得先机。因为相比传统渠道，电子商务有着其无法比拟的渠道成本优势，并且市场潜力巨大。所以罗莱进行了电子商务网站建设以及网络推广，率先打响了网络商务战。而富安娜等品牌也不是傻子，他们同样看到了电子商务的潜力。当大家争夺同一块蛋糕的时候，不正当的竞争往往就会出现。在这种背景下就出现了罗莱电子商务商标侵权事件。

网络盗链，其实已经是比较常见的商业竞争手段之一，就是在对手进行营销推广的高潮时，选择对手的关键字进行推广导入流量。这种利用搜索引擎导入流量的方式很常见，但在像罗莱这样的大企业中却并不是很常见。因为往往这样的企业其行业地位已经很高，这么做容易有损于信誉。不过显然在巨大的市场面前，罗莱没经受住诱惑。其实这也很容易理解，在经历了一系列的自身问题之后，为了争取市场，自然要不遗余力了。罗莱很清楚，在这种电子商务时代做这些“擦边球”的小动作，往往在法庭上较难取证，因为由此获利的具体数据不好统计，因此输也只是输在“道义”上。作为富安娜来说，虽然抢去的流量对整体销售影响不大，不过在电子商务的阵地上，可以说寸土寸金，未来的市场占有率才是关键，因此富安娜紧追不放。

终于，在经历了三年的“角力”之后，在 2012 年初，北京海淀区人民法院判决，罗莱侵犯富安娜商标专用权，要求罗莱在其网站首页连续 48 小时刊登致歉声明，为富安娜消除影响，逾期不履行将在相关媒体刊登判决书有关内容，费用由未履行该义务的罗莱承担；罗莱向富安娜赔偿经济损失及诉讼合理支出共计 10 万元。10 万元的赔偿，毫无疑问无法弥补富安娜的损失，富安娜也只是在道义上赢了，而实际上失去了流量就损失了市场，这一部分损失无法挽回。在这场官司中富安娜维护了商标权，但在市场方面吃了亏。而罗莱占的这点便宜也不过是杯水车薪，面对长久以来的企业问题，未来挑战仍然很多。

从这起案例中，我们可以看到，关于商标的侵权和争夺，有着多种不同的形式。尤其是如今在电子商务蓬勃发展的时代，利用电子商务这个新兴产业与法律的漏洞，也是有机可乘的。但商业的发展万变不离其宗，就是企业的健康发展并不在商标一时的得失，而是在从生产、物流、渠道多方面的产业链整合建设，从多方面降低成本，并针对细分市场进行研发销售。在资金安全系数、成本控制能力、产品针对细化全面解决的前提下，其实谁胜谁负已经一目了然了，需要的只是时间来印证而已。

毫无疑问，商标已经成为企业重要的无形资产。企业在运作、合资过程中，在与某些企业签订条款的时候，也可能会因为疏漏导致商标权丧失。2007 年，中国品牌“娃哈哈”就险遭出卖。

“娃哈哈”品牌保卫战的博弈智慧

“娃哈哈”这个品牌，可以说是中国饮料行业中的老大，在资产规模、产量、销售收入、利润、利税等指标上已连续 11 年位居中国饮料行业首位，成为目前中国最大、效益最好、最具发展潜力的食品饮料企业。可就是这样一个企业，在 2007 年却险些丢失了民族品牌。这究竟是什么原因呢？这一切，还要先从娃哈哈的发展说起。

1987 年，年过四十的宗庆后带着两个退休教师拿着 14 万元的借款建立了娃哈哈的前身，一家属国有企业的校办企业。之所以当时企业的属性属于国有企业，也是因为在当时的环境下可以利用国有企业的资源，国有企业在当时往往会享受很多优惠政策，这是当时的民营企业所无法做到的。

其实宗庆后的经历，基本代表了很多后来发展起来的民企老总的经历。利用国有企业的背景确实可以快速成长。不过这也为后来“娃哈哈”埋下了隐患。由于宗庆后强大的企业运作能力，又借着西部开发的春风，不断兼并企业谋求发展。到1996年，宗庆后带领的娃哈哈集团已经是产值过亿的大公司了，旗下拥有数家分公司。这时候对于娃哈哈来说，虽然已经具有了实力基础，不过相对来说对于继续做大做强的欲望更高。而恰巧这个时候达能集团伸来了橄榄枝。

达能集团成立于1966年，当时不过是一家玻璃制品公司。不过公司通过不断兼并、重组、并购，逐步发展成为一家世界著名的食品饮料集团。其之所以发展迅速，在于投资兼并重组方面的巨大能力。从以市场潜力不够的瓶子制造业务开始转换，先开始生产啤酒、矿泉水等与瓶子相关的产品，之后不断并购企业，并淘汰产业链条中没有优势的部分。随后在不断的兼并重组中，达能找到了扩大优势的发展方向，那就是整合新并购企业的优势资源，把适合自己企业发展的部分与自己企业中的产业进行整合，其他的业务不断进行打包出售。这样的话，即使是不适合自己的部分也可以成为其他企业的猎物。既整合了资源，保证品质，保证品牌优势，又可以通过一买一卖获得大量的资金，这也就是达能能够不断扩张发展的原因。

因此达能在20世纪90年代，就已经拥有数万名员工，在100多个国家拥有办事处。这样一个不断在兼并收购中百炼成钢的企业，必然将企业在国际上的游戏规则玩得滚瓜烂熟。而当时的娃哈哈只是一个初具规模的国内企业，在面对国际资产大鳄的时候往往就会吃亏。不过当时的“娃哈哈”并未意识到这一点。

所以当达能表达了合资意愿之后，双方一拍即合。达能从“娃哈哈”的分公司中挑选了5家较具实力的分公司作为投资对象进行合资。当时达能与一家香港的投资公司百富勤共同持股占到51%，娃哈哈占到了49%。对于娃哈哈来说，由于对方是两家公司，虽说超过51%，不过相对还是有制衡的。但娃哈哈忽略了一点，就是百富勤虽属于投资公司，但身份更类似于一家投行，而这种公司的性质就是快进快出。当时适逢亚洲金融风暴，百富勤需要大量资金周转，所以随后百富勤就把自己获得的股份转卖给了达能；而百富勤也没能经受住金融风暴的考验，很快破产倒闭。

达能在不知不觉中拥有了娃哈哈合资公司的绝对控股权。达能在中国的并购一向是不手软的。以差不多同时期收购的“乐百氏”作为例子。乐百氏在20世纪90年代发展极为迅速，到2000年乐百氏已成为中国饮料业十强企业，其中旗下乐百氏奶连续6年全国市场占有率第一，成为当时极具知名度的驰名商标。2000年，达能并购乐百氏，股份比例达到92%，随后进行了一系列的人事“改革”，实际上就是对公司高层进行切割，并大幅度裁员破坏其企业原有的工作架构。实际上，在并购中达能只是利用乐百氏，先兼并后破坏，打击乐百氏市场占有率并扩大达能影响力。

也就是说，达能只要是其公司产业链条之外的，即使是高成长潜力的公司，一样可以将其快速肢解，目的就是以小成本打击竞争对手。所以对于被兼并的企业，达能除了股份占有之外，也会在合同中进行深度研究，利用国内企业不够成熟的弱点，在一些条文中隐含其他成分。而娃哈哈在合资的条款中显然吃了大亏，也就成为后来达能争夺娃哈哈品牌，并打算一举吞并娃哈哈非合资公司股份的撒手锏。

当然达能也不是什么都能算到，“娃哈哈”不是“乐百氏”，宗庆后有着自己的一本账。在当时要合资的时候，宗庆后有几点必须合资的理由。第一，就是合资可以快速带来资金与技术。虽然后来宗庆后发现根本没有学到多少技术，资金投入也不够，不过在当时这确实成为其考虑因素之一。第二，就是合资以后公司的性质变了，由原来的纯国有企业转变为股份制的合资公司，为将来能够合理MBO（管理者收购）做准备。虽然企业本身就是他创建的，原始资金也是自己努力得来，但其公司属性在那里，所以不得不考虑这一点。从客观的角度来说，这么做是非常正确的。因为从后来国内的MBO大潮来看，很多企业老总就是因为过于激进，超出了法律“限度”而下台或身陷囹圄。从这一点来看，宗庆后做的就聪明得多。在2000年之后的一年时间，“娃哈哈”股份不断开始转到宗庆后及其员工手中，从一家国有企业逐步变成了民营合资的“集团有限公司”。

其实在商言商，当时的国有企业 MBO 里，确实有着国有资产流失现象，但确实有很多原本就是仅靠自己努力发展起来的企业，所背的不过是国有的“壳”而已。而娃哈哈转制以后，更加迸发了活力并不断做大做强。从这一方面来说，娃哈哈的转制还是比较成功的。

不过令宗庆后想不到的是，在合资后，百富勤很快就在其不知情的情况下把股份卖给了达能。这件事让宗庆后大为吃惊，不过也因此提高了警惕。当时达能占到了绝对的控股权，其在资本运作方面的成熟令人咂舌，因此作为弱势的宗庆后自然也要找到自己能够控制的底牌。随着集团逐步发展壮大，原来达能看不上的娃哈哈非合资的小公司开始迅速发展，并逐步成为整个集团内最有竞争力的企业。

2005 年，“娃哈哈”非合资公司在一定条件下获得了商标使用权。到 2006 年，总共 30 多家的娃哈哈非合资公司营业利润超过 10 亿元。到这个时候，达能发现自己小看了这个多年来的合作者。而“娃哈哈”方也发现，这个所谓的投资者在资金、技术、管理上从来没有发挥过作用。从这一点来看，很显然达能真的想把“娃哈哈”当作第二个“乐百氏”，控制之后就进行肢解。而现在达能显然还不能控制局面。于是，利用合同漏洞的机会到了。

1996 年合资之时，当时达能想让“娃哈哈”商标转让到合资公司使用，中方没有同意，不过双方改签了商标合同，其中一条是：“中方将来可以使用（娃哈哈）商标在其他产品的生产和销售上，而这些产品项目已提交给娃哈哈与其合营企业的董事会进行考虑”，即“提交合资公司董事会考虑”这样隐形的条款，也就意味着非合资公司将来要受制于合资公司。就是利用这一点，在 2007 年达能提出“不应许可除娃哈哈达能合资公司外的任何其他方使用商标”，并要求强行收购“娃哈哈”的非合资公司。这也就是当年被大众所关注的“阴阳合同”事件，也就是有一份没有限制使用商标的合同，作上呈政府之用，这一份有限制的合同才是真正的执行合同。但这个时候，这些非合资公司已经成为中方唯一的筹码，所以中方不可能答应。

在强行收购已不可能的前提下，达能不断向相关部门提出申诉。达能方面的优势是握有那份有法律效力的合同，比较难以推翻；作为“娃哈哈”方，只能以反垄断、保护民族企业为底牌进行反抗。而当时的情况是，娃哈哈已经成为地方产业支柱，品牌的流失对地方也是极大损失，加上达能确实有恶意垄断之嫌，所以在几次仲裁以及多次的诉讼中达能并未有一次胜诉，而仲裁的结果也对达能的合同不予支持。在此后多次的博弈中，双方一直未能达成和解。最终随着中法双方政府的介入，以达能将合资公司51%股份全部卖给中方结束了这场纷争。

其实对达能来说此时“娃哈哈”已经如同“鸡肋”。如果一直持股，那么就要看着合资公司不断萎缩，非合资公司不断做大，而在法律仲裁方面又不能赢得支持，其实与其坐等利润分薄，不如趁政府搭线的机会见好就收。最终在2009年，“娃哈哈”与达能十几年的合作关系宣告结束。

在这场博弈战中，中方以中国企业家的方式避免了国际大鳄的吞并。宗庆后的个人能力及智慧是毫无疑问的，但也因为占有天时、地利、人和的优势，才保住了“娃哈哈”品牌。不过从近30年来看，国际资本确实开始在其规则化运作下逐步侵吞民族企业。如何在与国际资本的博弈中求生存求发展并避免品牌被夺，这是个永远绕不过的命题。

商标争夺的“赢”与“输”

随着商品经济的不断深化，商标争夺战也不断出现。商标本身就等于是某一种产品的精神图腾。当消费者有购买某样产品的欲望的时候，所有产品在其心中已经有了比较。好的产品慢慢会成为消费者的固有消费偏好，其商标自然也就成为消费者最快记住的东西。

我们发现，近几年商标争夺战出现的次数越来越频繁，并且随着时间推移，这种现象会越来越多地出现在我国。而所有企业的商标争夺，其实是存在不同形式、不同状态的。从时间段上我们可以看到，在2007年以前很多企业的商标争夺和侵权事件并不会产生很大影响。这是因为在此之前很多企业正处在发展上升期，行业的潜力无限。所以对于企业内部的任何一方来说共同发展才是最重要的，而外部的压力也较少。因为在很多企业发展过程中其品牌威力尚未真正释放，所以对他们而言能够影响企业运作的商标侵权和争夺的形式并不多。

但是随着2007年以后国际国内经济形势发生了变化，这个时候实力是最重要的。因为实力弱小的企业往往会因为经商环境的恶化产生危机，只有具有竞争力的品牌才显得尤为宝贵，这个时候企业上升空间变窄，品牌影响力就逐步显露出来。自创品牌需要很长的时间，可是如果从商标侵权方面则可以走快很多步，在大时代急功近利的背景下，商标争夺战以及侵权事件层出不穷也就不足为怪了。

在商标争夺战以及侵权案件的过程中，又有很多不同的表现形式，我们就来梳理一下。商标争夺战的表现形式往往是从企业内部出现的，这里面分几种形式。第一种是外来企业借势发展品牌型，就比如说“王老吉”品牌之争。广药是一家国有企业，在王老吉品牌尚未做出来的时候，其实广药是最受益的一方。因为广药当时对王老吉的运作并不成功，该品牌也没有什么核心竞争力。而这个时候有企业寻求合作并支付商标使用费，还允许广药使用绿盒“王老吉”品牌，这对广药来说已经是多赢的方案了。也就是说，在当时广药只有利益获得，丝毫没有半点经商风险，风险都留给了对方。如果对方失败，自己没有损失，如果对方运作成功，仅仅给自己绿盒“王老吉”带来的附加价值就非常高。从广药这十几年来运作的品牌来看，除了绿盒“王老吉”销售收入不断上升外，其余饮料品牌如白云山、潘高寿、陈李济、明兴清爽、星群夏桑菊等凉茶销售量都不尽如人意。也就是说，广药搞了很多同质饮料，这就是一种市场目的不明确的表现。这也同其国企背景有关，这种企业不愁资金支持，往往内部责任不够明确，没有市场经济生存的压力，所以在品牌发展上就有问题。

而加多宝加入后，利用多年在市场的经验，逐步把“王老吉”品牌打造出来，并找到了明确的市场定位，最终成为凉茶业霸主。这个时候广药看到了品牌价值后再把品牌要回来，虽说在法律上找到了当年加多宝不正当的地方，但实际上却输了道义。虽说商场有时候没有道义可以言，然而由于多年来的经商习惯，广药依然没有认清“王老吉”真正的品牌精神，用错误的概念来包装。从这个案例中可以看到，品牌的价值在于其适应市场能力，以及产品影响能力。

第二种就是外来“猛虎”的入侵，通过国际资本利用成熟的市场经验逐步侵吞品牌。这种形式的案例就是娃哈哈和达能之争。从开始的互相利用资源，逐步出现国际资本慢慢侵吞股份，案例中的达能就是如此。达能对娃哈哈、乐百氏的策略其实比较类似，就是以较为合理的价格注资企业，而由于这并不属于投行性质，所以本地企业并不担心企业被卖。但实际上，其目的却是逐步进入后拿到话语权，把原高层踢出局，最终逐步瓦解企业，让自己的品牌去接管企业逐步丧失的市场。

其实这种做法在20世纪90年代相当容易成功，但在2007年以后则越来越不灵光，因为本土企业及地方政府机构已经有了品牌保护意识。不管这种意识和行为属不属于国际规则的范畴，但最起码确实起到了保护本土企业不会被瓦解的作用。因此达能在2007年以后的企业运作中，逐步退出这种品牌并购形式。除了达能采用的这种并购形式外，还有另一种类似的方式，就是把品牌控制后，逐步做成自己企业的一部分。这么做的好处就是不把当地企业主以及地方行政部门当作敌人看待，共同发展共同盈利。

第三种就是傍品牌行为，要么就像罗莱家纺一样利用电子商务借助别人的品牌影响力，通过“盗链”的方式借鸡生蛋。要么就是通过大品牌发展小品牌，通过购买大企业的商标使用权，在大企业没有发展的领域带出自己的产品。对企业而言，这种形式也不失为一种双赢的方式，但这种形式也有其弊端。弊端有两个：第一，就是大品牌对商标使用方质量监管比较难以做到，而这种傍大品牌的企业往往规模并不大，所以一旦出现质量问题则会给大品牌的品牌商标蒙上污点。第二，很难避免出现暗箱操作的利益输送。比如2011年的汇源商标案，其实就是因为存在利益输送问题导致汇源品牌名誉受损。这两种行为汇集起来其实造成的结果只有一样，就是会对品牌造成负面影响，往往由于追求短期利益破坏了品牌的长期发展。

第四种就是直接对商标本身价值进行买卖。这种形式的共同点就是品牌在尚未出现产品之前被抢注，然后等某企业开发出产品推向市场的时候卖出。这里面又分两种形式，一种是无意抢注，就是唯冠对苹果这种。同是电脑方面的制造商，唯冠早年注册了 IPAD，而这个商标成为苹果新产品必须用的商标名称。苹果也不傻，利用皮包公司低价购买品牌。可唯冠的“留一手”行为，还是让苹果交了学费，最终商标本身卖了个好价钱。另一种是恶意抢注。比如联合利华的旁氏商标之争，2003 年，公民施某以个人身份提出注册申请，申请将“POND’S 旁氏”商标指定使用在第 5 类的补药、风湿油、婴儿奶粉、空气清新剂、杀害虫剂、卫生巾、消毒纸巾、防风湿指环、卫生垫、牙用光洁剂商品上，并获商评委核准。不过，作为联合利华有着多年运作该品牌的既定事实，而其个人行为也构成了商标近似最终联合利华胜诉。其实从这个案例可以看出来，很多人想的是投机取巧利用商标赚钱，但其实最终能够让品牌价值彰显的还是企业。而企业也必须从这些事件中吸取教训，加强品牌保护意识。

其实从所有事件中可以看到，我国在法律保护方面过于强调商标，而非产品生产企业本身，就可能误导很多人忽略产品商标本身的意义所在。而对于企业发展来说，其品牌的隐形资产其实还是建立在是否能够真正贴合消费者，把握消费者心理。过硬的产品质量，独特的产品精神，这才是商标的本质意义。而在国外，那些成熟的市场经济国家在面对这些问题的时候，特别是在诉讼过程中，法院更多的还是以产品精神为依据，而非单纯的商标保护。因为产品是本，商标是末。他们深深明白本末不可倒置的原则，其实这一点一样适用于国内。不管是企业也好个人也罢，仅仅为了争夺商标而忽略了产品本身的意义，最终还是会被市场所淘汰。

第三章　视听网站的生存与吞并大戏

随着网络的普及，视听网站成为了人们生活中必不可少的娱乐项目。在中国，视听网站有着其独特的背景与生存模式，随着时间推移，其残酷的竞争环境也让他们面临优胜劣汰。进入后经济危机时代以后，各视听网络媒体竞争态势也产生了变化。究竟大环境产生了怎样的变化，其行业竞争又呈现出怎样的发展趋向，这是个非常值得研究的问题。

优酷土豆合并的背后推手（一）：剑拔弩张的前世今生

2012 年，中国境内两个视频网站的合并让业内外人士大跌眼镜，这就是优酷网与土豆网。两家原本势同水火的同类型视频网站，在意想不到的时候突然“闪婚”，原因到底是什么，又会给整个行业带来什么样的新格局呢？我们还是从优酷与土豆的发展壮大与竞争说起。

不管是优酷还是土豆，其效法的对象都是美国的 YouTube 模式。YouTube 于 2005 年初成立，是以视频分享为主的网站。网站运行后一炮而红，注册、上传、观看视频的流量呈爆炸式增长。YouTube 刚刚运作没多长时间，优酷和土豆两家网站便很快将这种形式引进到了中国。

相比较而言，土豆运行较早，这一点可以说稍微占了先机，因为 YouTube

也不过是在2月份刚刚出现，2005年4月土豆网即正式上线。从YouTube的“先驱”模式可以预见到土豆网也必定会成功。当时中国与美国的整体网络发展情况不是特别相同，中国国内的网络发展基本是一种“学生”状态。在这种状态下只要将美国出现的新型的网络产业稍加改动拿到中国，基本都能走出一条不错的发展道路。

2005年的中国的网络覆盖已经相当不错，虽说网速不很快，但已经达到一个较为稳定的状态，浏览网页、玩网游等已经普及。所以相对来说，这种以分享视频为主的网站应该会发展得不错。土豆网正是在这个时候创立的，并以“每个人都是生活的导演”作为发展的核心。

相对来说，土豆是此类网站的先驱，所以创建初期阶段在市场上基本没有竞争对手，即使出现零星仿照者，其资金规模、技术平台搭建等都远远不够，而这些条件在创业阶段都是极为重要的竞争力。直到优酷的出现，才逐步开始改变了行业格局。

2005年的下半年，优酷正式成立。它的特色是国内首家为微视频免费提供无限量上传与存储空间，并具备个人发起视频擂台及评分系统的网站。也就是说，优酷更注重“微视频”的品质，让用户“看得爽、找得快、传得广、比得酷”。2007年以后，优酷更加注重对于“拍客”的倡导，逐步走出了自己的路。虽然说优酷与土豆经营发展手段并不相同，但他们共同的发展原点是一样的，那就是同类型的视频分享，上线时间也相差不远，资金规模相对来说也差不多，所以两家网站的起跑线几乎是一致的，这就注定了他们两家企业在未来的针对性竞争。

在刚开始的发展阶段，由于国内的大环境使得整个网络环境中对于“版权”并没有太多管制。因为在当时的阶段，所有的网络类企业都是在一个发展期内，行业高速发展但相应的网络法制管理并不是很能够跟得上。当时连国内非网络企业也都面临着很多的“版权”“知识产权”的问题，更别说网络视频企业了。

所以在刚开始发展阶段，土豆和优酷这两家企业凭借着“网友上传”转移责任方，因此出现很多“版权”不清晰的问题，其实相关的问题在当时的网络企业中几乎已经成为一种“潜规则”。于是刚开始阶段，网络上很多版权不清晰的视频犹如大爆炸式的出现。正是以这种“原创”以及上传版权不清晰的各种视频相结合的方式，让两家企业能够在创业初期“如入无人之境”般快速发展，网络浏览流量呈爆炸式增长。

其实在此时优酷与土豆的矛盾并不深，这里面有着几方面的原因。第一，就是由于创业阶段并不要求高盈利，目的是争取流量，所以在市场大竞争对手少的前提下，两家企业并无矛盾。第二，就是当时“版权”不够清晰前提下，加上技术要求达不到影视整集播出的水平，没有去买电视版权的必要性。所以这方面竞争也不够多。第三，正是处于创业发展阶段，流量虽增加，但两家企业获得的高素质广告商并不多。基于以上的几点，优酷和土豆两家企业的竞争并没有太过激烈。

但由于当时两家企业借“网友上传”作为法律的“漏洞”，也就造成了在发展初期阶段完成以后，必然要逐步转型。当后危机时代来临的时候，中国网络视频企业遭到版权问题起诉的案件呈叠加式增长。尤其在2009年后，随着民众对于“版权”的法律意识逐步提高，加上电视等媒体逐步感觉到网络媒体的冲击，所以采取针对网络版权问题的诉讼案越来越多。

刚开始很多单位、企业因为单一个案起诉成本高、效果差而导致行动积极性不高，但随着网络媒体的发展，电视媒体、电影制作方、媒体人都开始重视起了“网络媒体”这块大蛋糕，而同样的视频分享类的网络后起之秀也大量出现，在市场逐步稳定，竞争者却不断扩大的前提下，整个行业的竞争环境发生了变化，一场“狗咬狗的战争”必然会出现。

相对来说，传统的电视制作媒体有着较为坚实的基础，因此当他们开始行动的时候，相关的法律部门也会非常重视。这段时间土豆与优酷等新的网络视频媒体由于技术基础不断增加，一些较长的电影、电视剧也可以轻松上传，因此吸引了大批的年轻观众从传统媒体走出来，进入新兴的视频网站观看。

相对于传统媒体，网络的优势显而易见，随时可以观看，不需要等待广告，而中国传统媒体由于固定的竞争模式、相同的垄断平台，造成了大量的插播广告。虽然相关部门不断出台政策要求降低广告量，但依旧收效甚微。

视频播放则完全不需要担心广告问题，而且其上传速度也非常快，有时候刚播完的影视剧，马上就能出现在网上。所以在 2007 ~ 2009 年这个阶段，传统媒体的观众流失非常快。但这个“优势”也成为了一把双刃剑，因为毕竟没有版权在手，所以高素质的大型广告商一直比较保守，没有大量进入。相对应，慢慢打击盗版的行动和诉讼案件也开始成倍增加。

打击盗版的这些企业因同行竞争，多家视频类企业挤占了行业空间，所以他们就以联手打击盗版的方式打压竞争对手。2009 年，80 多家视频版权方共同组建“反盗版联盟”，起诉土豆、优酷。其实对于那些较小规模的视频企业来说，打击行业前几位的竞争者获益最大，而实际上盗版的事情在他们身上也是经常发生，只不过因为其规模较小，相对来说在大环境下所受关注度也就小得多。此次的反盗版行动赔偿倒是小事，关键是直接给土豆、优酷网带来的巨额广告损失。因为在 2009 年时，土豆、优酷的广告商逐步开始进入大的品牌，很多传统大型品牌企业开始进入，而盗版丑闻传出来，毫无疑问会损害土豆、优酷网，间接会影响这些广告商的品牌信誉。

而实际上多家网络视频网站的联合，并没有给他们带来多少实际利益，反而让更多的人注意起了盗版问题。进入 2010 年以后，国家开始针对这些网站做出行动，7 月，由国家版权局、公安部、工信部联合开展的 2010 打击网络侵权盗版专项治理“剑网行动”正式启动。随后这些曾经站在原告席上的企业，很多也受到了牵连，例如分享网站 veryCD 宣布关闭运行 7 年的影音下载服务，原本“蓬勃发展”的“电驴”直接进入名存实亡状态。几乎所有的版权类案件基本上都败诉。

所以这个时候相对这些视频网站来说，只有两条路，要么转型，要么被淘汰。所谓的转型，其实首先就是逐步淘汰这种“盗版影视”形式，逐步靠两方面发展。一方面是以自制等方式的剧集和拍客等类似形式，这就是原创模式，另一方面就是以购买影视版权为主的“正版”方式。这两种方式显然属于两种不同渠道。第一种渠道成本相对可控，但第二种方式就意味着大量的资金必须用于购买版权。

这个时候的优酷和土豆，原本被各方面压力压迫的“难兄难弟”逐步进入了“角力”竞争的时代。

优酷土豆合并的背后推手（二）：资本机器的强大推动能力

在被连番围攻之下，2010 年优酷与土豆两家网站同时宣布彻底删除站内的所有盗版视频内容，并高价购买正版视频。实际上这个时候同行业竞争也进入了白热化，搜狐、奇艺等正版网站由于进入时间较早，有着很大优势，剩下的网站要么是规模不够大等待被并购，要么大量烧钱买正版。

突如其来的大量网站购买正版潮，带来的是非理性竞争。对于各网站来说，这个时候谁先购买某剧集版权，就等于在“差异化”中谋取了竞争力。因为国内到了 2007 年以后，视频类网站基本都走的是“同质化”路线，其核心竞争力基本相同，在这个前提下，恶性竞争也就难免了。

这时候对于电视制作方来说，“收获的季节”到了。2008 年，电视剧每集版权费也就在 4 位数。到了 2011 年，热播剧集每集的版权费竟然惊人地突破百万，很多电视剧竟然都能过千万。惊人的版权费让各大视频网站加快了自制剧集的步伐，也刺激着更多的地方台自制影视剧。但同时，也压缩了视频类网站的生存空间。正是因为如此，视频网站原本不高的盈利能力更显得吃力。造成从开始阶段的盈亏勉强平衡，逐步发展到巨额亏损，或只投入无盈利的状态。

其实视频网站的盈利模式一直就比较单一，虽然发展速度很快，流量增加也非常迅速，但其盈利点却不多。从海外的 YouTube 就能看出来。YouTube 自成立到后来被谷歌收购，其实其盈利能力一直不高。而国内以优酷和土豆这两家企业来说，其主要收入来源只有三方面，第一是广告收入，比如贴片广告、网页广告。第二是创作版权费用。第三就是会员制，利用高清、快速以及某些不付费就无法看到的影视剧来收费。

其实这几方面都具有局限性。第一，视频广告毕竟不同于电视广告，有其必然的局限性。除了在视频片头、片尾加上几十秒的广告外，很难再加入广告。而相对于巨额购买的版权费而言，广告费则显得很单薄。第二，是原创的版权费，同影视作品相比，视频网站所作的原创作品优势不够明显，卖出的费用不会太高。因为相对电视制作方来讲，其作品购买面非常广，从各电视台，到网络媒体不一而足。但对于网络媒体来说，购买渠道则要狭窄得多，短时间不能成为主要的盈利手段。第三，是会员制。对于已经免费看视频多年的网络观众来说，花钱看影视剧需要一个接受的过程。而这个过程并不会在数月内改变，很可能会长达数年。另外此类企业除版权费外，还有技术维护、带宽费用等必须支出的费用。对于快速烧钱的视频企业来说，短期内能够快速回收的钱不多，自身成本又高居不下，必然造成亏损。而很多此类企业其自身实力，是不足以撑过几年时间的。因此优胜劣汰必然会出现，行业发展的新格局也会得到体现。

从优酷和土豆两家企业的年报对比可以看出其盈利能力。土豆网 2011 年总运营支出是 4. 6 亿元左右，优酷的则是 3. 8 亿元左右。土豆网毛利率 8000 多万元，优酷网则是 2. 3 亿元。但土豆网净亏损则是 2. 9 亿元，优酷 1. 7 亿元。不过优酷的运作比土豆稳健，总运营土豆比优酷付出资金多，但毛利率则少得多，同时净亏损比优酷多了近一倍。

为什么类似的视频网站在实力大致相同的前提下，优酷比土豆亏损少呢？这是因为相对于土豆网而言，优酷其核心团队的凝聚力更高。从其股权结构来看，优酷创始团队的股权一直在 4 成以上，而土豆网的核心团队则不断缩小。另外优酷在转型期间整合了视频、原创、拍客等多方面界面，其目标更加清晰，专业化发展更加明显。相比较而言，2010 年以后的土豆网发展则较为散乱。

到了 2012 年，原本两家针锋相对的视频分享网企的“闪婚”让所有业内外人士感到突然。优酷与土豆网共同宣布双方签订最终协议，优酷和土豆将以 100% 换股的方式合并，新公司名为优酷土豆股份有限公司，土豆网将退市。土豆所有已发行和流通中的 A 类普通股和 B 类普通股将退市，每股兑换成 7.177 股优酷 A 类普通股；土豆的美国存托凭证（Tudou ADS），将退市并兑换成 1.595 股优酷美国存托凭证（Youku ADS）；每股 Tudou ADS 相当于 4 股土豆 B 类普通股，每股 Youku ADS 相当于 18 股优酷 A 类普通股。

这一并购以及换股方式，等于宣布了一点——土豆被优酷吞掉了。实际上两家合并本身不奇怪，奇怪的是事情发生得这么快。双方的合并在名义上是平等的，实际上则是土豆网股权被肢解，最终被优酷吞掉。

如果说优酷和土豆的合并，是由于整个行业大格局的变化而产生的必然趋势。那么造成合并以后土豆网创始人被逼出局，创始核心被瓦解，则是因为土豆网本身的“内忧外患”，以及公事私事的掺杂所造成的。我们就来详细说一下土豆被并购的原因。

其实从优酷与土豆两家企业整体的发展来讲，其发展历程是相似的。但是土豆与优酷不同的是，土豆在资本方逐步进入以后的变化与优酷不同。土豆的创始人王微其人生轨迹属于跳跃式，先是辍学，后出国求学，然后在多家企业做过战略策划以及重组并购业务。从这方面来看，他非常具有运作魄力及冒险精神。多年的国外企业并购与运作的经验及其个人的经商头脑和冒险精神，成为其后来发展土豆成功的关键。但这种骨子里的不安分的基因也成为土豆后来逐步被瓦解的原因之一。

我们先看一看土豆网几次风险投资注入的情况。2005 年 12 月，土豆网获 IDG——美国国际数据集团 50 万美元第一轮风投。2006 年 5 月，土豆网获得 850 万美元第二轮风投，投资方包括 IDG、纪源资本、集富亚洲。2007 年 4 月，土豆网第三轮融资 1900 万美元，此次融资由今日资本、General Catalyst 主导，前两轮的投资者 IDG、纪源资本、集富亚洲也继续跟投。2008 年 4 月，土豆网第四轮融资 5680 万美元，由凯欣亚洲和美国洛克菲勒家族旗下风险投资公司 Venrock 领投。2010 年 7 月，土豆网完成上市前最后一轮 5000 万美元融资，由淡马锡领投 3500 万美元，而凯欣亚洲、IDG、纪源资本、General Catalyst 等追投 1500 万美元。完成几轮投资后的土豆网，到 2010 年这一年凯欣亚洲持股 15.6%、王微成立的家庭基金 First Easy Group 持股 12.4%、纪源资本持股12.1%、IDG持股11.4%、General Gatalyst持股8.2%、集富亚洲持股5.3%、今日资本持股4.8%、Venrock持股4.7%。

也就是说，经过了几轮的资本洗牌，创始人王微已经丧失了控股权，而土豆网上市后，到2012年王微的股权仅剩下了8.6%。也就是说经过资本的运作以后，创始人的影响力已经越来越小。这也就是为什么在优酷与土豆合并案中，从头到尾都是资本方的代表在谈判，包括优酷一方也是资本投入的代表参与。

相对而言，优酷的创始人团队则非常稳定。优酷创始人古永锵用6轮的资本输入牢牢攥住董事会话语权，占股41.48%。从这方面来说，古永锵显得沉稳老辣得多。当然，公道地讲，也不能完全把责任推到王微身上，因为从资本进入的那一天起，很多事情就不是自己能说了算的，资本不断运作的结果就是利益的汇集。

其实原本土豆网不需要这么着急地卖出，也不是非要选择优酷。因为毕竟土豆网和优酷网同质化非常厉害，相对来说与其他网站合作对于企业发展似乎更好。不过这个时候已经轮不到王微做主了，因为两个重要的原因。

第一个是私事方面。土豆网上市被拖延其实就是因为王微的个人原因，这时候王微正因为离婚的财产分割问题受到困扰。2010年11月，他的前妻了解到土豆即将海外上市的意图，于是先申请分割上海土豆网络科技有限公司的38%股权，这样就造成土豆网因股权纠纷无法在海外上市。不管其前妻能否胜诉，打官司期间股权是不能动的，因此就拖延了土豆网海外上市时间。为了快速解决这件事，王微最终只好以700万美元的代价换取了和解。

第二个就是老天不想成全土豆网了。虽然土豆网最终还是上市，可是由于离婚案的拖延，导致了上市之时正是“中国概念股”危机发生的时候，最终土豆网价格不断下跌，到后来还出现退市危机。土豆网的退市危机，造成了土豆网股东里的资本方急迫地要把土豆卖出。但只有与其他公司合并，才能换回股市的信心，等到股价上涨也能卖个好价钱。而恰逢优酷海外上市公司也面临类似的问题。

双方都有需要，且双方的资本方都是海外风投。很巧的是两家上市公司的财务顾问也非常相似，土豆是摩根士丹利，优酷的是高盛。双方的投资顾问都是老牌华尔街巨头，全球著名的投行。资本方、投资顾问的利益趋于一致的时候，两家的“联姻”就成为必然。在摩根士丹利的建议下，纪源资本代表符绩勋开始与优酷大股东成为基金代表进行合并谈判。最有意思的是在初次谈判之后，土豆的创始人王微才接到通知。创始人直接被排除在外，成为合并的局外人，这一点颇具玩味。

2012 年 3 月份土豆与优酷宣布合并，到了 2012 年 8 月 23 日晚王微在微博上感慨称：“七夕夜晚，七年土豆，今晚正式退休。谢谢每个兄弟姐妹，也谢谢路上每个经过的人在故事里留下的一笔色彩……下一个有趣的梦里再见。”伴随着王微的微博表白，土豆网的创始人正式退出土豆网的历史舞台。

这个并购案最终的结果是，由于土豆网的资本推动，导致其创始人被迫出局，而资本方皆大欢喜，优酷则顺利地将土豆网收入囊中。而实际上，优酷成功收购土豆，并不意味着整个产业格局就此太平。而恰恰正是因为土豆网的被收购，造成了整个行业格局走进了全新的时代，从而影响到了几乎所有的网络企业。

网络视频企业的同质化危机突破（一）：正版突击战的赢家

与土豆、优酷网不同的是，在国内也有很多不同渠道发展的正版视频网站。虽然在一开始这些网站的发展模式走的是另外的道路，但他们却在 2009 年以后殊途同归，共同的渠道发展让他们将中国视频网站的发展路径逐步推向了一个正轨。

其实国内正版视频的发展刚开始都不是很顺利，甚至很长时间维持在亏损的状态。因为国内整个视频网站的发展时间本身就比较短，而与版权相关的法律法规长期存在滞后问题，尤其是与知识产权相关的，比如音乐版权问题。我们看到一个事实，那就是在 MP3 等新兴音乐收听工具诞生之前，两岸三地原创音乐蓬勃发展，而内地随着改革开放，接触港台及海外音乐的机会逐渐增多之后，逐步走向成熟，20 世纪 90 年代涌现出了一大批音乐作品和原创歌手，其中很多至今仍为传唱经典。而港台音乐发展更加强劲，整个音乐界呈多层次发展，而在电脑普及化，MP3、MP4 等新型收听模式出现后，传统的 CD、DVD、卡带等模式逐步被代替，新的问题就来了，那就是如何阻止通过网络随意上传下载歌曲的问题。

这个问题成为了全球性问题，在欧美等国家由于法制较为完善，已逐步进入正轨，但在我国依然是个大问题。所以这也就是为什么近两年实力音乐人出来的数量大幅减少，而偶像艺人大幅增加的原因。因为有耐心听下整张专辑的人少了，而更多的是单曲，很多偶像音乐人只需推出单曲，就有大量的附加值，如广告、影视、代言等附加收入；传统的唱片收入少得可怜。所以从这点可以看到保护正版不被侵犯的重要性。

也就是在这种大环境下，国内优酷、土豆网等模糊版权的视频网站开始出现，这在创业初期确实可以独领风骚，因为法律界限的模糊化，让这些同类网站有了极具竞争力的市场潜力。随着整个产业的发展，国内也有许多网络企业眼光开始放得更长远，决定引入“正版”。

其实“正版”与“非正版”在视频网站的发展初期阶段有着不同的发展轨迹。而相对来说，开始的三年内，正版的核心竞争力是无法与非正版同类视频网站相比的，所以当时正版网站在国内几乎很少出现。这是因为在当时，“正版”意识尚未普及化，与“非正版”相比“正版”视频网站的问题在于其工作人员投入、版权购买方面的成本要远远高于非正版的企业。因为非正版类企业不需要购买版权，而且上传的视频基本上不需要多少内部工作人员的操作，只需要借助众多网民的分享即可。

另外在当时“会员制”的盈利模式不被大多数网民所接受，而购买正版就意味着要花较长时间去购买足够数量的正版影视片，否则不会有更多的流量进入。而当时正版网站唯一的竞争力是——高清，但高清意味着运作成本的增加，视频缓冲速度与非同类网站相比要慢。所以这是正版网站一个较为长期而又烦琐的工作。而所有的条件中，最重要的一点是要有强大的资金实力，且需要不计较中短期的回报。这对国内市场上的投资方来说几乎是不可能的。

但是为什么在非正版类视频网站发展起来之后，国内开始逐步出现很多标榜正版的视频网企，而且还越做越好呢？其实这些视频网站有着各自不同的行业属性与竞争优势，他们利用自己“地利”“人和”的优势逐步迎头赶上，在国内的正版视频网站的生存模式多种多样。

其实国内所谓的“正版”视频网络企业，也分为以下几类生存形式。第一类就是纯粹以“高清正版”为卖点并很早进入行业的企业。第二类是依托自己的其他网络产业优势发展正版视频的企业。第三类就是介于“正版”与“非正版”之间发展的企业。我们就分别利用案例来分析几种不同网站的发展轨迹。

先来说第一类的企业，就是行业进入较早的以“高清正版”为主要核心发展的企业。这一类，就是利用自己起步早，逐步采取产业链延伸的策略。乐视网就是这种企业。乐视网与其他的视频网企不同，在“正版”网络企业中乐视网属于成立非常早的企业。2004 年即成立，由于起步早，所以它很早就已经开始进入影视剧合作的领域。并在 2006 年就与央视合作手机电视业务，当然由于当时 3G 牌照问题并没有将此业务继续做大，不过行业经验依然领先。由于很早就开始“正版”业务，所以乐视网在网站内收纳的正版影视剧比其他正版网站要更齐全。

当然，基于前面所说的原因，在缓冲速度、内容更新方面，其在创业初期确实无法与那些视频网站相比，不过随着国内网络的提速以及企业内部技术不断更新，使越来越多的网民能够更流畅地观看视频，因此必然使得其行业竞争力加强。

到 2008 年，乐视电影公司创建，为乐视网打通影视剧上游资源和关系创造了条件。是年，虽然受金融风暴影响，但乐视网依然达到营收 7000 万元、盈利 3000 万元的佳绩，这在当时视频类网站中算不错的成绩了。正是由于乐视网提前进入国内“正版”领域，并在夯实基础的情况下平稳发展，所以在

2010年8月12日，乐视网成为成功在A股上市的首家网络视频公司。巨大的融资平台的搭建，让乐视网解决了资金的后顾之忧，并让其风险投资的股东赚得钵盆全满。

在所有“正版”视频企业中，乐视网给股东的回报算很不错了。不过，随着资本市场红利逐步退去，公司的发展依然要不断“烧钱”，且在2010年以后版权费用不断攀升，乐视网也开始感到压力巨大。为了寻找盈利的突破点，乐视网在2012年9月18日宣布利用自己拥有独立知识产权的“乐视TV云视频超清机”生产自有品牌电视，正式进入电视行业。

其实乐视这么做的目的是想要延伸产业链，利用在网络视频的优势及独立知识产权在电视业杀出一条血路。因为毕竟网络视频在行业成本逐步提升的情况下很难快速产生经济效益，加上整个经济大环境遇冷，相关的广告商减少以及其他清晰度提升等所导致的成本逐步增加，让乐视不得不作出新的决定。

但从乐视所作的决定来看，显然是要把自己做到死胡同里去。因为由于多家视频网站的共同竞争，已经让整个行业产能过剩，而乐视网直接进入一个产能更加过剩的电视领域，如何发挥其核心竞争力，击败传统国内外电视制作企业，这是个非常大的问题。因为在2008年经济刺激计划之后，家电下乡等政策虽然缓解了电视行业的危机，但基本上等于预支了未来的市场销售。在大家大量更新换代电视机之后，如何能够在已经萎缩的市场中寻找商机，则是个要命的问题。

而新产业的进入毫无疑问需要有大量的生产线、渠道建立、原料制作等资金投入，如何能够避免资金链断裂问题，这又是一大挑战。而最重要的是，其所谓的产业链延伸本身就是个伪命题，因为虽然电视与视频本身属于一个大的产业链系统，但产业链的优势在于什么？是有效整合之后大幅降低成本并成功提高核心竞争力。在这方面，乐视网前景十分模糊。所以如果乐视网以这种模式发展并延伸出来，并不是一个有效、成功的视频企业发展模式。

网络视频企业的同质化危机突破（二）：产业巨头的合纵连横

相比较乐视网的发展，第二类企业就聪明得多。他们是依靠自己在其他网络产业的优势，进行产业链延伸的企业。相对于乐视网这种“产业链延伸”的企业有很多，但又略有不同。我们就分析一下利用自己搜索引擎优势的爱奇艺以及利用门户网站优势的搜狐、腾讯、新浪等公司。

先来说一说爱奇艺的发展。爱奇艺原名奇艺，2010 年 4 月正式上线。是百度公司投资建立的独立高清正版视频网站。可以说，从时间上来看爱奇艺的成立时间较晚，在整个行业已经开始逐步稳定的情况下爱奇艺突然杀入。按道理说，这么晚进入视频网站行业，其行业优势并不明显。

但爱奇艺却有着独特的竞争优势。第一就是资金实力。作为“正版”的视频网站来说，资金实力是第一位的。因为大量地购买影视剧集、带宽流量，视频制作等都需要大量的资金。投资回报是绝对的高风险且不确定，这就需要有资金的同时还要有坚定的投资者。爱奇艺的投资方百度实力不需要多说，而百度本身就是创始投资方，所以对于爱奇艺有着毋庸置疑的支持肯定。因此，爱奇艺在短时间可以购买大量剧集也就不奇怪了。

另外，爱奇艺有着国内无法比拟的广告平台，那就是百度的搜索引擎。凭借着百度搜索，可以将爱奇艺摆在所有视频网站之首。而百度又是全球最大的华语搜索引擎，此等优势是别的企业无法比拟的。每当网民搜索视频及影视剧的时候，爱奇艺一定出现在最显眼的位置。虽然此举涉嫌垄断，但在商言商，特别是在国内此类法制基础尚不完善的前提下，使得爱奇艺在相当长的一段时间内仍将保持行业优势。

爱奇艺还在 2012 年做了一件行业内领先的事情，就是在 iPad 和 iphone 端同时引入了 CPM（每千人成本）广告售卖模式，并支持权威第三方曝光监测。

这样一来，视频移动端长期以来跨媒介广告投放效果就可以有效的得以观测，从而大幅增加广告商的信心同时在 PC 端广告之外大幅提高了行业竞争力，为全产业链的效益增加作出了贡献。

数据显示，2011 年爱奇艺的增长率达到了 250.3%，网站的独立用户数从零增长到 1.98 亿。这个数据在整个视频行业都是惊人的，也就是说，借助了平台以及资金优势，爱奇艺硬生生地在坐满竞争对手的餐桌上分得一杯羹。从这一点可以看出搜索引擎的巨大平台优势。

再来说一说此类企业的第二种，就是依托门户网站进行发展的企业，这里面包括搜狐、新浪、腾讯、网易等。这里面最具代表性的还是搜狐视频。因为基本上国内至今为止成功的视频类网络企业的“大佬”大部分开始都出自搜狐系，所以搜狐可以说在国内视频企业中有着举足轻重的位置。

其实搜狐也有自己的搜索引擎，但相比之下影响力没有百度竞争力强，所以搜狐视频借助搜索引擎获得的利益并没有爱奇艺大。相比较而言，搜狐视频更多靠的是搜狐门户的品牌影响力及产业链效应。

搜狐门户网站是国内最早建立的门户网站之一，在经历了创业发展期以及网络泡沫破裂的影响下，依然是国内首屈一指极具竞争力的网站之一，这也就奠定了搜狐视频稳定发展的基础。在搜索引擎上搜狐虽然无法跟百度相比，但其整个网站发展涉及的资讯以及项目众多，包括文化、娱乐、新闻、财经、体育、社区等诸多方面都有着多年的运作积淀。

由于搜狐本身就是网络企业，对于此类新项目触觉异常敏锐，所以在 2004 年底，搜狐就先建立了搜狐宽频，也就是后来搜狐视频的前身。2006 年就成立了国内第一家依托门户网站的视频分享平台——搜狐播客。与其他视频分享网站不同，搜狐播客刚开始的建立，就有整合网站优势资源，并将门户网站其他门类的资源灌输到视频的形式中。所以搜狐播客的形式是一种门户特色，随后很多其他门户网站也逐渐出现这种形式。

而正是借助门户网站在其资讯方面的优势，2009 年搜狐视频的“高清影视剧”正式上线。如果说其他视频类网站是以“大而全”见长，那么搜狐视频所代表的形式则是以独播为卖点。因为搜狐视频的定位很清楚，论视频行业的竞争力方面，以多而见长不符合实际，唯有另辟蹊径走“特色稀缺”为主的路线，才能在网络视频行业中立足。

因此在整个网络视频行业中，像搜狐这样的依托门户网站并以独播形式为特色的网络企业，反而走得更稳。因为相比其他企业，此类企业很明显不会把规模做得过大，因此就不会导致成本失控，另外也会因为视频特色吸引网民中的固定人群作为主要客户，客户流失风险不大。所以此类视频网站虽说在整个行业中的规模不算太大，但因成本可控，特色发展，也成为极具竞争力的企业之一。

第三类就是游走于正版与非正版之间的企业，这类企业其运作的技术与优酷土豆网等的 C2C 技术不同，是以 P2P，也就是点对点，依赖网络中参与者的计算能力和带宽，不断上传下载。这种网络视频通过客户端的形式出现，其优势是对于时间较长的影视剧的清晰度、播放稳定性都非常高，此类企业的代表就是 PPS。

PPS 成立于 2005 年，成立伊始其核心业务就已经定位为主要发展网络电视。而随着时间的推移，业务的不断拓展，PPS 的主要竞争力从网络电视拓展到各类节目的直播、新闻资讯的快速传导、影视剧集的大量播放。需要注意的是，正是借助网络直播、网络电视等概念，让 PPS 首先确立了在行业中的特色发展点，以此为平台大量播放影视剧。这样在创业发展阶段，很多影视剧可以在不需要版权许可的前提下播放。当然随着网络版权意识逐步提高，PPS 也逐步全面正版化。但相对来说，这种形式的视频播放比土豆网、优酷网的明显“擦边”更加隐秘，所以在第一轮网络视频治理中，PPS 没有被卷入其中，“最倒霉”的还是土豆、优酷等网站，但由此也给 PPS 予以警示。那就是正版化已经逐步成为全行业共识，而“短期盗播”的 P2P 全行业的竞争优势必然消散。

所以 PPS 与 TVB 合作买断了其旗下 2012 年所有电视剧的独家播出权。其实相比较而言，以 PPS 为代表的 P2P 形式也有其发展的优劣。P2P 由于需要上传下载同时进行，所以占网速、内存等较高，导致电脑运作变慢，网页打开较慢。但也就是这个劣势，让其以会员制为主要盈利手段之一的形式可以具有竞争力，因为成为会员除了可以免广告，还可以免除因上传而带来的压力，这样打开网页的速度会相应提升。所以在未来此等发展模式还是很具竞争力的。

综合所有视频网站的发展模式，我们可以看到其各自的竞争优势，但也有各自的问题。尤其是在打击网络盗版之后，行业格局发生了巨大变化。各大视频网站由各自为政的恶性竞争，逐步开始采用合纵连横的方式。比如土豆“被逼”与优酷“联姻”，这样在版权购买方面成本下降一半，也不必再一对一地针对竞争，互相指责的网络骂战以及诉讼带来的损害也同时消除。

但是他们的合并使成本降低的同时，也让其他视频网站警醒。2012 年在优酷、土豆合并后不久，搜狐视频、腾讯视频、爱奇艺联合宣布，三方共建“视频内容合作组织”，在版权和播出领域展开深度合作。这样，视频网站从“各自为政”到“合纵连横”的时代到了。

从行业整体发展看，虽然说这些企业降低了版权成本，版权购买价格也会逐步进入较为平稳的阶段，但视频网络企业的发展还将面临着以下的问题。第一，就是如何从“烧钱阶段”进入到盈利阶段。目前国内的视频网站基本都是维持在亏损状态，也就是说“烧钱阶段”依然会持续。第二，就是全行业的产能过剩问题。虽然这个问题会逐步延伸，但不算难解决，因为优胜劣汰在市场环境下将发挥作用，就像土豆被优酷吞并，国内的行业大局将还是会以几大巨头并立的形式出现，百花齐放的时代必然结束。第三，就是网络视频企业太过于急功近利。其实国内网络视频企业，除了依托门户网站的企业之外，其他的视频网站的盈利点目标并非在长远发展上，而是把主要目标放在了上市融资，一旦企业上市就等于大家得到了金矿。而国内网络视频企业主要都是资方主导，当企业上市之后资方继续投资的动力减弱，股票套利离开就成为资本运作的主要目的，这样必然会给企业的长远发展带来潜在危机。

当然从全行业发展看，未来的发展趋势除了优胜劣汰互相吞并之外，还可能将引入一些新的模式。除了上面说到的视频网站的互相抱团合作降低成本以及独家买断播放权之外，还有可能出现联合制作影视作品的形式，就是同电视台、制作公司合作，也可以大幅降低成本提高作品质量。在资本运作方面，最可能出现的是与电视台、制作中心等媒体产业进行企业间的换股、换购，或者互相持有对方股份，这样在降低成本的同时，也增加了企业竞争力。当然这样的企业模式出现必然先要经历一轮大浪淘沙、上市融资带来的红利消退之后的冲击。在这个优胜劣汰的后危机时代，谁能抓住市场，谁就是最后的赢家！

在所有的视频网站中，也有独辟蹊径从另外的角度获得市场竞争力的。这些企业不以"烧钱"见长，不去花大精力比拼购买影视剧播出权，而是用独特的方式赢得市场，并成为视频网站中少有的盈利者。这些网站的核心竞争力的魅力就在于此！

"美女主播"带来的品牌竞争力

在国内的视频网站的竞争态势中，可以分几个竞争势力范围。第一个就是以优酷、土豆等网站为代表的一线视频分享网站。第二个就是借助自身优势，比如爱奇艺、搜狐、迅雷、新浪、腾讯等。第三种则是PPS等以客户端为平台的发展模式。但不管怎么说，这些网站都属于国内一线实力网站，虽然他们的定位略有不同，总体上来说是一种群雄逐鹿的状态。最大的特点是"烧钱"，而谁能成为最终的赢家，就看谁扛得住"烧钱"。

但伴随着国内市场的逐步饱和，一些二线视频网站虽然免不了被吞并或者并购，但论及其核心竞争能力却不见得比一线网站低，甚至部分网站越做越好。他们的发展中没有那么多著名的投行做顾问，也没有那么多风险投资不断供血"烧钱"，但从视频网站开始出现（2005年左右），到2013年短短几年间，他们并没有因为一线视频网站的扩张被挤出局，反而有的具有了核心竞争力，并发展出了独具特色的商业模式。单从这一点来看，是非常值得研究分析的。而所有二线视频网站中最"亮眼"的当数56网。

56 网虽然与国内其他一线视频网站成立时间差不多，也是在 2005 年成立。但其发展轨迹并没有同其他一线网站一样呈爆炸式的复合扩张，而是一点一滴开始做。创业初期，56 网的核心理念与优酷、土豆没什么太大区别，也是视频分享，运作模式也差不多。

但与优酷、土豆不同的是，56 网在 2006 年获得国际风投红杉资本的投入之后，并没有接连不断地吸引投资，而是开始一步一个脚印地慢慢成长。在这个过程中，毫无疑问 56 网错过了与优酷、土豆等网站并肩成为一线视频网站的机会。不过在这个过程中，56 网也逐步夯实了基础，并开始一步一步地走出了自己的发展道路。

56 网的发展，从其成立的 2005 年到 2008 年之间，其实属于一个打基础的时间，也是一个摸索发展的时间。在这个时间段内，行业整体属于萌发期。大家的竞争对抗意识并不十分强烈，而整个市场的潜力无限，网民参与和认知也在不断快速增长。

在这个阶段中，56 网的发展也有一些问题。比如在当时优酷、土豆等网站在带宽速度、内容更新、资源整合方面发展速度非常之快。相比较而言，56 网的技术平台还是要略逊一些的，视频清晰度等也要差一些，就整个平台而言毫无优势。并且 56 网本身属于单独发展，不像其他一些网站具有产业链优势。不过这个时候的 56 网，对于视频分享的娱乐性以及“微播剧”的发展方面做了基础性的尝试。

在视频网站行业中，2008 年是个分水岭。当然受全球金融风暴的影响，所有行业都在这一年开始有了巨大变化，但视频网站的变化则更为直观。首先是风险投资的减少导致的资金链的紧绷让视频网站生存倍感压力。其次，由于视频网站的流量发展逐步趋于饱和，且这种状态下所有网站的生存模式几乎都在同质化，固定的市场份额加上同质化的竞争，市场竞争的激烈可想而知。在这个资金为王的时代，优酷、土豆等一线视频企业依靠硬实力来挤垮同业者，一步一步地开始了“集体亏损，撑得住者胜”的肉搏战。

随着整个行业的不断竞争，“版权”市场规则开始确立。其实说白了，这也就是“烧钱”带来的结果。当然在这背后的政府部门也“烧了一把火”，强行助推了国内行业发展逐步全面“正版化”。这样的行业变化带来的最终是二线视频网站的灾难。拼资金是绝对拼不过一线网站的，他们必须想一些其他的生存办法让自己在硝烟弥漫的战场杀出一条血路。

由于优酷、土豆等网站的资金实力，逐步抢夺了视频分享的主流客户。尤其在主要的影视剧方面，不要说优酷、土豆网，其他任何平台下的一线视频网站56网都无法与之抗衡。所以这个时候56网开始以精细、专业化为主要战略。既然无法抢夺整体市场，那么不如就针对特定人群下手。

自2008年以后，56网开始逐步走年轻化路线，基本锁定了学生群体。因此，56网不管是从视频分享、娱乐视频制作、自制剧集等方面都转向了学生化、年轻化，并开始营造一种学生视频社区的大方向。虽然在网站的整体口号和宣传上并不只针对学生群体，但实际上其专业化的趋势发展，就是针对一些在校学生和刚毕业不久的人群。也就是说，56网的发展路线更加注重娱乐化、年轻化。当然这个趋势是一步步慢慢来的，并非一蹴而就。

当其他大网站把主要精力花在抢夺影视剧集并炒高了“版权费”的时候，56网悄悄地做了几个动作。第一，加强了自制娱乐视频方面的投入并鼓励校园原创娱乐节目和微电影的制作，逐步让节目更加具有56网的特色。第二，在购买剧集方面不全面进攻，而是要强调年轻化和娱乐化，主要购买一些电视台的综艺类娱乐节目以及香港电视剧集。第三，是56网后来专业化发展方向的重头戏，就是美女主播平台的建立。

在56所有的这些动作中，美女主播的平台建立是最值得肯定的。因为这个平台的建立不但让56网品牌专业化速度加快，更重要的是让整个产业链优势在企业中凸显了出来。2008年以后，56网逐步建立了一个“美女主播”的展示平台，把原本的视频分享专业化，把更多有“明星梦”的年轻人的热情调动起来，让她们在这个平台上以视频的形式展示自己。这样不但聚集了大量有展示欲望的人群，更吸引了一大批粉丝观看。

随着这个平台的逐步品牌化，56网开始了技术延伸，开始做“我秀直播”。“我秀直播”说白了就是网络现场直播，利用这个技术平台进行一些技艺表演，包括脱口秀、唱歌等。

“我秀直播”本身与所有视频网站的盈利模式都不相同，可以说是一个难得的低成本高收益项目，这也成为了后来56网高价卖出的砝码之一。其盈利模式是粉丝用真金白银换“豆子”，然后用这种网络虚拟货币购买礼物送给主播。这很像以前京剧票友往台上扔钱，目的是吸引偶像注意。

而与明星不同，这些主播就在跟前，能够跟粉丝互动，满足了人们近距离追星的愿望。而互动的时候还能不断参加一些花费虚拟货币的小游戏，更增加了趣味性以及盈利点。当人们花费几十元都不愿意做视频网站年度会员的时候，却可以轻易地在一晚上在一个房间送出价值几百上千元的礼物。而到2012年，“我秀直播”平均在线的粉丝量都达到20万人次以上，其巨大收益的空间可想而知。

其实“我秀直播”的竞争力建立在原“美女主播”的基础之上。这样的优势在于，当“直播”项目上线的时候，立刻就可以快速组建人气平台。与其他同类做直播的网站相比，56网的竞争力就在于此。从开始阶段，就有数千美女主播作为基础，1200万粉丝群作为后盾。这么一来，减少了长时间宣传运作的成本。一方面，直播的主播们会有一个展示自己的平台，另一方面，根据粉丝的贡献度，主播也会有实际的“工资提成”。这么一来，一个大的运作体系很快形成。

其实56网在打造“我秀直播”美女主播的时候，也是有着精细化的管理的，其中分为签约以及非签约两种，并设高、中、低三档。这三个分档其实正好也由其主播贡献度而划分等级。低档里面一般“非签约”主播较多，更多是给大家一个直播的平台做尝试，也能够利用“新人”的新鲜度刺激粉丝进入。中档一般都已经成为签约主播了，这个等级在所有主播的队伍中分布最广、成员最多。而实际上这个等级的主播是最辛苦、贡献最大的一个层次。因为做到这个等级的主播，一般来说都不会轻易放弃直播，愿意花时间和精力逐步拓展她们在网络的影响力。她们拿着微薄的“底薪”却无形中拓展了很多的客户资源。

关键一点在于，由于美女主播是以大学生、刚毕业踏入社会的女孩子为主，所以为了能够让其主播房间人气、礼物贡献度高，避免不了会有朋友、亲戚来房间支持的现象。如此一来，一些从来没有接触过网络直播的人群也会不知不觉中进入并很快拿出真金白银支持。

“我秀直播”的最高档，一般都是资历、粉丝量极高的主播，这一个群体也是56网的金主。一个高级主播常常会出现房间人数过万的现象。当然这个等级的主播人数较少，获得的收益也最丰厚。相对来说，这个等级的主播里具有演唱及表演实力的人有不少，其中不乏具有“明日之星”的潜力者。所以作为56网来说，也是非常重视她们的。

当然这并不意味着这个平台就不需要广告宣传。其实能够喜欢这个平台的人群，往往也是很了解网络娱乐的人群，这些人对一些网络游戏、娱乐综艺非常感兴趣，自然利用56网站的优势进行有效宣传，再利用一些游戏频道、网络综艺节目等广告辅助推广。用这些广告的链接随机进入某主播的房间，这样比只把网页链接发出效果要好得多，更加有直接参与感。也正是这种高、中、低三档的划分成功吸引了众多的粉丝，加上适当的网络广告宣传，才有机会让56网发展出产业链的优势。

在主打娱乐、创建美女主播平台等工作完成后，剩下的就是深化平台资质了，而这一点，在与人人网合并之后尤其突出。当时优酷、土豆网等网络企业在海外先后成功上市，加上中国概念股在海外集体沉船，这样就让56网没有机会在最佳时机上市。也因此，56网才有机会静下心来发展业务。2010年以后，56网成为少有的能够实现盈亏平衡的网络视频企业之一，这一点在网络视频企业当中十分罕见。但也正是因为如此，也让56网失去了快速实现深化企业品牌的机会。对于2011年以后的56网来说，要么坐失良机逐步失去专业化优势，要么另寻他法。而这个时候，与人人网合并的可能性出现了。

其实，对于视频网站来说，这毕竟是个强者恒强的时代。56网即使再专业化，也需要资金“大树”乘凉。而56网在两轮共3000万美元的投入后再无新资本进入，资金血液的供给不足必然影响发展。而人人网，靠校内网起家，随后的发展也是围绕着“校园社区”为基本核心理念。

随着网络视频的普及，人人网也需要视频平台深化自己的品牌产业链构建。可是到了2011年各方势力盘踞已久，要么是一线网站，自己不可能吃掉，要么就是一般概念的视频分享，与自己的企业理念大相径庭，最重要的是无法享受产业链合并带来的优势。而恰恰56网的发展就是这种年轻化的互动与娱乐，年轻人、学生群体也占了主流，也是一个“视频社区”的感觉，这一点正是人人网求之不得的。

更重要的是56网的负担轻，也有资金注入的需求。对56网来说，不仅人人网有资金，更重要的是相同的“社区”概念，可以瞬间带来2亿用户流量共享，这一点非常重要。“郎有情，妾有意”，两家公司经过4个月的谈判，人人网最终以8000万美元全资收购56网。而人人网虽说是全资收购56网，但仍聘原56网创始人为企业副总裁，依然管理56的业务。企业的并购没有引发人事变动，这样对企业发展稳定起到了关键作用。而创始人的职业经理人化，也预示着56网将朝更规范化的发展方向迈进。

56网被并入人人网后，专业化倾向的目标更为明确，这样也就规避了与整个行业的竞争风险，下一步就是深化品牌价值，夯实产业链基础。一方面，56网逐步对手机视频分享终端进行开发，完善产业链整合；另一方面夯实“美女主播”平台基础，开始高端化发展。

2012年，56网携手青海卫视“花儿朵朵”举办2012花儿朵朵暨56网美女主播高校总决赛，依靠电视台的选秀节目作为提升品牌知名度的起点，并借机推出由56网人气美女主播构成的第一个网络全能超人气女团“56girls”。这么做既符合了主播平台的亲和力，又打造了美女主播品牌，“就地取材”让主播成为56网的品牌代言人。

56网逐步确立了未来在视频网站中的产业地位，提升了品牌竞争力，降低了被淘汰的风险。相信只要不过分急功近利，在未来的行业发展中，天下不管几分，必有其一席之地。

音乐网站的产业链优化谋略

与视频网站不同，与之发展同步的音乐类网站则走出了不同的道路。随着 MP3 等音乐下载器的不断普及，迈入 21 世纪以后整个音乐界发展轨迹发生了转折。传统的音乐发行往往是先进行宣传造势，随后根据某歌手特点打造歌曲，最起码要先为某位歌手在一张专辑内做出 2 ~ 3 首主打歌曲，并推出十几首歌曲。一位歌手成功推出后，其唱片包括卡带、DVD（VCD）、CD 等销量可达上百万张甚至过千万张。

但随后，整个音乐唱片业逐步陷入了“盗版”危机之中。很多音乐人的唱片推出之后，正版销售远远低于盗版销售数量。这一时期也成为盗版业的快速发展期，因为相比较而言，盗版自由度更高。一个正版唱片刚刚推出，盗版就可以快速复制并大量生产。而正版本身需要版税、包装、制作等多方面成本，盗版则只需要不断复制生产即可。另外，盗版也不会因不同唱片公司的竞争无法兼容歌曲，盗版的好处就是能够将不同公司不同歌手的歌曲进行拼合灌制生产卖出。

在广东，大量的此类盗版公司“发家致富”，甚至有很多后来转型做正版唱片的公司。盗版音乐因为其单首歌曲相对较短，占取网络资源少，且不易被追究责任，所以音乐本身的版权很难创造价值。在进入 2012 年以后，这个问题依然没有解决，不过这个行业却就此发生了变化。

在这种“盗版猖狂”“正版萎缩”的前提下，音乐唱片的载体逐步由 CD 机、卡带播放机、DVD 机转化成便于下载，储存量大的 MP3、MP4 等形式。这样一来被“盗版”的音乐载体就由唱片转化为网络下载。其实新的音乐播放形式不仅仅是中国的问题，更是整个世界的问题，在欧美等国家也是在近两年才开始逐步有效地将音乐网络侵权问题遏制住。

但在国内，原本就已经让盗版夺取了半壁江山，新的音乐形式出现后直接导致了对唱片业的毁灭性打击。而唱片业从此进行了新的身份转换，由原来的以赚钱为主要渠道，转化为一种宣传方式，借唱片推出歌手，然后通过“走穴”“演唱会”“广告代言”“影视剧发展”等多方面获得回报。而专辑的推出更多以单曲辅以 MV 的形式发布，整张专辑发布的现象越来越少。

在这种唱片公司的功能转换的过程中，就进入了音乐下载类网站发展的黄金期了。而在其中的先行者就是专门针对电脑客户的千千静听。千千静听是一款自主研发的音频软件，支持几乎所有常见的音频格式，包括 MP/mp3PRO、AAC/AAC+、M4A/MP4、WMA、APE、MPC、OGG、WAVE、CD、FLAC、RM、TTA、AIFF、AU 等音频格式和多种 MOD 和 MIDI 音乐，以及 AVI、VCD、DVD 等多种视频文件中的音频流，还支持 CUE 音轨索引文件。在当时，如此强大的音乐软件在国内尚属首家，另外由于其小巧占资源少，音质较高，在桌面可以设置成小托盘运行，方便小巧功能强大，随意下载音乐资源，并能快速配置歌词，因此在当时成为独具核心竞争力的一款软件。在 2006 年以前，千千静听成为了同类型软件中毫无疑问的“一哥”。

不过随着时间推移，国内同类型软件开始发展起来，并借助其他网络优势逐步抢占既有市场。千千静听本身面临多方竞争，这种软件带来的更多的是流量优势，盈利模式却并不明显，在当时形成了行业桎梏。所以，千千静听迫切需要资本雄厚的经济后盾帮助其提升竞争实力、明确盈利模式。在这个时候，百度适时地出现了。

在 2006 年的时候，百度的品牌影响力已经基本奠定，不过当时百度必须夯实企业发展基础，而搜索引擎的主要发展依靠就是流量。千千静听强大的流量吸引了百度的注意。而对于千千静听来说，百度毫无疑问能够给企业带来更好的发展，尤其是自己所欠缺的资金和竞争力升级的问题。

当时千千静听的日搜索量已达千万次，日下载歌词量已达到数百万次，这对于千千静听当时的后台服务器而言，是巨大的压力。所以在 2006 年的 7 月，百度成功收购了千千静听。

不过，正如当时业界同人所担心的那样，千千静听被收购以后并没有得到更好的发展，反而停滞不前并逐渐被产业边缘化。这里面主要的原因是百度的主导方向及企业运作与发展都是围绕百度的前途而进行，并非是为了提升千千静听品牌发展而进行。在企业并购之后，百度先将千千静听软件捆绑上百度工具栏，利用千千静听的品牌影响力拓展百度用户量，而在软件开发、品牌提升方面进展相当缓慢。此类型的音乐类网络企业本身就是不进则退，更何况其发展处于一种“被利用”地位。

千千静听一方面没有继续发展自身优势，另一方面百度也没有将其编入其产业链条中，这就造成了其逐步被边缘化。直到2012年以后百度才想重新整合这方面的市场，但为时已晚。2012年下半年，千千静听同其他百度旗下音乐软件一起编入百度音乐，一个曾经叱咤业界的音乐网络企业就此消失。

在千千静听越走越远之际，很多同类网站不断崛起。比如酷狗、酷我等，这类企业基本上也都属于专门的音乐软件商，并没有拓展其他网络业务，但相对而言也是做得很不错，一方面他们吸取千千静听的特色，另一方面还发展出了适应手机、卡拉OK等多方面的功能。他们的公司也许规模不算大，但绝对朝专业化发展，而在手机彩铃方面的利润也让这些公司不仅限于流量带来的附加值。

这些音乐网络企业，成为最早与唱片合作并发展正版的企业。因为对于唱片公司来说，这些公司是强大的宣传载体。事实也证明，正是这些公司的软件载体捧红了诸多唱片公司旗下的歌手。互为依存的生存模式让这些音乐网络企业有了自己的生存空间。

在这些规模不大的专业化企业逐步做起来之后，传统的各种搜索引擎、网站也运用资金优势进入市场，搜狗音乐、QQ音乐等逐步进入并且分得一杯羹。他们的特点都是利用自己的网络影响力来提高此类软件的竞争力，并取得了不错的成绩。

可是在所有这些巨头中，唯独百度音乐停滞不前，在千千静听加入后不仅没发展，甚至还浪费了千千静听的既有资源，加上百度音乐方面的版权侵权问题，百度在这个领域逐步走进了死胡同。其实百度也非常后悔当年的失策和短见，在2012年以后加紧与各大实力唱片公司的合作，并试图迎头赶上，整体来说发展趋势还是向好的。不过当年本应抓住的行业优势已经丧失，这一点颇为可惜。

在整个音乐类网站的发展中还有一些行业新军的崛起，这些音乐网站的新势力逐步成为独具特色的一支产业劲旅。这就是音乐伴奏制作以及原创音乐开发网站。其实这一类网站的核心竞争力在于互动，招集广大的音乐爱好者，利用其创造力建立平台让他们发挥才能，并借此扩大流量及影响力。

这里面比较具有代表性的就是wo99免费伴奏下载及翻唱网站和中国原创

音乐基地5sing。这两个网站的运作核心相似，运作模式却很不相同。wo99更加注重的是其免费功能带来的竞争力，也就是说，通过网友的上传，让更多的人分享；在伴奏制作以及翻唱演艺方面有很强的自由度。不过网站的盈利模式则依然依靠流量带来的广告。这方面其竞争核心显得不那么强，并且由于广告过多让用户反感。不过相对来说由于长时间致力于此方面，所以还是有其固定客户群体的。

与其相比，中国原创音乐基地5sing则显得更加有行业潜力。因为在其发展的过程中更加专业化。除了对于伴奏制作、翻唱演绎方面的开拓，该网站更加注重原创音乐人才及机构的聚合与推广。这么做毫无疑问会将企业的品牌竞争力大幅度提高。另外网站从开始阶段就注重“实名制”，这么做虽然看似不那么方便，但在逐步发展后带来的好处越来越多。这么做一方面可以防止“盗歌”等侵权行为的发生，另一方面也可以让网民快速适应VIP会员制，这样就避免走进盈利瓶颈。最重要的是5sing建立了为国内外唱片公司、原创音乐制作人、歌手、电信运营商、SP服务商、音乐设备厂商、录音棚工作室及其他数字音乐相关产业人员等搭建起广泛密切的沟通网络，这样就承担了一个联合产业链条的中间功能。使得行业竞争力出乎意料的高，带来的附加值也非常大。

正是由于连接了从下到上的产业链功能，让更多专业、业余的音乐爱好者有机会在此行业发展并成功，所以吸引了大批相关人士参与。通过音乐及伴奏的制作，音乐圈子建立，各种活动的举办以及音乐排行电台服务等各种手段渗透到各个阶层，扩大影响力，逐步形成了一个原创音乐推广、包装、市场化运作都较为成熟的音乐产业体系。在未来，此等形式必然成为行业发展重要的里程碑。

从整个音乐类网站的发展来看，总体的方向是网站与各种唱片公司合作愈加密切，并在原创音乐的产业链链接方面找到盈利点，这一点是行业必然趋势。2012年秋，音乐下载网站行业内部放出消息称，准备开始音乐下载的收费服务，由此在经过了10年的淘汰变化之后，行业新的规则正在建立。

后危机时代视听网企的竞争与突围

近些年来在所有的视听网站之中，我们不难发现基本都是相同模式的自我调整后发展。也就是说从开始的创业期，大家基本都是一种“复制模式”，以国外发展经验做基础，逐步拓展自己的业务。

从视频网站来看，他们的发展模式基本都是 YouTube 模式的翻版。尽管这些网站本身都宣传自己是独具特色的视频网站，但基本上他们的发展模式都是经过先以视频分享做标杆，然后开始以大量影视剧的视频做主导。

严格来说，中国几乎没有一家成名的视频类网站没有过侵权行为，相比较而言，只是看谁先“上岸”而已。而在国内视频网站创业期逐步过去后，就进入了竞争期，这个阶段视频的来源则各不相同。

首先，就是以土豆、优酷为代表的纯视频网站。这种类型的网站往往属于资本推动型，也就是说背后风投资本的推动是所有视频网站中最厉害的，因此他们的上市动力非常大。上市时需要业绩以及实力来做保证，所以也就出现了视频侵权被起诉之后的不断争抢影视版权的现象，这个时候同类网站对掐现象很严重。

从土豆、优酷争抢版权的针锋相对，到其后来的隔空对骂，其实正是因为他们同属“复制模式”，且只有视频网站这一种产业发展，因而造成了网站发展同质化非常严重，所以也就势同水火。这种同质化网站的恶性竞争最终必然导致其中的强者吞掉弱者，而资本背后以资本利益为主的危险思想又成为这种行为的催化剂。所以最后发现，闹得最凶的“冤家”反而因“打打闹闹”而“闪婚”。

其次，就是依靠其他网络业务的优势打视频战的各个网站。比如爱奇艺利用搜索引擎的优势，搜狐、新浪、腾讯等视频利用门户网站的优势，暴风影音等利用其视频播放器的优势，迅雷、电驴等利用其下载工具的优势，等等。但是，不管他们利用什么优势，在经历了创业期资本进入后，必然要进入一个行业肉搏的阶段。

这个阶段往往也就是“烧钱”最厉害的时候。整个视频网站的发展不是以谁的网站盈利模式最强、谁的服务最好为评判标准，而是以谁最能烧钱、谁抢的版权最多来论输赢。结果就是谁在亏损之后还能站得久谁就成为赢家。这就是典型的网络泡沫的体现。与十几年前搜狐、新浪等门户网站的对掐最终差点全部死亡一样，这都是一种网络争夺所产生的产能过剩的表现。这种表现的最后必然是大鱼吃小鱼，一片混乱之后逐步归于平静。

而所有的视频网站不再是比持续的发展能力，而是在比两个优势。第一是谁能站得更久。第二就是看谁能成功运作上市，给资方以高额回报。另外所有中国网络概念股的上市，其结果大多是上市首日暴涨，然后资方在股票市场上逐步减持获取投资回报，随后股价一路狂跌。造成的最终结果就是视频网站在很长时间内进入发展低谷期，股票上市的高估值以及暴涨暴跌的股价让企业被迫合并或并购，以提振股价换取资方青睐。而由于整个市场的混乱性竞争，造成了版权购买长期属于卖方市场，所有的视频网站“没有最亏、只有更亏”。

面对这样的产业生存危机，所有的公司只有两条路走，就是hulu模式与UGC模式两种模式的本土化改变发展。hulu是一家美国的视频网站，由美国国家广播环球公司（NBC Universal）和新闻集团（News Corporation）在2007年共同成立。其主要特点是：1. 发展正版影视作品；2. 以广告支撑非付费会员制；3. 拿独家网络播放权，再实行分销；4. 由大型媒体、风投、独立的媒体公司集中投资方的优势资源。UGC模式说白了就是原创分享。但是这两种模式在中国的发展都有各自的问题，所以从这方面来说都无法照搬国外经验。我国目前的视频网站基本是这两种模式的影子都有，但各自侧重点不同。

我们先来说说hulu模式。该模式最重要的一点就是第四点，也就是说第四点是实现前三点的基础。首先，要实现这种模式的盈利必须有一个强大的视频媒体公司支撑，很多版权其实是内部共享的，就好像是一个电视台自己的节目给自己的视频网站是不需要版权费的。而在国内由于体制原因，这一点无法实现。

其次，就是稳定的风投。此风投的投资目的并非上市圈钱然后卖出了事，而是真的想从长期盈利中分一杯羹。资金的投入必然属于长期投资逐步回报，这样给予企业的压力也就大大减少。而在国内这种情况基本不存在，因为国内资方投入资金比例过高，这就很难避免资本化推动企业行政领域。UGC 模式在国内网站均有实行，但都无法全部实行。其实在国外也是一样，只不过情况要远远好于国内。而这两种模式的综合模式近两年已经有了一些本土化的发展趋势。

一方面是视频网站之间的合作降低了版权成本，另一方面则是逐步促进与电视台的合作。这一点在前面也介绍过，就是会出现与电视台合作、换股、持股的可能性。虽然在目前来说受体制限制还无法快速做到，不过通过成立子公司进行产业合作的可能性还是非常大的，在国内产业发展中此等先例也是非常多的。

虽然风投推动国内视频网站上市套利是大趋势，不过也有很多已经上市的企业，在资方势力逐步退出的情况下进行了一些整合，并积极发展独立的原创节目，其发展也开始特色化。像 56 网这样的网站，利用社区、校园、视频直播、美女主播等形式特色化，就是一个视频网站能够长远发展的典型。而资源的整合与企业并购，并非是盲目的，更应该朝一个优化产业链，降低成本，提高效率的大方向发展。

音乐类的以“听”为主的网站，其发展路径也曾与视频网站相似，甚至出现很多音频软件视频化过。不过经市场证明这种大而全的发展方式无法适应市场需求，其发展更需要不断地专业化、特色化才可以。比如 5sing，这种对现实音乐整个大产业的“互补”效果非常的有效，原本各自为战的音乐圈，通过其网络的功能链接，产生了出奇的效果，既占得了产业链优势，又为整个产业发展作出了贡献。这一点在国内的企业中实属难得。而在未来，这种为音乐产业链条服务的形式也必然会广受推崇。音乐网站的发展模式并非仅仅是下载这么简单。

其实不管是视频网站还是音乐网站，其发展必然是一种产业融合性的发展。从电视、电影节目制作，到网站优势资源的整合，必然会形成一个良性有序的发展路径。也许，产业秩序会因为法制方面的滞后产生混乱，但在市场的带动下，其本身也可能因竞争的有序而重塑一个市场的新秩序。

第四章　网络电商的战争密码

进入后经济危机时代之后，国内企业进入冬天，而在所有的产业中，网络电子商务类产业更是进入到了一个竞争愈加残酷的时代。网络商务的竞争更多的是一种针对性竞争。在残酷的角力竞争中，谁能够率先走出困境，在行业中占得先机，谁就最可能挺过冬天，谁就能在这个网络时代占领产业制高点。残酷的网络商战，或许没有强弱之分，只有生存与淘汰。

家电商场巨头的网络布局与野心

由于在网络上购买商品方便、快捷、物美价廉，网购已经逐渐成为人们生活中必不可少的一部分。人们的消费趋势，也由服装、鞋袜、食品、玩具等诸多轻便型商品向家电类扩散，而以销售家电类商品的网络商务企业也在逐步崛起。

在所有网络电子商务的企业中，有一部分是由实体企业发展出来的。相比较纯粹的网络电子商务网站，他们虽然起步较晚，但发展速度极快。这里面的代表，就是国美与苏宁电器。他们是如何布局网络电子商务的呢？为什么进入 2011 年以后尤其在 2012 年加速发展此方面业务呢？我们还是从国美与苏宁在实体方面的发展趋势与如何转化到网络业务方面说起。

其实国美与苏宁相比较而言，还是国美起步较早，发展较快。20 世纪 80 年代国美开始起步，90 年代以后就已经开始确立国美品牌，并以连锁店的形式出现。在当时电器极具竞争力的年代，其以差别化的方式销售，逐步树立起了品牌基础。随着其不断地扩充，逐步成为了国内最早以连锁式专卖店为主要形式的企业。正是由于灵敏的市场嗅觉，才让国美拔得头筹，成为行业内的航空母舰。

苏宁的创业期则要更晚一些，从 20 世纪 90 年代初开始发展，首先从空调的销售中脱颖而出，逐步发展成为产业巨头。苏宁和国美的融资时间也相差不大，苏宁于 2004 年 7 月在深圳上市，国美则于 2005 年在香港上市。

从规模上来看，2007 年次贷危机刚刚爆发时，苏宁与国美在规模与企业发展的形式上都有着异曲同工之妙。奇怪的是，自 2008 年以后国美开始步步后退，而苏宁却开始飞速发展。有财务报表可以证明：2007 年国美电器上市公司实现销售收入 424.79 亿元人民币，同比增加 71.77%；扣除非经营性权益后的权益所有者应占净利润 18.83 亿元人民币，同比增长 155.80%。而 2007 年度苏宁共实现营业总收入 401.52 亿元，其中主营业务收入 387 亿元，比上年同期增长 55%；实现利润总额 22.4 亿元，净利润为 14.65 亿元，比上年同期增长 93.42%。也就是说，在这个时候的苏宁电器在净利润、同比增长率方面均不如国美。而到了 2011 年则情况完全不同，这个时候的国美已经远远被苏宁甩到了后面。两家上市公司的 2011 年的年报显示，国美 2011 年营业收入为 598 亿元，净利润 18 亿元；苏宁 2011 年营业收入则为 938 亿元，净利润 48 亿元。也就是说，苏宁的营业收入约为国美的 1.6 倍，净利润约为国美的 2.7 倍。

为什么短短几年，两者相比会有这么大的差距呢？这里面有几个重要的原因。第一，就是国美在 2008 年发生了人事变动，国美掌权人黄光裕被调查，随后被判入狱，从此一场高层之间的博弈开始了。这样一来，就导致公司重要发展大计在几年中不断更迭，最终导致发展停滞。

第二，就是与众多民营资本一样，2008 年是一个分水岭。在这个分水岭之下，谁内功练得更好，资金链更宽松，谁就能成为幸存者。实际上这与两家企业在后危机时代之前的整体策略及风格有关。国美的发展更注重销售网络扩张，至2007年人事变动以前，国美的门店总数已经突破一千家，而苏宁则只有六百多家连锁店，相较之下差了近一倍。由此看来，国美更加注重网络覆盖，而苏宁则更加注重产业链的逐步建立。

让两家企业发展趋于不同的原因是2001年苏宁曾陷入“财务黑洞”的谣言中。虽然后来问题解决，但当时苏宁电器正要大踏步扩张，这个插曲的发生反而起到了一种警示的作用。鉴于当时的舆论导向，苏宁并没有立刻快速扩张，而是逐步走了一条快速稳健发展的产业链建设之路。

国美的发展带有浓重的黄光裕个人色彩，其发展大开大合，所以在公司行政执行力方面的速度非常快。这样的优势是因为领导人的个人判断，快速找到市场兴奋点，并快速组建班底。但劣势是会因为领导人个人的决断加大公司发展的风险性，这是国内家族性企业的通病。毫无疑问当时的国美就属于这类企业。而苏宁相对在渠道、物流、管理方面都更精细化运作，且只要属于产业链链条内的就整合起来自己建立，而不是交给其他公司做。

国美就不同，由于大量资金用于网络覆盖，所以在物流、管理方面往往显得不那么精细。实际上家电销售商的优势就是渠道优势，库存的快速流转非常重要。而国美半自建物流体系半合作的方式使其在这方面的成本增加。2005年以后，国美电器的平均应付账款周转天数高达130天，远远超出苏宁电器的85天。

第三，就是融资的问题。不难看出，从这方面来讲苏宁占了先机。由于国内资本市场的不完善性，造就了一个“圈钱”容易、负责任难的大环境。而在这种环境下，只要能够被批准上市就像“过了海就是神仙”一样。也就是说，在国内上市最大的好处就是可以快速融到一大笔资金，而不需要付出什么代价。虽然再融资不如境外市场便利，但总体属于一个有利于上市公司的态势，所以苏宁后来也没有多大的资方问题。

而国美在香港借壳上市本身就是一种逐步外资化的过程，且借壳本身是无法获得多少资金帮助的。在公司不断扩张过程中股份也在不断摊薄，这个时候公司资金链如果没有一个强有力的资金保证，一旦出了问题就会陷于被动，同时前面说的领导人个人决策导致的风险就出现了。

国美投资房地产连连失利，加上高层变动、领导人易主、黄光裕被调查，直接导致国美在地产市场的全面溃败，这样加大了资金缺口。恰逢此时国内家电市场已经开始出现销售萎缩现象，资金链紧张成为民营企业共同面临的问题。

这个时候只有引进强大的国际资本才能救国美，于是在多方洽谈后，贝恩加入国美，但资方博弈也加剧了原本公司高层的矛盾。由于这种不断的博弈以及过度扩张综合征，导致了国美的根基已经被动摇。在大环境越来越差且同行竞争激烈的情况下，与竞争对手苏宁的实力差距越来越大。而随着网络电子商务的普及，在蛋糕越来越小、竞争越来越激烈的整体环境下，网络商务竞争也就不可避免。

对于苏宁来说，在电子商务方面的投入可以逐步确立行业地位。国美呢，已经在实体店的发展方面输掉了，只能在网络商务上扳回一局。就是在这种不同商业发展模式下，国美与苏宁的网络电子商务方面的发展路径也各自不同。

说实在的，网络电子商务尤其是在家电领域其实并不能说是另外的蛋糕。正是因为经济环境变差，整体贫富差距变大，就形成了中层消费者逐步两极分化，或高端化或低端化。而网络电子商务毫无疑问满足了大家对于低价的需求。

但对于这些已经具有实体店铺覆盖的大型连锁商场来说则意义不大，一方面优势是他们在各个城市的物流、渠道已经基本建立完整，另一方面与纯电商相比，在成本方面没有优势。而这个市场毫无疑问并不是所谓的新市场，而是在已有市场上，由于新的消费形式的出现逼迫实体企业不得不开拓此方面的市场，相当于争取一个原本就属于自己的市场，而在价格方面就不得不做出比原来更多的让步。

也就是说电商的不断进入，刺激了传统的连锁商城在家电领域，尤其是大家电的利润空间缩小。这样更不利于产业发展，但做了好歹能够保证基本的市场占有率，不做则流失得更快。就是在这种矛盾的心态下，国美、苏宁开始进入电商领域。

毫无疑问，在连续的内外危机夹攻之下，国美在网络电子商务领域已经不能硬碰硬地强行收购了。这个时候对于国美来说在建立自身网络商城之后想要扩大在此领域的影响力，就只有以“合纵连横”式的合作方式出现。

于是国美进行了一系列的电商合作。以国美网上商城为核心，先是在2011年10月，接入购物搜索一淘网“一账通”体系，消费者可在一淘网搜索到国美商城的商品，通过支付宝或淘宝账号直接登录完成购买。随后与当当网合作，与其后台数据完全打通，实现与国美商城3C商品价格一致。国美的合作协议具有排他性，力图在占有产业优势方面迈进一步。在并购方面国美也做了工作，早在2010年底，就以4800万美元收购电商库巴网80%的股份。到2012年5月份又用1200万美元并购剩下的20%股份，这一举动对于资金链已经趋于紧张的国美无疑是雪中送炭，充分说明国美对电商领域的重视。但是这一系列的合作与投资并没有给国美带来好运，2012年10月24日，国美公布了亏损预警，2012年前三季度国美亏损7亿元人民币。而并购库巴本身内部争议很大。但这时候库巴已经完全国美化，这个烫手山芋是不可能卖出的，不卖虽亏损，但好歹在电商领域占一席之地；卖掉更亏，不仅完全陷入僵局而且处于被动。在这种情况下，国美只有咬牙顶住。所以国美对于将出售库巴坚决否认，并称将继续发展此项业务。不过相对而言，国美正一步步失去行业优势。

与国美相比较，苏宁走得更加稳健。从其发展方向来说，苏宁的部署更加具有规划性，不像国美那么混乱。苏宁在电商领域的拓展，秉承了其实体企业的发展步调，以自建为主，以并购、合作为辅，并准备做实体的“沃尔玛”网络的“亚马逊”，从其发展目标来看凸显了其企业发展野心。因为从部署的电商领域发展计划可以看出，那就是苏宁并不仅仅只为保住自己的家电市场。

其实对于苏宁来说，其早已注意到家电市场的萎缩与限制，所以才会在很早就开始谋求纵深式发展，在实体主产业基础的家电销售领域以“租、建、购、并”的方式逐步降低运行成本以及成本提升风险，并以房地产发展作为资金支持逐步降低风险，所以在电商领域秉承了其传统的同时又做了其他布局。

第一，有目的性并购电商专业化产品销售企业。2012 年 9 月苏宁电器宣布，耗资 6600 万美元收购“红孩子”，实行电商业务双品牌运作，承接红孩子及旗下的资产和业务。此一行为已经能够看出苏宁醉翁之意不在酒，并不想仅在电商家电领域拓展业务。第二，线上线下多方位合作，夯实电商多元化发展产业基础。2012 年 10 月，苏宁易购开放平台给凡客诚品和乐蜂网入驻，并与优购网展开深入合作。苏宁从家电化逐步拓展到日用百货的目的已经非常明确。同时首次与微软合作，除微软官方渠道外，其首款平板电脑通过苏宁门店、乐购仕门店、苏宁易购三个渠道全球同步接受预订。第三，强化产业渠道建设。2012 年苏宁采购总部下属的采销管理中心将扩充至 19 个，新成立百货、图书、虚拟产品、金融产品拓展等多个采购管理部门，并在全国建设 2000 个快递点，针对新增的百货、图书等产品进行仓储改造、流程梳理，形成立体式的物流配送网络，实现行业绝对领先。第四，自建网站的业务拓展。在苏宁易购的以家电为基础的前提下，辐射出整个涉及日用百货、传统家电、3C 电器等业务，并建立图书频道，以 IBM、思科等强大的技术合作伙伴做后盾，快速建立起网络电子商务系统平台。

从这一点来说，与国美及其他连锁家电企业相比，苏宁都走在了前面。不过我们却发现了一个规律，就是苏宁进行大的产业布局尤其是在网络电子商务方面的布局加快均是在 2012 年 8 月中旬以后，也就是京东商城挑起网络电商大战之后。毫无疑问，即使没有电商大战，苏宁也会重视其网络布局。但在京东商城的刺激下，苏宁变得更加警惕，加快了并购与合作的进程。

尽管苏宁的掌权人说不把京东商城放在眼里，“苏宁未来的目标就是天猫”。但毫无疑问，京东商城发起的这场“战争”还是引起了苏宁的高度重视并刺激其加速电子商务整合。到底京东商城有什么魔力能够让苏宁这样的家电巨头也有所忌惮呢？相比之下，京东商城不过是纯电商，实力规模、网络覆盖远远不如苏宁，为什么苏宁、国美这对老冤家都联合起来对付京东商城？这本身还是与京东商城为代表的电商本身的竞争优势有关。

京东商城孤注一掷的“物流帝国”

京东商城的崛起在近些年显得尤为亮眼。在整个网络电子商务竞争愈发激烈的年代，京东商城不仅发展规模迅速壮大，且其商业模式逐步为业内所接受并争相效法。到底京东商城逐步发展并快速确立行业地位的原因是什么，它的核心竞争能力在哪里以及其发展瓶颈在哪，这些都是值得研究的问题。当然京东商城能够脱颖而出，最基本的原因在于其行业基础。

1998 年，在那个网络企业激情燃烧的岁月里，刘强东在中关村创业成立京东公司。凭借多年在光磁销售领域确立的行业地位，2004 年京东首创即时拍卖系统，其创新带来的附加效益为后来京东商城的建立打下了基础。到了 2007 年，京东商城正式成立。2008 年涉足大件家电领域，并迅速搭建成为 3C 产品的网购平台。2009 年借家电下乡的春风，成为首个获得商务部发放的“家电下乡”零售商牌照的企业。因此在消费萎缩，后危机时代的 2009 年 6 月，京东商城的单月销售额突破 3 亿元，平了 2007 年全年销售额纪录，此时 7 日订单能力突破两万单。到 2011 年，京东商城的净销售额已超过 200 亿元，并将在 2012 年突破 500 亿元。如此强大的销售额度的发展速度在电子商务领域绝无仅有。

而京东商城能够实现快速拓展离不开其整体运作策略。与其他电子商务网站相比，京东商城有着自己独到的经营策略。第一，就是打行业提前量。在所有的电商企业中，京东商城成为最早将网购统一化管理以“商城”为理念的网络购物平台。以其竞争对手淘宝为例，淘宝虽然是中国网购的先驱，但在网络商城的概念建设上却晚于京东商城，直到 2010 年才真正将淘宝商城品牌化并独立出来建设，而在 2010 年以前京东商城就已经逐步拓展市场快速发展了。在这一点上京东商城毫无疑问已经占得了先机。

第二，也是最重要的一点，那就是京东商城几乎把所有的精力都放到了大物流系统的建设上。在这方面，京东商城做的工作可以说已经成为商业典范，在其威力发挥以后直接影响到了包括整个实体企业、电商企业在物流方面的改革。

对于物流，在传统上国内企业都不是特别重视，基本都是委托第三方进行。当年青岛啤酒建立了独立物流车队，但因管理混乱监督不当，导致整个物流成本拖累了企业运作，最终以委托第三方的方式解决了这个问题，才使青岛啤酒得以摆脱物流成本危机。实际上，仅从这一点就可以看到物流成本控制的重要性。

而对于网购平台来说，从订购到送货如果可以大量缩短时间，则可以加快物流运转速度，节省仓储成本，并因此最大可能地获得盈利空间。而最重要的是，当整个物流系统运转之后就可以借力打力，确立行业优势。因为单就行业优势而言，京东商城无法与老牌的苏宁、国美等家电销售商相比；而与网购先驱淘宝商城比，京东商城又缺乏多年的行业基础与强大的网络商铺带来的群体附加值。所以想要确立优势，则必须成为整个产业体系的一部分，成为销售方面不可或缺的一环。也就是说，没有实体店不要紧，只要拥有强大的物流体系，就能够以时间换成本，打赢这场商品销售战。

京东商城为了能够实现物流流转速度的绝对优势，做了三方面的铺设。这些铺设，早在2007年获得首轮融资以后就已经开始。

第一，仓储及货品位置的科学化设定。京东商城根据以往历史销售的数据输入系统进行运算，计算出某一地区中主要销售对象的覆盖范围。并精确计算出最短的运输送货路径，然后以计算论证后的数据为重要依据来确定仓储位置，这样可以最大限度地缩短送货时间以及运输成本。同时为了能够快速识别商品，进行仓库数据化管理，从进货、储存、出货严格将数据计入系统，货品不再单一以类别分类，而是每个产品用条形码识别，并输入系统。出货时只需要找到条形码数据就可以对应到其在货架的位置，这样又节约了时间。而最重要的是以销售数据化收集作为参考摆放货物，让商品与商品之间具有较高关联度的摆放便于拿货。随着销售季的货品销售变化，库房货品摆放位置也会相应变化，最大可能节约时间成本。也就是说，这一切的变化都围绕历史销售而转动。

第二，货品运输过程中的全程监控。这种监控与传统的网购监控有所不同。京东商城在电商企业中首次使用GPS系统，就是通过与地图服务公司进行合作，将京东商城后台运作系统与地图GPS链接，让消费者可全程监看运输过程，免去了用户对于送货位置的征询及安全感的缺乏。消费者有直接视觉感受，可以说是一种全新的精细化服务的体现。而这样做的另一个好处是可以对物流运送实行全面科学化监控，对运送车辆所在位置、运送时间、货品分拨、客户交接全过程进行透明化分析并进行改进。最重要的是能够达到对运送员工的监督，避免了管理监控不到位的现象。从这一点来说，京东商城确实是国内首创。

第三，也是最令人称道的一点，就是根据历史数据计算出未来销售的可能数据，然后进行货品分配。其结果就相当于通过计算得出每个地区某种货品可能的销售数据并根据数据进行预先发货，这样比等消费者订购后再发货节约更多的时间。这里面的工作非常细致，通过在网上商品的浏览量、点击量以及搜索量的数据进行分析，就能够大体估计出此类商品的购买数据。这一点看似精细得无法实现，因为用户买不买的欲望在脑子里，很难用数据来量化，但是根据用户的点击量分析得出的结果误差竟然控制在5%之内。这一点是京东商城的又一大创新。

就是在这几种创新性的数据化管理的物流建设中，京东商城逐步占得了先机。苏宁等库存的流转率一般控制在47～60天，而京东商城的强大物流系统，则可以将流转时间控制在11～12天之间，这一点是第三方物流永远无法达到的。京东商城多年建立的物流系统成功降低了成本。当其他地方的货品已经进入降价季的时候，京东商城没等货品降价就已经把所有货品卖光，提高了利润空间。从其流转率时间控制来看，连网络电商巨头亚马逊也自叹不如。

而京东商城自2007年开始首轮融资以后，在物流方面的投入竟然占到了总资金量的一半左右，相信很少有企业能够做到这一点。所以在2010年京东商城就已经做到“211限时达”，就是上午11点前提交订单，当日送达；夜里 11 点提交订单，次日 14 点前就能送达；其效率之高令人咂舌。正是物流方面的巨大成就，让京东商城提高了竞争力并在其一定运输范围内率先实行所有货品不分价值多少、品种多寡全免运费，能做到这一点在电商领域里绝无仅有。

除了在物流方面的工作，京东商城还走了几步。先是 2010 年并购了千寻网拓展其在百货业的业务，随后建立团购频道涉及团购业务。到了 2012 年初又收购日本“迷你挑”时尚网站，这一步又是为了海外业务发展打基础。而到了 2012 年 10 月，京东商城宣布其海外英文版上线，迈出了拓展海外市场的第一步。

但是，京东商城也有自己的发展隐忧，这些隐忧很可能成为将来发展的大患。这些隐忧具体有这么几点。

第一，就是京东商城的盈利模式。由于想快速确立行业优势，在物流方面做了大量努力，但相应的也把以产品作为竞争核心的优势让了出去，这就让京东商城无法做到持续盈利。京东商城从首轮融资到 2012 年也没有真正实现盈利。2011 年京东商城放出“豪言”将 2012 年下半年实现盈利，而到了 2012 年 10 月份，业内预估 2012 年京东商城亏损将超过 20 亿元，其融资得来的资金也仅够支持半年。这样一来京东商城的盈利模式危机成为一个不可忽视的问题。

第二，是客户账户与信息管理问题。由于京东商城把大量精力放到了物流方面，在其他软件建设方面稍显滞后，所以出现了类似账户余额被盗用现象以及个人信息丢失等事件。这就显现了其在客户账户与信息管理方面的缺陷。当然这也不是大问题，如果能够及时修复也不会造成很大影响。

第三，资本侵袭危机，这点则非常致命。从 2007 年首轮融资以后，京东商城创始人刘强东把资金用于物流建设及市场扩张方面，据说资方与其签署了“对赌协议”，这本身就是一个隐患，因对赌协议致使创始人被迫出局的例子不在少数。不过只要能达到资方所说的营业额要求，相信也能度过危机。

最要命的是媒体公布数据，京东商城分别于 2007 年 8 月和 2009 年 1 月获得 1000 万美元和 2100 万美元融资，第三轮融资则从开始预计的 1.5 亿美元上升到15亿美元。这时候京东商城背后资方包括今日资本、雄牛资本、梁伯韬个人公司、老虎基金、DST、KPCB、红杉资本、高瓴资本及其他一些个人投资者等诸多股东。其创始人刘强东对于自己所持股份数量三缄其口。京东商城如果上市毫无疑问要继续摊薄其股权，创始人团队的掌控权旁落危机一览无余。

第四，成本投入过多以及扩张过快后遗症。为了抢在同行业前面，京东商城在广告宣传，尤其是物流建设方面投入了过多资金，导致资金链隐忧凸显。而其在国内市场基础未夯实的前提下就开始快速拓展海外业务本身就是极大的风险，因为相比较而言，海外市场是亚马逊等巨头的天下，而京东商城海外物流系统尚未建立，并无行业优势可言。而国内盈利模式尚未清晰就大踏步走出去，本身就是一种极大的冒险行为。

第五，同行业巨头扩张与竞争危机。同行业进步非常快。尤其是同质化发展的网络商城，大家都已经看到了刘强东的物流优势，各个极具资金实力的企业先后也增加了对物流方面的建设，未来他们与京东商城在物流方面的差距会越来越小。这也是京东商城的潜在危机。另外，由于行业内部京东商城冒头太快已经引起大家共同的敌意，“枪打出头鸟”毫无疑问大家针对的目标都是京东商城。通过合纵连横方式夹击京东商城的行为在所难免，从这方面来说也是巨大的潜在隐患。

当然，京东商城依然有自己的行业优势，并且以自建融资体系的方式降低了风险，还利用自己的优势绕过对方的优势进行竞争。在2012年由京东商城发起的电商大战就是一个佐证。这场战争对京东商城而言是一把双刃剑，对整个行业的发展也产生了较大的影响。

电商大战背后的商业诡略

2012年8月，一场价格大战开始上演，但引领整个价格大战的并非同一领域的商家，而是以网上 B2C 为主的京东商城与以传统线下销售为主的苏宁、国美之间的大战。这场大战应该说是近些年来产业发展模式逐步变化，致使彼此之间所产生的碰撞，对于中国经济发展模式的研究来说是一个经典的案例。他们之间的价格大战究竟会产生什么样的影响？产业格局又会产生怎样的变化？为什么不同销售模式会产生碰撞，跟近几年的经济发展变化又有什么关系？我们慢慢来分析。

京东商城在国内网购领域算是起步比较晚的企业。不过，从开始创业，京东商城就走出了与同行业的淘宝、易趣等网站不同的道路。2004 年 7 月，京东在全国首创的即时拍卖系统——京东拍卖场正式开业。恰恰是这个业务，成为了至今仍为同行业者竞相模仿的业务。

2007 年京东广州全资子公司成立，全力开拓华南市场。广州全资子公司的成立代表着京东由北京、上海、广州三地为基础覆盖的全国销售网络的形成，并且成为首家以移动 POS 机上门刷卡服务的公司，这样就有效衔接了传统与电子商务的有效过渡，也因此把京东商城带到了一个新的发展平台。

强大的销售网络的形成和新的销售模式帮助京东商城逐步站稳了脚跟。从 2008 年开始，京东商城逐步扩大网购平台，并涉足平板电视、空调、冰箱、洗衣机等网购领域。这也是 2012 年 8 月京东与传统家电商场爆发价格战的原因之一。

但真正爆发价格大战，却并非只是由京东挑起。早在 2012 年 4 月，苏宁易购就高调宣布掀起价格战，随后国美系旗下两家电商网站（库巴网及国美网上商城）在第一时间进行了跟进。其实在那次的价格战中，苏宁、国美这两家国内家电巨无霸早就开始瞄准网上 3C 家电等相关业务。

而就网购平台来讲，京东商城在这方面是做得最好的。可是大家电相关产品一向是传统家电销售商利润的最后堡垒，京东商城动了这块蛋糕，必然会引起这两家巨头的重视。在苏宁、国美两分天下的前提下，成长很快但是根基没有他们强大的京东商城，就成为他们首要攻击目标，而联合围攻自然成了苏宁和国美的共识。

2012 年年初，通过低价策略，苏宁及国美系电商网站在 3C 数码、家电等商品上已经拥有了较为明显的价格优势，在抽样调研的近200件近期热销商品中，苏宁易购和库巴网拥有价格优势的商品占比分别达到了41%和27%，高于一直以“全网最低价”著称的京东商城（22%）。他们之所以敢这么干，是因为苏宁易购依托线下合计近2000亿元的采购规模，令其在3C家电领域比目前的主要电商企业拥有8%～10%的采购价格优势。

但是对于京东商城来说，却丝毫没有退让与惧怕的意思。因为在京东的手里有着国美和苏宁都没有的运作模式，而此运作模式的优势令苏宁、国美这两个巨无霸也望尘莫及。而这也是京东商城能在同一领域一直保持行业优势的撒手锏，那就是强大的物流流转平台。

2010年以后京东商城的自建配送的成果已经开始展现。京东宣布推出“211限时达”服务：北京、上海、广州、成都四城市由京东自营配送。至今为止，京东自营配送已经覆盖了全国300个城市，其中25个城市承诺“211限时达”。在强大的物流体系与价格优势的影响之下，可以快速消化每天产生的订单；在线销售的产品品类超过3万种，产品价格比线下零售店便宜10%～20%；库存周转率为11～12天，与供货商现货现结；国美、苏宁的库存周转率为47～60天，账期为112天；费用比国美、苏宁低7%，毛利率维持在5%左右，向产业链上的供货商、终端客户提供更多价值。这样一来，即使苏宁与国美依仗行业地位拥有采购价格优势，却再也无法在与京东商城的竞争中占取优势。

于是，在2012年年初的苏宁、国美发起价格战后，京东商城并未匆忙迎战，而是蓄势以待，等待时机准备进行反扑。2012年的8月中旬，也就是各家电巨头抢夺客户最密集的时间，京东商城开始出手了。

就在苏宁即将启动“史上最强力度促销”的前夜，京东商城CEO刘强东高调宣布出手：选择苏宁、国美利润最丰厚的大家电领域作为突破点，提出大家电商品线上线下比价，且上限是零毛利，下限是零元，并拟向苏宁、国美卖场派出“价格情报员”，名为比价，实为攫取客源。

在其咄咄逼人之势引得无数眼球的背后，是新一轮的资金消耗战以及对上游厂商议价权的争夺。这里面，苏宁大家电毛利率高达25%，大家电利润空间较大，所以京东商城也有针对性地从这方面入手。而京东已经做好了大家电三年内零毛利，且所有大家电保证比国美、苏宁连锁店便宜至少10%的准备。这种价格血拼的持久战就像一把尖刀直刺苏宁国美等商家的要害。

这么做的目的，毫无疑问，除了抢占下游市场，更重要的是为了未来能够在上游议价权中占得主动。而以苏宁为首的家电零售巨无霸自然不会坐以待毙，苏宁易购执行副总裁李斌通过微博表示，苏宁易购包括家电在内的所有产品价格低于京东，否则将即时调价，并给予差价赔付。两种不同销售模式的商家出现了价格大战，不禁让人猜测，究竟谁会占据行业制高点？谁能拔得头筹？

实际上，对于京东商城来说，由于其主要业务都在网购方面，其成本优势不言而喻，加上其强大的物流运输平台，给以实体店为主业的苏宁、国美等商家以较大的压力。因此虽然从议价权上来看实体商家有些优势，但由于实体店的辐射面有局限性，加上运作成本高，且同行业实体店的距离太近，更容易造成客户重叠引发危机。因此从长线看，京东商城虽然利润不高，但长期运作的优势不言而喻。国美在经历其内部风波之后目前尚没有完全走出来，其发展充满了不确定性。苏宁显然主动得多，已经逐步入侵电商领域，并有扩大之势，同时苏宁也开始意识到了京东商城的侵略性及其背后的物流优势，这其实也是京东商城主动发起电商大战的隐性原因之一。

京东商城发起价格战似乎也给自己带来眼球效应。价格战引发了公众的关注，这种关注对苏宁国美也起到了积极的作用，但对京东商城的知名度与公众认知度的作用似乎更大。一个网购企业可以与实体店企业并肩而立，成为同一个竞争平台上的角逐者，这本身就给京东商城带来了巨大潜在的经济效益。因此从事件发起的角度看来，京东商城是最大的受益者。可是，与此同时由于京东商城潜在地将全行业的敌意目光吸引了过来，因此在行业内会树敌更多。

同时京东商城发起的电商大战本身随着时间的推移，逐渐让人感觉到欠缺诚意。除了一些大家电的挤压货品的降价，似乎并没有太多的优惠，并且短短一周的大战之后就开始逐渐偃旗息鼓。而这时候也会看到在各大家电销售商微博应战的轰轰烈烈之后也再没有后续，甚至有些商品开始提价。这又成为一个疑团，电商大战成为了在“假大战，真促销，多作秀”。

不过在事件的背后却并非这么简单。8 月 17 日京东商城掌权人刘强东的一条微博被删：“我们的股东高瓴资本的老板特意从美国打来电话，并建议价格战引到全品类，周一推出。”随后业内传出京东某股东退出投资的传闻，虽未经证实，可这个传闻却直接将京东商城的软肋暴露了出来。那就是京东商城的发展已经逐步受制于资方，刘强东个人的可支配权利将越来越被掣肘。

就像之前分析过的，这将成为京东商城发展中最大的隐患也确实成为京东商城价格大战快速熄火的因素之一。因为如果产品降价战火烧至全部家电类主要产品，那么就意味着全行业成本格局被打破，这种损人不利己的事情很难下决心做到。而京东商城 2012 年亏损已定，且亏损数额以十亿计，京东商城的上市计划又一拖再拖，资方的压力自然不可小觑。

另外对于供货商方面，立场非常明显，海尔等供货商在媒体公开表示支持苏宁、国美阵营。其意图也很明显，电商毕竟是电商，其规模实力以及稳定性无法与苏宁等大型实体家电商场相比。而京东商城作为“成本平衡破坏者”，也不会受到供货商的支持。另外京东为了在竞争力方面获得更多资源，对一些百货用品的供货商的压制引发的业内怨言也不断传出，这也成为京东商城逐渐出现的新问题。

事件发生后，有一件事是京东商城在事前没想到的，那就是苏宁的高调应战。其实原本京东更多的是一种价格促销的策略，最终的演化却是有些被苏宁牵着鼻子走的感觉，名义上京东商城赚足了眼球，可实际上却输掉了口碑。

苏宁借力打力，借此次电商大战开始正面与电商接触，并加快电商领域投入。从这方面讲，京东商城做了苏宁的梯子。苏宁在大战中也没有降价多少，可消费者的愤怒却发泄到了事件发起者京东商城的身上，这才是京东商城最想不到的。因此不以此次事件本身为着眼点的话，苏宁才是整场战争的真正受益方。再加上发改委的介入将矛头直指京东商城，让京东商城无法在短期做出什么针对性的策略来扳回失利的局面。所以吃哑巴亏的并非其他商家，而是京东商城自己。

最后我们来说说整个行业格局的变化。就大的经济环境来说，家电零售商的价格战能走到如此地步，完全是因为这些企业已经明确感觉到了整个行业疲软带来的危机。而价格战本身，似乎是一场秀，但其潜在的竞争却并非是“秀”。从2008年经济刺激计划之后，家电下乡、以旧换新等业务逐步刺激着百姓的消费欲望，但繁华过后，通胀与民生物资价格的提高带来的生活压力让百姓更换旧家电的欲望降低，加上这几年该换的也换了，该买的也买了，家电使用寿命毕竟很长，因此必然会带来较长时间的消费低迷期。

蛋糕小了，但吃蛋糕的人数却在增加，竞争自然也就更惨烈。尤其在网购等新形式的不断冲击下，行业格局必然会经历一个行业洗牌的过程。谁能够坚持得最久，挺得时间最长，就可能成为最后的胜利者。而在电商领域中，自然有扩张也有瘦身。其实扩张与瘦身并不重要，重要的是如何在残酷的市场竞争中得以生存并增强竞争力。但是，遇到行业危机的时候如何自救，这又是一个值得深思的话题。

凡客的生死劫与曲线自救谋略

在任何行业中都存在着别人看不到的商机，很多人都是被表面蒙住了双眼，而如果能够看到别人看不到的商机并加以利用，就可能达到别人达不到的商业高度。而在电商企业中最能发掘别人看不到的盈利点并加以利用就会获得成功。

凡客诚品就是国内电商企业旦的此中高手。其在国内电商企业群雄并立之下异军突起，品牌价值一度超过50亿元。但是2012年以后凡客诚品的负面新闻不断，其企业的运作模式也不断被质疑。凡客诚品是如何在高手林立的电商领域中崛起，又是如何很快由盛转衰的，这里面有很多企业值得参考的东西。

凡客诚品成立于2007年10月。这个时候电商类的企业已经是“大佬”

云集，在已经做出品牌的电商类企业中，有一些已经处于行业的垄断地位。想要从这些商业“大佬”手中分得一杯羹并不是很容易，不过凡客诚品也有自己的优势。

第一个优势就是其创始人团队，基本上是由原卓越网团队组成，而其掌舵陈年也是卓越网的创始人之一。多年来在卓越网的运作经验和人脉资源让凡客诚品从一开始就具有团队优势。第二是着眼点，当时虽然电商领域已经出现很多“大佬”级企业，但相对来说由企业直接做网络商城的还不多。特别是凡客诚品刚创立时，其目标点就已经非常明确了——专业化，并非大而全的做店铺形式，而是通过专攻服装且自创品牌运作。这一点对当时的网络电子商务来说是一个空白的领域。

因为当时传统服装品牌渗透进入网络的并不多，即使进入也是浅尝辄止，并没有投入很多精力。而凡客诚品的着眼点，却是抛弃传统以工厂为运作核心的方式，以网络销售作为其核心，这可以说成为当时较为独特的营销方式。凡客诚品也有自己的参考对象，那就是成立于2005年快速发展又快速消失的电商品牌PPG。凡客诚品总结了PPG成功与失败的经验，逐步树立起了自己的发展特色。

如果说京东商城是电商领域里“大物流”做得最好的企业，那么凡客诚品就是近些年来销售做得最棒的电商企业。这也是凡客诚品重点发展的方向。PPG的直销模式给了凡客诚品以启迪。也就是说，这种以直销并大量宣传的方式本身值得借鉴，但PPG在电视、纸媒等传统营销阵地大量的投入并造成成本倒挂，最终承担不起运作投入而资金链垮塌。

所以凡客诚品在这一点吸收了PPG失败的教训，更为聪明地运用了网络媒体宣传。在很多知名的论坛、网站的新闻、财经、体育等专栏里大量投入广告，这样与传统宣传模式相比，省了不少广告营销费用。但最终让凡客诚品以网络宣传模式一炮而红的根本原因是它的产品定位。

在当时，国内的服装类企业要么是低价低端的产品，要么是高价高端的品牌。而凡客当时却走了一条别人想不到的路线，就是以高端的设计、包装与低端价格的产品相结合，最终因为“物美价廉”吸引了众多经常上网的中产人群。也就是说，凡客诚品“混搭”了高低端服装产品的优势，然后利用网络“时尚”“快捷”的核心理念打造出了一个适合中产时尚人群的服装品牌。这样在产品设计、制作、营销宣传几方面就完成了三点一线，直接打通了凡客的品牌运作通道。

具体做法上，凡客诚品在产品设计上采用国际级别的设计团队为主设计款式，而制作方面采用的是代加工的方式，与那些经常代理高端品牌的加工厂商合作，这样在保证品质的情况下又卸去了自建厂房的成本，且出来的服装效果绝对可以与高端品牌比拼，这样对于中层消费人群的诱惑非常大。再加上后来凡客体的成功营销，让这个品牌在三年内完成了传统服装企业十年才能构建的品牌形象效果。

而从凡客诚品的发展路程来看，其在 2007 年创业期到 2009 年的发展期，再到 2010 年的辉煌期，直至 2011 年以后的衰落期，其实是与整个行业大环境有关的。2007 年，次贷危机刚刚产生，其影响是由外而内的。也就是说在 2010 年之前，受到经济危机冲击的企业基本上都是外向型企业，主要产品都是面对国外出口的。受到国外消费萎缩及汇率变化影响，很多此类企业倒闭，但相对来说对国内影响尚不大，且当国内实体企业稍感不适的时候，2008 年十大产业振兴计划出台，在这个时候全国就业形势、消费形势都没有受到很大冲击。当时电商企业的融资也相对比较容易。因为当时中国的概念股在海外受到追捧，既然不愁海外上市，自然也就不愁融资。所以相对来说不管是融资阶段，还是产品销售量，都处于上升期。但在 2010 年以后整个情况开始发生变化，产业振兴计划的温度逐步下降，同时国内通货膨胀，物价大幅攀升，劳动成本、原料成本也大幅上涨，消费在萎缩，企业成本在上升。而服装类企业又是受冲击最严重的，大量的产品积压仓库造成产能过剩。而凡客诚品原本针对的是最有活力且有着很强消费潜力的中层消费群，可是由于经济形势产生的变化，让消费群体开始两极分化。也就是说，要么高端，要么低端，中层消费群体逐步开始缩小。

人总要吃饭，但穿衣则要看经济环境，环境好可以多穿几个款式，环境差则尽量少买几个样式，或者找一些更便宜的衣服穿。所以在 2010 年凡客诚品的产品库存大量积压，而为了能快速恢复原本的销售运转，其不得不打折降价。更低的价格自然吸引着人们再度购买，但也让凡客诚品企业的利润空间大幅压缩。数据显示，凡客诚品2010年利润率为-14.67%，亏损已达7亿元左右。

而到了2011年以后凡客诚品面临的就不仅仅是这一方面的问题了。由于在企业快速发展时期，将主要精力用在了营销方面，其物流方面的工作则相对滞后。虽然凡客诚品也拥有自己的物流团队，但随着其产品品种的扩张及库存增加，物流的运作成本也在大幅上升。

由于凡客诚品做不到像京东商城那样物流产业链条清晰化，因此在面对大量产品的时候往往会力不从心。雪上加霜的是，随着全国整顿快递行业，2012年国家邮政局公布的第一批260家快递业务经营许可年度报告审核的企业名单中没有凡客诚品，仅此物流一项，凡客诚品又减少一块利润。而在2011年以后，凡客诚品“屋漏偏逢连阴雨”，接连遇到了好几个大打击。

第一，就是品牌代言人、广告门等引发的品牌形象危机。2010年，凡客诚品以500万元聘请韩寒做其29元T恤的代言人。仅仅是代言费就需要销售超过20万件T恤才能收回成本，但这毕竟是为了品牌的长远发展。可2012年初的方舟子与韩寒大战让韩寒的品牌形象大为降低。虽然几个月后韩寒的形象逐渐好转，但当时确实影响到凡客诚品的品牌形象，致使销售受到了极大影响。随后又因使用国家领导人形象做广告被查处，再次影响了其品牌形象，从而使原本已经因为资金链而紧张的凡客诚品压力倍增。

第二，电商企业整体全面化发展带来的同质化危机。一方面，凡客诚品增加了自己的产品数量，大量多品种产品不仅增加了物流成本，而且也增加了库存压力。最要命的是，随着国内B2C的电商企业越来越多，经营的品种也开始大而全，令其品牌核心同质化严重。这样带来的新问题是凡客诚品的竞争对手骤然增多，并失去了自己的传统优势，转而进入同质化竞争的恶性循环。大家都进入了亏损比拼，最终谁能挺过去谁是胜利者。可问题是大家都不盈利，相对资本后盾较为薄弱的凡客诚品就容易成为“以本伤人”大环境下的牺牲品。

第三，中国概念股集体陷落带来的 IPO 受挫，上市估值预期缩水。各方压力集中起来，其实凡客诚品最需要的就是能够上市集资，以缓解资方压力，同时有了进行新一轮竞争的资格。但中国概念股在海外集体的失利让凡客诚品海外上市的希望再次破灭，而其上市申请一再受挫，最终导致 IPO 计划搁置，让其雪上加霜。

第四，管理混乱，数据研究方面问题严重。凡客诚品由于对销售数据反馈方面的管理不足，导致从产品的市场需求到单品订单都毫无计划，产品销售完才去补单，流失大量客户的同时也加大了库存风险。最终让凡客诚品的库存量逐步加大，运作成本不断攀升。总而言之，凡客诚品在整个大环境越来越恶劣的情况下依然“昏招”不断，直接把自己逼到了被市场淘汰的边缘。

而凡客诚品创建品牌时的很多优势已经转为劣势，随着各大网络企业品牌知名度增加，其网络投入广告费用成本也逐年增加。以 2011 年为例，其在传统媒体投入广告费用 8000 万元左右，而在网络投入 1.3 亿元左右，加上其户外及其他广告费用，2011 年其广告宣传投入已经超过 3 亿元。而凡客诚品从 2007 年首轮融资之后共六轮融资的 27 亿元也“败”得差不多了。这时候如果不进行策略转变，恐怕很难避免被淘汰的命运。

于是，就是在这种国内大环境恶化、成本不断攀升的情况下，凡客诚品开始有计划地布局海外，从国际市场上找销售客流。同时瞄准了一些第三世界国家及贸易保护不严重的国家，以越南作为其发展模式的实验点，一旦成功则向巴西、阿根廷和澳大利亚等国扩散。

从其规划目标来看，这么做也不失为未来发展的一个方向。可是，在国内市场摊子铺得已经过大的凡客诚品，是不是有能力布这么大的“世界局”？

还是那句话，资金才是硬道理。现如今的凡客诚品，必须解决两件事。第一，就是如何能够再次融资，让资金链不致过紧。第二，如何有效控制成本，并能够实现可持续盈利。但这两个问题，几乎是电商企业的通病。凡客诚品或许还有很多路可以走，但要是对其企业的核心竞争力来打分的话，恐怕已经是不及格了。

网络图书电商的跨界疑云

国内电商企业的崛起或者衰落，都会与大的经济环境或者整个相关行业的产业格局变化息息相关。国内出版物市场在经历了世纪交接的盗版阴霾之后，逐步开始找到了自己的市场定位。音像类商品市场因网络的覆盖逐步萎缩，但图书出版市场却从行业内部逐步确立了市场规则。

因为相对来说，图书市场做盗版书的盈利空间已经随着网络普及化开始缩小。除非是超级畅销书，否则对其他大部分图书的波及并不大。相对来说图书售卖也需要有网络这个媒介进行宣传。当两者找到了平衡点之后，传统发行方式与电子书的生存就有了共同生存发展的空间。如果侵权行为发生，也比音像出版物更容易追本溯源。正是在这种大的形势下，国内网络电商的生存空间出现了。在国内，最权威的以售卖图书及其他出版物为主的网站就是亚马逊中国和当当网。

亚马逊中国，其总公司就是世界著名的电商品牌“亚马逊”的中国分支。其在中国图书市场的开端是“借鸡生蛋”。2004 年 8 月，亚马逊以 7500 万美元收购了国内图书电商卓越网，并购后的公司就是后来的卓越亚马逊。作为国外著名的网络企业运作者而不是资本运作者的亚马逊，在中国的市场运作并不会快速扩张。在品种方面，亚马逊不仅开放了货品的品种，并逐步开始扩大市场。

因为相对来说，这个团队的最终目的是想在中国电商市场分一杯羹，而并非仅仅在资本市场捞一笔就走人，所以亚马逊在收购卓越网以后进行的是一系列纷繁复杂的改革和整合。卓越网被亚马逊收购前，是一家以低价加折扣售卖精品为主的全库存式网络电商企业。因为当时的卓越网资金基础不够雄厚，对电子商务的管理经验也不足，所以这种只卖畅销品种加低价折扣的方式符合了当时的市场运行规律。

可是作为亚马逊来说，其主要的目标是能够立足图书并以全门类图书出版物为原点，逐渐辐射所有的商品门类，成为网上电商里的“沃尔玛”。所以，亚马逊在并购卓越网之后进行了一系列的改变，而这种改变使得原团队的理念已经不适应其发展需求，所以以陈年为代表的团队成员离开建立了凡客诚品，而亚马逊则开始了质的变化。

亚马逊最大的变化，是先把图书类出版物的门类大幅度拓展，然后开始花大精力建立物流团队。实际上，亚马逊能够成为世界知名品牌其本身最主要的原因就是强大的物流团队以及对数据的精细掌控。

国内近几年崛起的京东商城“大物流”的建设，其实就是“偷师”亚马逊的策略，将亚马逊在图书品类的物流系统完全复制并自我升级后，用于3C等家电品类，并且“青出于蓝”，在货品流转时间上比亚马逊做得更加到位。

当然，亚马逊毕竟是电商的鼻祖，产业基础较为硬实，所以京东商城虽然在物流方面做得好，但其他方面却相形见绌。亚马逊在货品摆放方面是以条形码为标准，并以最合理利用空间为准，而不是分门别类摆放，利用数据信息的对接来完成货品的寻找，然后利用历史数据以及数据预测进行每个地区的发货，从而节约流转时间，同时建立强大的物流团队以保证运输质量。除了在物流方面，同时开放品种，逐步扩散。在供货方面，亚马逊实行与“新华系”进行长期合作的模式，在保证稳定货源的同时降低进货成本。同时缩减消费者下单的步骤，方便顾客，增加顾客回头率。这也是亚马逊商业模式中的一贯策略。

对于当当网来说，如果不是亚马逊突然进入中国，其资历与行业地位都是不可撼动的。其在1999年即建立，创始人李国庆和俞渝共同说服风投并肩创业。由于创始人多年在出版界的经验，让当当成为国内网络书店的先行者。

随着图书业务的夯实，在风投资金进入之后，当当的棋也越下越大，从图书逐步扩展到日用百货、家电等多方面。尤其在网络概念正当时的2010年，当当网得以在美国上市，使其有了更多的资金支持。

在物流方面，当当虽然没有亚马逊如此强大的运作体系，但相对也有自己独特的运作方式。从整个网络建设来看，当当网更注重资本安全性，在物流方面依然依靠第三方物流。这样做虽然较慢，但长久来说有着较为可靠的安全保障。从京东商城的例子可以看到，强大的物流自然非常重要，但如果忽略了整体运作也可能给企业带来危机。

正是由于亚马逊与当当网的整体发展规划非常相似，也就让这两家的竞争变得异常激烈。从两家企业的发展来看各有千秋。亚马逊的优势在于其强大的物流体系，强大的信息化管理及产品网络的关联度营销；而当当网的优势在于行业根底扎实。

由于国内出版业出现了新变化，让这两家企业所面对的市场相当广阔。国内出版业近些年由传统的出版社逐步地拓展出现民营化趋势，尤其在2008年以后大量的市场化图书作者开始出现。这些作者直接面对市场，不再依附当地的出版社，因此也就让大量市场化的图书出现在市面上。

这些图书的销售渠道仅靠各地新华书店是不够的，亚马逊中国和当当网这两家电商一方面起到了售卖的渠道作用，另一方面也起到了对图书的宣传作用。既然供货货源不断，作品也更趋于市场化，图书消费市场也就不断扩容。因此从这一方面讲，两家企业即使是竞争也不必你死我活。

但是，这两家电商也有自己的硬伤，就是都不断扩大门类营销。这就意味着仓库不断扩容，管理成本、物流成本不断增加，慢慢地这两家企业的图书市场优势也被削减。

亚马逊更大的隐患是在其“后院”。2012 年亚马逊的第三财季净销售额为 138. 1 亿美元，比 2011 年同期的 108. 8 亿美元增长 27%；但是净亏损为 2. 74 亿美元，而 2011 年同期净利润为 6300 万美元。在销售额增加的情况下，却由盈转亏，可以看得出其在全球业务的盈利能力已经下降。

而当当呢，隐患依然是其物流。虽说当当有自己的考虑，但是在如今这个效率就是金钱的时代，如果不能想办法整合物流，就会永远卡在瓶颈上。不过相对来说，当当网涉足到百货业比亚马逊还是慢了一些，从这方面来讲其立足图书出版物的核心还是较为坚定，相对负担成本也要小一些。

而亚马逊中国在 2011 年的去“卓越”化本身的目的就是一种誓死成为电商百货业的排头兵，并一举成为实至名归的网上“沃尔玛”，这还是要依赖亚马逊总部的支持。而两家企业共同的问题是，如何能够让这种在图书业务方面的一对一针对式竞争达到一个较为稳定的平衡点。

由于这种以低价促销的打折形式已经影响双方的发展，所以在业态同质化越来越严重的前提下，如果单纯以价格取胜势必会进入恶性循环。本已“微利”的电商生存空间越来越狭小。同时，这种“活动打折”模式也在吞噬着书商的利润空间。2012 年的“双十一”之战，当当就曾强行分摊降价费用而导致出版社及书商不满。

在未来的发展中，图书类电商的竞争也会越来越激烈，因为这种单品种优势资源电商在逐步扩散化，从一对一的竞争变成全行业混战，其竞争环境更加恶劣。在电商的战国时代里，合纵连横并非牢不可破，也不是自我解救的最佳方式，谁能够控制好成本，保证盈亏之间的可控性，谁就能坚持到最后。也许亚马逊中国和当当的竞争还将持续，但最后活下来的却不见得是这两家其中的一方。

当然，在所有的电商企业中，不仅仅有专业化核心的电商和资本运作型的，也有常年利用自己运作模式的优势成为电商行业的霸主。

电商教父的危机应激“太极式”自救韬略

在中国国内要论电商之中的魁首，毫无疑问，那就是马云和他所领导的电商王国，从阿里巴巴到淘宝系，无一不是商业经典之作。B2B、C2C、C2B2C、B2C……在其手中运用自如，创建出了一个国内绝无仅有的电商商业帝国。而即使是 2010 年以后电商呈爆炸式增长的年代，马云手下的电商王国依然是国内当之无愧的 NO. 1。而马云也毫无疑问地成为现代电商领域教父级的人物。

对于马云的创业史我们在这里就不再赘述，近十几年来有目共睹，也基本为人所熟知。马云在电商领域的规划尤其是近两年的变化以及其竞争对手与其不断的合作、博弈，这才是真正值得研究的。商业场上没有永远的王者，但却有永远的竞争。马云的企业运作与管理堪称独到，到2013年，马云及其团队运作的公司发展为七个事业群，每一个事业群下面有一大批相关的附属公司和子公司，拥有庞大的企业“舰队”，而其中的“旗舰”自然是阿里巴巴以及淘宝系。

围绕其企业的发展轨迹可以看到，马云的团队一直在做两件事情。第一，建立一个能够衔接企业上下端服务的网络电子商务领域平台，并紧紧围绕其保持行业优势，确保自己的不可缺失性。实际上，即使是2010年以后电商云集，马云团队所领导的企业集团依然保持着行业优势，并不可代替。也就是说，尽管电商云集，电商资本运作泡沫频出，但马云所带领的阿里巴巴集团总体没有出现同质化现象。

第二，就是当确立了行业地位之后，阿里巴巴集团在逐步扩充业务的时候，是以一种以小产业链连接大产业链的模式。也就是说，从阿里巴巴的B2B开始，其目的是将企业与企业之间的网络对接沟通作为主要手段，实际上就是抓住了在传统企业随着信息时代逐步转化的时机，不失时机地把服务平台运作成大产业链中不可缺少的一部分，企业在运作、洽谈、交易、订货的过程中的网络服务平台由其担当。而随后的淘宝系也是一样的道理，只是针对不同客户的不同运作而已。

淘宝的出现满足了店铺与网民之间的需要，而支付宝本身又是一种金融链接工具。甚至与其他电商看起来非常相像的淘宝商城——天猫，也是企业与消费者之间垂直销售的连接点而已。也就是说，马云的经营策略就是在网络时代用其创建的平台将传统产业链转化后的关键点链接起来，随后再逐步将自己旗下的企业不断优化组合，形成一个有效的小产业链。

这样的运作带来的好处就是可以以低成本将企业整体优化，更牢固地抓住经济大产业链与网络的连接点。这也就是为什么阿里巴巴集团可以称霸国内电商的原因。所以即使它的物流系统赶不上京东商城，专业化运作赶不上当当，也没有苏宁等企业的实体店铺做后盾，但依然可以在激烈的竞争中处于上风。

不过，随着企业的不断壮大，马云团队也面临着很多的挑战与威胁。这里面最大的威胁，就是来自资本方的威胁。其实马云在创业融资的时候选择投资方是非常聪明的。我们可以看到其股东成分的构成，主要是以日本孙正义的软银为主，然后是投行高盛、日本亚洲投资公司及其他投行等等。孙正义是以专门投资网络企业发家的，而日本的风险投资商基本很少挟持企业，不会靠融资上市、卖给下家去图利，而是以公司的长远发展为主，当公司不断壮大之后才开始享受企业发展红利。这是一种健康的股东概念，以企业的发展为第一要务，而不是只图短期利益，这也就奠定了马云事业稳定的基础。

我们都知道，欧美的资本投行最善于在国内做的事情是，先找到具有潜力的企业，然后融资给他们，随后就不断寻找入股者，为了吸引入股者，逼迫企业做大，并与企业老总签订对赌协议，如果企业赢了，无非输一点股金出去，但企业做大本身的目的已经达成，当新股东进来越做越大之后，再上市套利卖出。而如果企业老总输了，直接把他踢出局，或分拆卖出，或找到新投资人继续上市融资套利。也就是说，怎么做他们都是赢家。在这种模式运作下的企业初期成长性极高，但长久来说等于是透支了企业的发展能力，对企业是极其不利的。

而马云的风投主体是日资，高盛等投行虽然参股但无法在发展中不断侵蚀股份，所以从这方面来说，马云的基础是坚实和稳定的。但在 2005 年，随着其收购雅虎中国，同时雅虎全球注资 10 亿美元获得阿里巴巴 39% 的股份，使得马云的团队仅仅占到总股本的 31% 左右。随着时间推移，阿里巴巴的融资上市，致使马云团队股份占比越来越小，而雅虎则已经占到阿里巴巴四成以上股份。虽然按照协议，雅虎的投票权受到限制，马云团队依然掌控局面，但从此埋下了夺权的祸根。到了 2010 年，一场夺权危机逼近马云团队。

其实在与雅虎合作的时候，马云团队也不是没想到可能会被夺取掌控权，但当时，马云有几张底牌。第一，就是雅虎的掌舵人杨致远一直与马云私交甚好，在合作理念上更多是为获得长远的红利。第二，就是软银的孙正义本身一定不会支持因为企业行政权的不稳定影响其利益。孙正义本身是长远持股获益的笃定者。在这一方面来看孙正义维持着企业平衡。而马云团队是保持企业稳定发展的最佳管理团队。所以在当时来说获得10亿美元的投资之外，夺权风险基本不存在。

但是到了2010年，一切发生了变化。雅虎掌舵人杨致远下台，新任的雅虎CEO卡罗尔·巴茨急欲提振当时萎靡不振的雅虎股价，并想有所作为，而当时雅虎的投票权限制协议也即将到期。雅虎的目标逐渐开始转向阿里巴巴集团的控制权。在此之前马云团队已经逐渐感到危机，欲回购阿里巴巴集团的股权，遭到拒绝。这个时候，如果不是有孙正义维持平衡，相信马云团队很有可能被踢出局。也就是因为企业平衡者的坐镇，让马云团队暂时得到喘息的机会。而马云，也开始有计划地实施反击。为了能够让阿里巴巴集团的控制权不至于旁落，马云开始制订计划。

谁也想不到，最终决定胜负的关键，是多年来一直不怎么赚钱的支付宝。支付宝作为一个第三方支付平台，虽然多年并未给集团带来多少盈利，但实际上却成为链接电商业务产业链的重要一环。

2011年，央行要发首批“非金融机构电子支付牌照”，只有拿到牌照，支付宝才能够继续运作。当时，按照央行的新规定，有外资背景的机构要想拿到第三方支付牌照，需要报国务院审批。毫无疑问，当时阿里巴巴集团不能直接申请，但这也成为马云团队翻牌的机会。经过了数轮的博弈，2011年5月11日有消息传出，阿里巴巴集团已经将在线支付公司支付宝的所有权转让给马云控股的另一家新公司。虽然当时支付宝私有化为行业内所诟病，并称其“违反契约精神”，但商场上的博弈其实无法用道德划分，有的只是成王败寇。最终马云因为牌照发放新规定作为筹码将支付宝收归囊中，成为其独立公司的一部分，这样一来，牌照如愿以偿拿到的同时，支付宝的争夺战马云胜出。

当时作为马云团队来说，拿到支付宝毫无疑问成为能够保证掌控权不旁落的重要筹码。除了因为其本身的商业价值，也在于其在淘宝系的重要作用。但支付宝被收回带来真正的效果显现，却并非在其主业务上，而是在金融市场。

在支付宝被私有化的消息传出后的第二天，雅虎股价大跌一成并陷入低迷。而没过几个月，也就是2011年的9月初，雅虎的CEO卡罗尔·巴茨就因此次支付宝的问题引发的股价大跌以及整体运作不佳而下台。她下台之后，雅虎股价大涨7%。其实也表明了股东的态度。后面的事情就好处理多了，因为从卡罗尔·巴茨掌权开始，就比较针对马云团队，在雅虎中国的运作问题，以及争夺阿里巴巴集团掌控权方面不断与马云交锋。她的下台，就意味着雅虎新掌门一定要给股东带来提振股价的好消息。那么阿里巴巴集团的掌控权已经不重要了，重要的是——利益。所以马云团队回购股份就变得顺理成章了。

经过一系列的谈判，2012年5月阿里巴巴集团确定将回购雅虎一半的股份，也就是阿里巴巴集团20%的股权。而阿里巴巴集团为了缓解资金压力，开始吸收一些私募投资成为股东。但这次吸收的形式，是多家吸收，避免了再出现掌控权不稳定的局面。马云团队在通过这种多家吸收资金的方式巩固股权的同时，还保证了资金流不出现问题。到2012年9月18日阿里巴巴集团对外宣布，对雅虎76亿美元股权回购计划已全部完成。阿里巴巴集团回购雅虎手中持有的20%的公司股权，至此，马云团队再无后顾之忧。而雅虎呢，几年就获得了近10倍的收益，对股东也算有了交代。

当马云团队逐步解决了掌控权危机之时，也开始了对公司业务的整合。通过多年来行业基础的建立以及产业链的完善，让阿里巴巴集团具有走向更大市场的机会。在整合企业交流、商户交易、垂直经销平台、企业软件服务等诸多业务后，调整淘宝、一淘、天猫、聚划算、阿里国际业务、阿里小企业业务和阿里云为七大事业群，并开始由这七个事业群向形成整体巩固经济产业链条大体系迈进。

这方面，阿里巴巴集团做了以下努力。第一，就是先将旗下阿里巴巴香港上市公司退市私有化，为将来整体上市做准备。同时，剥离支付宝为单独上市做准备，这样可以作外围接应，以防将来再次生变。第二，明确了目标。以三个主要方向作为目标。首先将企业整体作为未来经济平台。从事业群内原本的小链接向更有效率的大循环系统运作转变。从自己面对消费者，转变为支持网商面对消费者，充分发挥阿里巴巴集团业务的平台作用，而不是参与者的作用。其次建立国内企业发展平台。将“信用”作为企业抵押品，从而成为创造力的企业成长孵化器。这一点的发展其实很了不起，因为这是政府多年来一直想要做，却没有做成的事情。如果这个方向做成，阿里巴巴集团不仅成为这些企业的资金后盾，还能因此获得稳定的新收益突破口。并且突破性地从电商走向金融业，开辟新的产业连接点。最后就是通过自己的产业链获得的独特优势资源，变成经济信息的收集部门，从而为企业提供相关服务，让企业能够在这个平台更为有效、更为准确地获得最新的经济信息以调整企业战略。这一点也是非常了不起的一件事情，在拥有绝对稀缺性资源的同时，还有效成为经济大发展的助推器。这一点如果做到，将为整个经济的运行起到指向标的作用。

相信，未来电商格局鹿死谁手，谁也无法预估。但马云以及其领导的阿里巴巴集团的企业王国给国内电商乃至所有民营企业带来了一种新思路，那就是如何做到有效的产业整合。

电商竞争危机的破解密码

我国电商企业近些年发展突飞猛进，尤其是在 2007 年以后，电商企业在历经黄金发展期之后，到 2010 年开始进入一个恶性竞争的时代。其核心竞争力也有了巨大的变化，其博弈的环境、态势、内容都有着很大的不同。不过有一点是可以肯定的，那就是随着竞争的加剧，各个企业的生存空间与利润空间越来越狭小。我们就来总结一下国内一些特征较为明显的电商生存态势及其征服市场的策略特征。

第一类就是在电商领域称霸多年的企业，这里面的佼佼者就是阿里巴巴集团。这一类的企业有着行业内多年的管理经验和竞争优势。但市场的竞争瞬息万变，尤其是在数雄并起的电商业。在这个大家都有机会坐庄的年代，想一直保持领先并非易事。

阿里巴巴集团在这方面也做了不少工作。首先就是不断地升级主要业务网络，并完善其产业链接，做到拥有独特行业竞争力这在已经同质化的电商领域非常难得。从其淘宝系的天猫商城来看，先是从整个淘宝系独立出来，然后确立独立的“天猫”品牌。从马云团队的未来规划可以看到，其发展规划是完善自己的平台，更强化其平台属性，为的是吸引更多的网商参与。

也许这么做的运作效率与自营的电子商城相比稍逊一筹，但却搭建了更加多样化、更有活力的商家运作平台。同时这里面的多商家进入的优势是一种滚雪球的态势。也就是说，其未来发展导向是一种多风格但统一管理的模式。这种模式不但能够逐步拓展其竞争力，还可以降低直接运行成本，并有效整合产业链效率。

第二类就是掌控电商产业中的关键点进行品牌扩大化或者产品专业化。这里面做得较为突出的就是京东商城、凡客、当当、亚马逊等，他们的特色非常地明显。

京东商城是不遗余力地把“大物流”系统平台做好，在这一方面京东商城做到了绝对的专业化。其老师亚马逊的物流是建立在图书出版物类的基础上，而京东商城是以家电为起点，其物流面对的难度更高，且行业所处环境也有所不同。因此京东商城的物流系统，是以亚马逊的管理方法经改良加工之后，以更精细的方式做出来。

京东商城不仅注重其物流的运输速度和时间控制，更重要的是，用“物联网”的概念帮客户建立一个立体的购物观感。在促进客户体验的同时，也能有效地进行监督从进货到出货，再到运输直到送到客户手中的全过程。从这方面来说，不管京东商城未来如何发展，是否能成为“百年老店”，最起码其物流系统堪称教学典范，连前辈亚马逊也自愧不如。

凡客抓住的点是借助产品的优势打造自有品牌，然后通过新型的网络宣传进行营销。可以说其主要精力都放到了抓住顾客心理和营销上面，由此打造了一个网络服装品牌。能够在国内行业较为低迷的情况下做到如此实属不易。不过随着中层消费市场的萎缩，其品牌的低端化发展导致利润率成为其生存的主要障碍。

而当当网是借助整个图书产业的需求变化逐步脱颖而出的，并伴随着图书产业的发展进行了有效的专业化调整。其实亚马逊与当当的竞争核心也差不多，只是亚马逊的国际背景以及其丰富的国际运作经验，让其物流系统更有优势而已。

第三类就是借助实体产业辐射到电商领域的企业。这类企业的代表就是苏宁易购和国美商城。国美因高层内部的博弈，导致业务相对落后。而苏宁的辐射能力则更强。苏宁是借助自己的实体家电商场的全国性覆盖，先占领了家电行业优势，以地产等其他副业作为资金后盾，然后再进行兼并重组，最后对电商领域进行全行业的覆盖。从其实际运作情况来看，不管是其多元化的网络整合，还是其物流的再投入，都进行得如火如荼，并且实体店和网络电商齐头并进，共同进入百货业。

由于苏宁家电商场的优势，让其电商领域和实体百货领域均有突破。不过有一点可以看到的是，在其发展的过程中稍显杂乱，电商与实体店之间没有理出头绪，这也是未来苏宁此类企业的发展瓶颈。多元化很容易就出现摊子过大，供血不足。

第四类就是借助网络优势进入电商的企业。这一类其实也是淘宝系等巨头最为担忧的一类。这类的代表是腾讯，潜在的对手是百度。他们的资金规模自不必多说，从其资金量来说这两家网络巨头与阿里巴巴集团的实力最为相近，因此也容易产生竞争。虽然说这三大巨头之间不断有合作，但其未来的竞争是不可避免的。

先来说一下百度。百度自然是借助搜索引擎等优势资源来做。对这一点马云团队早就开始提防，所以在2010年开始就与搜狗合作，将一淘网独立出来，实际上就是为了防止百度的电商扩张。百度作为国内第一搜索引擎，如果认真发展电商，其营销方面的优势非常强大。不过由于2010年百度试探性进入电商领域总体运作并没有做大，其参股的乐酷天在2012年倒闭，所以暂时没有成为马云团队的对手。

这也是阿里巴巴集团的防微杜渐之功，有效地阻止百度入侵。不过随着电商竞争激烈，一定会有逐步被淘汰出局的电商，这里面会不会有商家成为百度的猎物尚未可知。从行业趋势看，百度再次涉及电商 B2C 是早晚的事。

再来说一下腾讯旗下的电商业务。腾讯的成功其实本身就是“复制”能力的见证。腾讯最强大的地方并非其网络帝国的规模，而是不管什么，只要是网络上有赚钱机会的东西，它都能快速并成功地“复制”过来。其复制成功率之所以这么高，就是因为它在进入自己优势产业的转化过程中进行了提升，并非单纯的“拿来主义”，而是通过与自己网络优势的结合形成产业链整合，并且发展速度奇快。从其旗下的拍拍网到 QQ 商城，我们都能看到国内外其他电商模式的影子，其有效地整合到自己业务之下并融为一体的能力非常强大。最可怕的是其强大的合作兼并能力。腾讯旗下 QQ 网购分别由珂兰钻石、好乐买、易迅、1 号店、凡客、麦包包、当当等 7 家垂直电商各自肩负品类频道的运营和供货。在 2012 年中，腾讯悄悄地将拥有强大物流优势的易迅网收入囊中，拓宽了自己电商领域的同时，也为在物流方面的建设做铺垫。

从这一方面来说，这个复制能力超强的网络巨头是最接近于阿里巴巴集团的网络电商了。也就是说腾讯其实已经具备能够与“淘宝系”相抗衡的潜在实力了。从这方面来说，电商企业从单一产品主业竞争，变成了不同量级的整体业务竞争。所以对消费者来说未来不能说哪一个电商企业是卖什么的了，而是哪一家电商性价比更高的问题。

不过从国内电商的发展态势来看，都避免不了一些弊端。第一，就是发展越来越同质化，让本属不同产业的产品网络销售变成了一锅粥式的全面化销售。这样造成的结果就是狭窄空间下的巨头较量，逼迫各大电商合纵连横，加快“战国时代”的淘汰速度。

即使是这种互相合作的形式，也无法阻止恶性低价竞争带来的恶性循环。未来必将经过一个淘汰、整合、再淘汰、再整合的过程。当整个行业趋于稳定的时候，基本这个桌上的牌友就剩不下几家了。

第二，就是资方的威逼。这一点，连实力最为强大、资金最为稳定的电商霸主阿里巴巴集团都不能幸免，更何况其他电商。这些电商的基本构成都是以专业化产品销售为起点，然后借助概念和市场扩张，吸引投资，当资方入驻后就开始逐步淘汰创始人团队，然后以上市套利为最终目的，这一点前面已经说过，所以最后能够留下的创始人团队寥寥可数。在这种前提下，就免不了不断出现电商掌权人易主，而公司只能惨遭或整体打包卖出，或分拆卖出的命运了。

国内电商的发展从目前来看似乎是全面开花的年代，而实际上其成长与发展不过刚刚起步。在起步阶段，会冒出很多美丽的泡泡，但是稍一不慎就会破碎。而真正能够长久生存的，依然是能够把脉产业链，有效控制成本并能够保证稳定的净利润率的企业。哪怕这个企业规模不是最大，哪怕这个企业净利润率不高，却可能是坚持到最后的赢家。

第五章　后危机时代演艺界的生存模式窥探

近些年，各行各业都在危机当中运行，但相对来说演艺界面临的问题又有所不同，在这个圈子之中，不管是明星还是媒体公司都有着自己的生存方式。在这一章中，将会选取一些案例来分析，在这个经济危机时代里，演艺相关行业都有着什么生存和发展的绝技，是如何让自己立于不败之地的。其关键是对市场的心理趋向的把握如何，以及能不能及时进行矫正。

选秀节目的“复制”模式和市场新趋向变局

在全球经济危机爆发之后，有一些电视综艺选秀节目脱颖而出，而有一些却悄悄逐步走向衰落。像是曾红极一时的“超级女生”系列以及其衍生出来的“快乐男声”等，都不同程度地由盛转衰。其实每一个节目本身都是有其商业价值时限的，就算最后会衰落也不算奇怪。但 2010 年，一档叫“中国达人秀”的选秀节目却火遍了大江南北。此后国内选秀类节目不断以此为起点“复制”，形成了全民选秀的热潮，一直到 2012 年后出来的“中国好声音”“我是歌手”等更掀起了选秀类节目的高潮。到底为什么选秀类节目在沉寂一段时间之后，再次焕发青春呢？我们就从“中国达人秀”“中国好声音”“我是歌手”等几个节目的商业运作开始逐步剖析。

毫无疑问，此类电视选秀节目在中国已经不甚新鲜，甚至令人有些审美疲劳。但“中国达人秀”为什么会有这么好的反响呢？我们就要先从“达人秀”这类节目的发源处“英国达人”说起。英国达人（Britain’s Got Talent），是英国独立电视台制作的选秀节目。2007 年的 6 月初开始播放，节目的宗旨是为了发现表演人才。这个节目的具体规则在这里就不再多说，我们只看其商业规律。

节目播出以及火爆的时间点非常有意思。因为英国达人刚刚开播时恰恰是次贷危机爆发之时，从 2006～2007 年，次贷危机虽未波及全球，但英美等国已经开始受到影响。这个时候大众往往通过娱乐缓解压力。值得注意的是，该节目在创立之初并没有马上引起巨大反响，而是随着经济环境不断恶化才开始越来越火爆。尤其是 2009 年的苏珊大妈引起了全球关注，这位长相毫无明星相的大妈唱出了《我曾有梦》，瞬间震撼人心。

在这个后经济危机时代，尤其是在次贷危机引起的全球金融风暴过后又出现了欧债危机，让全球动荡不已。失业率大增，安全感指数已经降到冰点。此时综艺类节目、电影、电视剧都会走到一个相对高峰值。特别是电视选秀类节目，越是接近于平民，越会受到欢迎。因为这种节目会给人一种代入情结，台上那些普普通通的业余表演者就像是自己的替身。

大众呼唤公平竞争机会的呼声越强烈，对于苏珊大妈的关注就越多。加上长期郁郁不得志的人实在太多，每个人都希望能一鸣惊人，并达到最大程度的满足感。而这些，苏珊大妈替他们实现了。由此，英国达人逐步被全世界所接受，中国自然也会有引进此节目模式的冲动了。

在这里要说的是，我国综艺类节目很善于“山寨”其他地区或者国家的节目，也很善于“山寨”自己。但是真正能够“山寨”成功的却寥寥无几。因为，很多节目只是“山寨”了形式，却并没有复制出他们的精髓。就像“非诚勿扰”节目成功后，有很多地方也推出类似节目，但没有更成功的。其实做电视节目，同其他的商业形式没有太大区别，都是要抓住市场，抓住观众的心理。当一个节目掌握了主流观众的心理之后，就等于找到了成功的方向。

毫无疑问，以买版权的方式举办“中国达人秀”的东方卫视是聪明的。这种聪明，不是在于其以“不山寨”作为节目亮点，而是因为这种全方位的版权购进，直接把整个节目不走样地引进来。这相当于直接买了一个生产流程、一条流水线。所以同样把整个商业模式也复制了过来。虽然说东方卫视需要花费200多万元的版权费，跟“山寨”节目比似乎有些不划算。因为就我国目前的现状来看，即使不购买版权自己做一个类似的节目也不会有多大问题，但这种看似“多花钱”换来的版权，却有着山寨节目所不具备的市场战略优势。

节目打响的口号是“相信梦想，相信奇迹”，走的是平民路线。这与英国达人的节目宗旨基本是一致的，都是非专业人士的舞台。而“中国达人秀”的节目宗旨更加深刻，不仅仅是为非专业人士提供的一种机会平台，更多的是对社会弱势群体的关爱、关注，节目中更能表达出一种人文情怀。

因为虽然都是在经济疲软的大环境中，但英国和中国的社会生存环境、保障体系等诸多因素都很不相同，“中国达人秀”开播的2010年，正值国家4万亿经济刺激计划成效开始消失，各地方通货膨胀，企业生存困难，人口失业率增加，贫富分化日趋严重的时候。这个时候，社会大众往往就有一种呼吁社会公平竞争的愿望。这种愿望，潜藏在社会的各个角落、各行各业，而社会大环境又是一时无法改变的。

这时候“中国达人秀”的出现，更像是一股清风徐徐吹来。“中国达人秀”非常有针对性地进行了海选和复赛。也就是说从弱势群体、社会底层人士中进行有针对性的选拔，让整个社会产生共鸣。

整个节目的选择方向，基本是三种。第一，就是以“怪”作卖点。各种奇怪的人，奇怪的绝技，令人眼前一亮，或者是像苏珊大妈一样相貌极为平凡，秀出的节目却非常震撼。这一类的选择是为了突出“奇迹”的感觉，让大家觉得这么普通的人也会出人头地，那么观众就会有非常大的认同感。

第二，是以“哭”为卖点。就是用一些感人的真人真事去迅速触动观众的“哭”点，寻找那些在社会底层为了保卫亲情、爱情、友情所付出努力的人们。这些人的才艺不见得高，却更能引发观众的共鸣。

第三，就是突出“绝”。世界之大无奇不有，观众们是非常喜欢看到各种绝艺的。各种平时综艺节目中很少看到的民间绝技在节目中都可以展示出来，让人眼前一亮。当然一些不适合在电视中呈现出来的高风险级节目，观众往往不太能接受，加上相关部门的规定以及可能引发的社会负面反响，自然就被淘汰掉了。

再来说说评委组，评委的选择也是非常有商业考量的。基本上评委就代表了前面所说的三种选拔方向。一个注重平民化走向，一个注重人文关怀，打感动牌，这就需要一个女评委，而最后一个注重“品质”，就是绝活的质量。所以整体架构就是，节目选拔宗旨体现了社会价值感共鸣，而评委选择紧紧围绕着节目选拔的三个方向，最终使一台大戏转了起来。

所以这样的节目优势在海选阶段就非常惹人关注，后面反而不需要花费太多精力。因此制作费不会太高，节目制作费仅占到“快乐男声”的一半，不过也就是因为这样，后面没有太多的惊喜，所以到了复赛、决赛阶段收视率反而没有那么高。

并且此类节目同唱歌类选秀不同，自己的压箱绝活基本在开始就已经展露，到了节目后期反而没有太多惊喜。唱歌则不同，因为唱歌可以不停地换歌曲以及配合不同的舞台背景包装，可以不断变换新意。这也就是为什么版权方坚持按照自己制作节目程序的原因。虽然节目按照本土化相应作了一些改变，但节目流程的大方向还是按照英国达人的制作流程。这也就不至于让节目本来的“亲民”“奇迹”“惊艳”三个大原则走板。也正因为这样才符合了观众的心理走向，创出了收视的新高。

“中国好声音”与“中国达人秀”相比，有着异曲同工之妙，其幕后制作团队就是制作过“中国达人秀”的团队。

这支包括制作、推广的队伍由东方卫视“转会”到星空卫视，随后接触“The Voice”荷兰版权方，最后拍板由此团队来制作完成中国版的“The Voice”，播出权最终落入浙江卫视手中。相比较上次东方卫视制作“达人秀”，“中国好声音”的引入过程则显得更加市场化，因为此次节目已经实现了“制播分离”，制作方有更大的选择空间，最终由市场来决定。从长远来看，播制分离将会成为各节目必然走向。

而从音乐方面讲，音乐行业的不景气导致了一股怀旧风的兴起，“中国好声音”的选手很多也在翻唱经典老歌，必然吸引此类的观众群。当然此节目能够成功，最大的卖点不仅是这些，最重要的是凸显“公正”“公平”“任才为先”的卖点，必然引起80后、90后的深切认同感。虽然在选手晋级过程中会有争议，但大的方向是对的。尤其由四位音乐界重量级人物做评委并以收徒为形式，背对选手以“声音”为评判做唯一标准，这就更容易将一些实力歌手选拔出来。

事实上我们也能看到，能够到现场参赛的选手基本都是坚持梦想的北漂一族，或者长时间从事音乐虽没有多大成绩但有实力的人。最终也就让节目抓住了观众的心理“G”点，并释放出了节目的正能量。当然，随着后来对一些选手资料真实性的争议，也曝出了节目组着意打造“励志故事”的问题，不过这确实也说明了市场的趋向如此，节目也就顺应市场这么做，虽然难免遭人诟病，但此“营销策略”确实很成功。

而随着节目进行残酷的PK令大家更加关注。因为任何成就，不仅要有“公平”的环境，还要有“竞争”的意识。这也就是为什么“中国好声音”收视率并没有随着初赛结束而下跌。这也是“中国好声音”与“中国达人秀”的区别之处。

最后来说一说“我是歌手”及其相关的成功架构。与“中国达人秀”和“中国好声音”不同，“我是歌手”的参赛选手都是已经出了名的明星，它的卖点不在于“新”而在于“老”。在这种状态下，往往很多歌迷都在怀念他们或者他们的成名歌曲。这个时候突然出来这么一个供其重新表现的舞台，并且以竞技的状态，必然会引起几代人的共鸣。不过，“我是歌手”之所以能够火爆还有以下一些原因。首先就是“中国好声音”起到了模板效应，选手红了，那些“老师”则更红，身价也更加倍增，这样也就必然刺激更多老一代的优秀歌手出现在舞台上。其次就是“我是歌手”隶属于老牌娱乐王者——湖南卫视的麾下，该电视台利用其自身多项资源包装节目，同时又有“百变大咖秀”与之遥相呼应，由此将娱乐性、宣传互相传导，使“产品营销”达到了事半功倍的效果。

总而言之，这几档节目之所以成功，就是能够把握到节目的市场卖点，这是能否做好一个节目的关键所在。在细节的执行方面也需要更加有针对性，而这一点，目前国内众多的综艺类节目中很多都没有做好。

其实，毫无疑问，综艺类节目的目的就是让大众娱乐放松，但这不意味着节目要娱乐大众。大众的心理如果抓不住，就是差之毫厘谬之千里。我们会发现，这种原版引进的节目成功率相对会比较高，而本土或者山寨节目却很少能够抓住观众的心。尤其在2007年以后，能够抓住观众心理，进而进行针对性的节目制作，才能成为被市场接受的节目，才是一个合格的产品。

如果单纯以无厘头搞笑或者偶像选秀，自然得不到市场的承认，而被淘汰。实际上，近些年国内电视台和节目组也开始出现了市场竞争的态势。

电视节目制作产业的转型竞争魔力

近些年来，国内电视台的生存格局发生了一些变化，由原来的央视一家独大，变成了各家电视台以娱乐综艺节目做基础，收视率为目标的“民营化”竞争。虽然说电视台并没有民营化，但却出现了类似的市场化竞争的发展趋势。这一点，对中国媒体来讲是一个巨大的进步。

影响各省级电视台逐步开始走向市场化的最重要的原因之一就是传播的进步。近些年来，由于全国各地卫星电视的普及，让众多电视台的竞争平台趋于一致。在整个大平台一致的前提下，电视市场化的竞争机制就一定会出现。

而领头的就是湖南卫视。从“快乐大本营”到“超女”系列的选秀节目，一路走来一度让其他地方电视台黯然失色，甚至连中央电视台都艳羡不已。令人吃惊的是，湖南与北上广不同，并不属于全国经济发达地区的电视台，但却能一路领先，这不得不说是因其在全国较早实施内部体制变革的原因。

1997 年从湖南卫视建立开始，就针对市场观众推出一系列在当时国内比较新鲜的节目，由于新台新作风，相对思想包袱不太重，很多新节目也就允许放开手脚去制作。尤其当时的“快乐大本营”时至今日经久不衰，原因就是该节目针对性强，找一些具有特别才能或者亮眼的表演团体表演，并时常请明星助阵，能抓住年轻人的心。这就是产品针对市场的细化营销。而其他节目的推出也是针对不同人群，包括老中青和孩子。这样一来，与其他较为刻板的电视台比起来竞争力自然大幅提升。另外，湖南卫视属于当时开播较早的卫星电视，首先就有着较强的平台竞争优势。

但湖南卫视能越做越大，最重要的是其很早就开始企业化运作。这里面功劳最大的自然是湖南台下属的电广传媒。这家公司的前身以广播电视广告为主要业务，在不断的改组以及壮大之后，1999 年得以成立并上市融资。电广传媒的上市等于给湖南卫视解决了后顾之忧，也就是说只要有好的创意，就可能立刻实现。虽然说这样从监督角度来看带来了一定的风险性，不过在当时缺少活力的大环境下自然是有着很强的竞争优势，电广传媒也依托湖南电视台的地方优势和明星节目不断盈利。正是由于灵活的节目创作以及资本市场借力带来的资金后盾，逐步把湖南卫视带上高峰。

2003 年湖南卫视改版之后更是越做越好。2004 年，“超级女声”横空出世，这是全国首次以平民参与的形式举办的唱歌类选秀节目。众多“民选明星”的粉丝呼喊着歌者的名字，与蒙牛的一年捆绑结合也成为电视节目商业运作典范。

而这场热潮一路把湖南卫视捧到 2009 年达到巅峰。到 2009 年 5 月，湖南卫视国际频道落户香港，并成为全国首家国际性的地方电视台。另据央视索福瑞数据显示，湖南卫视 2009 年全年整体收视排名全国上星频道第二名，仅次于中央一台，广告收入已突破 20 亿元，可以说湖南卫视的市场化威力巨大。此外，其投资开始出现多元化，从自拍电视剧到电影投资，甚至进军网游。12 月，湖南卫视与淘宝合作，将电子商务与媒体娱乐相结合开发周边产品市场。资本运作已经逐步进入系统化发展。成了全国各地方电视台学习的榜样，使得这些地方电视台的发展有了长足的进步。

由于湖南卫视多年以来的这种电视与商业的有机整合，让全国各地方台也都逐步学习和进步。尤其在2010年以后，国内经济形势一片暗淡，经济压力逐步加大，观众对综艺类节目的需求也与日俱增，加上由于大环境变化已经让观众的欣赏趋向产生了变化，所以全国各电视台逐步开始出现百花齐放的状态。很多的电视台品牌节目频出，市场商业化气氛逐渐浓厚起来。虽然过于商业化可能让某些节目出现低俗化倾向，不过这些都会逐步通过市场运作消化掉。因为节目质量的高低与收视率密切相关，一时的噱头往往无法让节目持续生存。

2010年以后东方卫视的“中国达人秀”，江苏卫视的“非诚勿扰”，2011年天津卫视的“爱情保卫战”，2012年浙江卫视的“中国好声音”等，名牌栏目不再集中于某一地方台。最重要的是由于市场化的催生，让“制播分离”成为了新的形式，这样各电视台的竞争更加激烈，必然也就会催生更多受观众喜爱的新节目和好节目。

正是由于各地方台的竞争，让长时间处于垄断地位的央视也开始居安思危。随着市场环境的变化，地方电视台的网络覆盖逐步扩大，必然对央视产生一定的威胁。所以央视也不得不进行一系列的改革，来应对地方台的冲击。

其实央视一直有着其独特的优势，比如覆盖率在95%以上，收视份额占全国收视市场的30%以上。另外其独特的国家电视台的背景，让其公信力比地方台要强大得多。所以其新闻类节目一直领先全国。但近些年来凤凰卫视异军突起，以其客观真实、平和、亲民以及大事件硬新闻采访速度快而崛起。相对来说，凤凰卫视由于是市场化的产物，很多事情不必顾虑太多，所以新闻既快且准，分析也较为刁钻。很多原央视名牌主持人也纷纷落户凤凰卫视，更吸引了大批年轻受众。

在综艺类节目已经落后于地方台，新闻类又被凤凰卫视追打，央视自然要奋起改革。先是从2009年起开始调整节目以及更换主持人，以更加年轻、形象佳的主持人加入新闻类节目，一改原先此类节目沉闷的形象。2010年，央视又进行了一次非常大的改革，由原来的中心制改为频道制，就是把权利下放到各个频道中，由各个频道独立负责，增加了各频道的灵活性，可以轻装上阵去独立制作节目。虽说没有地方台那么大的自由度，但对于多年来一直未改变的央视来说已属难得。当然，想要让这样一个国家级电视台立刻完全市场化也很不现实，但电视台逐步市场化已经是业界的共识了。

当然，电视传媒的发展还是离不开大环境的变化与相关制度的制约。欧美国家传媒业几乎全部民营化，因此相关产业非常发达。当然国情不同，相关的制度也就有不同。随着后经济危机时代娱乐节目逐步爆棚，社会舆论逐步趋于负面，广电总局2011年7月起开始限娱令。该限制令旨在防止娱乐节目过多过滥。

这一限制令也改变了各电视台的竞争格局，很多电视台见招拆招，比如把某些节目归为情感心理类节目，或者变成一些体育类节目。由于节目时间以及数量限制，反而加速了电视剧相关产业发展。

各电视台开始了电视剧的争夺战。除了抢夺首播权，更多的心思也用在了自制剧上。湖南台一早就尝到了自制剧的甜头，而其他一些较为强势的电视台比如北京电视台、东方卫视、江苏卫视等也轮番上马自制剧。相对来说由于这些电视剧软性广告植入比较容易，因此盈利点也较高。

各地方电视台逐步开始走向具有本台优势节目的专业化方向。这样，除了避免因为节目雷同导致恶性竞争之外还能固定观众群。比如湖南卫视被定位为芒果台，江苏卫视被定位为荔枝台，东方卫视被定位为番茄台，等等。这样专业化发展，细化发展方向，必然让整个电视媒体得以健康平衡的成长。相对应地，一些二线电视台往往因资金与技术跟不上很容易被市场所淘汰，这就是市场的选择。

最可怕的不是市场的选择，而是行政方面的干预。因为不管哪个行业市场发展都有其独特的发展规律，短期难免出现一些负面结果，不过长期走向必然是优胜劣汰。而过于干预一个行业往往可能造成整个行业出现问题，比如相声行业就是被过于干预导致整个行业出现了问题。而在近几年相声行业重新焕发生机，又是因为相声本身重新走入市场化的结果。相声行业又是如何起死回生的？该行业又是如何发展的？其实主要还是因为符合了社会大众需求。

曲艺、相声的产业化新生商业模式探究

相声，一个本来已经进入时代记忆的曲艺品种，正当大家逐渐淡忘之时，却在2000年后再次出现在大众的视线里。这里面有很多相声人的努力，不过真正把相声推向更多的社会大众，并将相声甚至整个曲艺作为产业化发展的，还是郭德纲的德云社。

从开始进入人们视线的时候，郭德纲就伴随着官司和争议。而这也是让全国观众开始注意他的原因之一。当然这些都是客观因素，最重要的原因是他确实有足够的实力。常言说，机会总是留给那些有准备的人，这话一点都不假。当他在小剧场逐步一点点做出来之后，成功也就成了必然的产物。

然而，在郭德纲成功前大家都很团结，剧场演员也人才济济，为什么成功之后反而不断地有演员离开呢？其实原因很多，下面我们就从经济的角度分析。从相声的初始发展到所谓新相声的崛起和没落，一直到郭德纲所带领的相声团体的成功，及成功之后出现的问题，我们逐步来剖析。

其实从经济角度来说，相声是一个市场经济的产物，从百年前的撂地，到后来的茶馆、小剧场，这是个真正为了普通老百姓而生产出来的“产品”。为了迎合老百姓的兴趣和审美取向，出现了京、津两派相声。其实本不该分门派，因为到后来相声演员已经逐步把两派所长糅合到了一起，但毕竟京津两地的相声各有特色，于是我们就给归类于两派了。

北京是百年皇城，一些没落的贝子贝勒等因为平时喜欢曲艺故事，就把一些书本上的才子佳人、帝王将相的故事改编到相声里，很多人就是为了混碗饭吃，可是由于适应了北京本土的文化气息，自然也就形成流派站住了脚。而天津是曲艺之乡，当时一般都是中下层的艺人进行创作，他们所创作的基础就是老百姓的生活趣事，以及用自贬自嘲的方式来表演，于嬉笑怒骂之中让大家感觉到生活的乐趣，就好像自己的邻居和朋友闹的一些笑话一样。所以不管是哪一派，都是为了适应当时的市场环境。

解放之后所有的艺术品种都被赋予了政治意义，那些单干的街头艺人逐步被剧团吸收，没有了残酷的市场竞争，也就没了危机感。加上很多演员也没适应过来新环境，新的作品也就不那么多了。

当十年浩劫结束，改革开放刚刚开始，由于长时间的娱乐枯竭，当时所有人都像一块儿干海绵，特别想吸收新的娱乐及知识，但又特别需要思想指引。这个时候，以马季为代表的新一代相声人出现在大家的眼前，并迅速崛起。到了80年代中期，一大批新相声的后起之秀开始崭露头角，像姜昆、冯巩、牛群等非常受观众的欢迎。但后来，相声逐步被赋予了更多宣传和教育职责，背上太多包袱，加上小品的竞争也让相声市场流失了很多人才，逐步变成了吃老本型和哗众取宠型，慢慢地背离了市场需求，自然也就开始走向没落。

新世纪之后，当人们逐步解决温饱，物质生活越来越好，但精神压力逐步加大的时候，郭德纲的以"实话"相声为主线、传统相声为依归的返璞归真的艺术形式，让人们眼前一亮。因为，生活中面具、虚假、套话、官话太多，人们自然愿意听一些让自己觉得舒服的并用搞笑来铺垫的实话。

另外，这种新相声往往就是讲述了身边的事情。尤其是在后经济危机时代，整个社会经济压力加大，也会带来某些不公正现象，很多负面情绪压抑在大众心里。相声是时代的产物，必然要适应于时代。这时候这些新相声的倡导者就把身边一些不公平的事情用嬉笑怒骂的方式讲出来，从另一方面让大众的心理压力得到了宣泄。也正是因为如此，才会引起一些人的诟病，被认为属于"三俗"。实际上相声本身就是一种雅与俗并存的东西，可以看到市场就非常接受这种形式。

更难能可贵的不单单是郭德纲把人们带回了小剧场，而是他把相声这种传统的艺术再次带回了市场经济的运作当中，并真正商业化运作，以市场经济为依归将相声作为产业来进行运作。

小剧场也是作品、演员的孵化器，能够帮助"生产"更多的作品，锻炼更多的演员。这也就是郭德纲在功成名就之后依然不放弃不能赚大钱的小剧场的原因之一。而之所以他在业内树敌多，也正是因为他的营销目标是观众，而不是上级部门以及吃惯垄断甜头的同行，所以自然在言谈、举止、行为上会得罪同行。实际上，虽说这只是相声行业的变革，其实也像是民营企业打破铁饭碗的开拓行为。由于民营相声团体逐步打破垄断改变了市场格局，带来的往往是舆论与管理层的双重压力。

郭德纲虽然成功了，德云社的品牌也逐步建立起来，但是凸显出很多内部管理的漏洞。因为随着时代的发展，虽然传统相声开始逐步回归，并受到欢迎，但是传统相声艺人那一套经济行政管理手法却已经不能适应新的时代。这也就是为什么在成功之后他的搭档和徒弟逐步退出的原因之一。

其实相声团体和一般企业的运作已经没什么两样。以传统的认师父、认干爹的形式来避免演员的退出，这本身已经是很大的问题。因为以前的艺人本身社会地位不高，赚的钱也不足以大富大贵，为了温饱让大家团结起来互助互勉，相声以拜师和认亲为基础逐步形成了强大的关系网络，这个关系网络也就自然能够对演员的个人行为起到制约的作用，但现在已不再适用（赵本山的团体是例外，不过也有他自己的问题，今后还会专门解读）。所以这也就是为什么郭德纲本身在圈内树敌但依然可以牢牢站住脚的原因。

这个时候，合同的制约以及给下面演员逐步建立上升通道的运作系统就显得很重要。因为当一个演员尚未出名的时候，他自然会借助你的平台好好为你服务。而一旦他的名气大增，这个小剧场的平台自然满足不了他的需求，这个时候不应该限制他的发展，而是应该建立一个能鼓励他向上继续发展的系统，转变职责，由普通的演出团体转变为专业化针对该演员的经纪公司，演出计划变为经济运营。

从近两年来看，这方面郭德纲做得还是不够。他还没有建立起一个完整的体系链，所以德云社旗下演员一旦成名也就开始有所异动了。当然在2011年以后，德云社团体逐步完善了合同化和企业化的运作，这也是一大进步。

最后来说一下危机公关。2010年的“倒纲”事件可以说让郭德纲甚至让德云社的品牌都摇摇欲坠，直到2011年才逐渐恢复元气。起因是徒弟打记者。客观地来讲，这件事原本不会影响到他的名声和德云社。原本的徒弟打记者事件也是个小事件，就是闹大了也不会造成暂停演出那么严重，甚至遭到全国媒体口诛笔伐。

但因为郭德纲在演出的时候把个人的观点和看法“发泄”了一下，才一下子捅了马蜂窝。本来与同行就不和，这样更成了众矢之的。我在这里不评论谁对谁错，还是从经济与管理角度来分析。从这一系列事件从小到大的发展，甚至徒弟和师弟都趁机离开德云社，说明德云社尚未建立企业管理的核心概念以及危机公关的应对体系。

其实，就德云社来讲，郭德纲就相当于招牌和灵魂，甚至说是品牌的无形资产及代言人。代言人在面对突发事件时应该有一个处理危机公关的体系在背后运作，作出适当的言论。也许有人说，这也是说实话啊，他不是靠实话起家的吗？但是实话和实话可不一样，在面对危机的时候要有一套专门的策略来应对。“实话”是产品，而不是管理模式，错把实话当作运行管理模式来做自然就有可能产生危机，因为这是管理错位。

郭德纲的作用，不是带火了相声，而是带出了相声商业化、企业化运作的新思维并由此可推广至整个曲艺行业，也给更多的同行业从业人员指明了方向。

我们都很希望相声能够长久传承下去，因为相声的传承就意味着曲艺的传承。而想要传承并真正树立品牌成为“百年老店”，就需要用真正的企业管理模式去建立一套良性循环的流程。如今，京、津两地比较出名的相声、曲艺表演团体已经越来越多，像嘻哈包袱铺、名流茶馆、大金台相声茶馆等，已经逐步呈现出百花齐放的状态，并逐步成为京津地区文化旅游的一个重要场所。这就是相声、曲艺焕发第二青春的表现。

在相声的兄弟表演形式中，小品曾经辉煌一时，可如今也逐步进入没落。但当年的小品之王赵本山，却把自己的商业王国搞得有声有色。他的经商术与对人才的掌控却并非一般人能够做到。

“小品王”的企业运营与人才掌控高招

提起赵本山，他的小品深入人心，带的徒弟也是一个比一个有才华。论在中国演艺圈目前的影响力和地位，很难找到比本山大叔还牛的。另外，其商业能力也有目共睹。那么到底为什么本山大叔会那么成功，到底他在经济谋略上有什么过人之处呢？

首先，我们可以看到本山大叔的小品在20年间都是春晚的重头戏，其关键的原因在于小品的选材非常朴实，具有浓烈的东北式幽默。东北可以说是曲艺之乡，历史上的曲艺大家、说书、大鼓等能人都来自东北。因此，使得赵本山的作品蕴含着深厚的文化积淀，随着阅历的不断增加，特点鲜明的作品不断增多，也就逐渐被市场所接受。当全国人民对程式化的相声小品开始有些审美疲劳的时候，本山大叔的小品无疑是一股清泉，自然也就逐步稳住了市场根基。但其个人的发展价值只是在20世纪80～90年代期间最为鲜明，并没有比其他明星有什么过高的市场谋略。本山大叔的辉煌期还是在进入新世纪以后。

本山大叔不仅演小品的本事厉害，其市场经营的才能更胜一筹。本山大叔是一个非常务实的人，在对生意的选择上会随时调整自己的战略。其入主辽足的事情想必大家都知道，本山大叔是想要雄心勃勃地为此做一番努力的。他相信只要他能够把资金搞足，加上严格的管理和与高层的沟通，一定能够把辽足搞成中国第一球队的。虽然他本人没有直接说过，但是他的行为已经证明他想这么做了。

他先是大刀阔斧进行改革，整顿教练组，又尽全力帮球队拉赞助搞资金。但后来发现，中国足球的黑洞是无法靠他一个人去改变的。大胃口的欲望和吃惯了油水的架构已经让这位中国第一笑星力不从心，所以他没有再继续下去，而是在入主六个月后，趁着手里的筹码还值钱赶快抽身离开。这是一个英明的决定，因为一个人能够审时度势，承认自己的失误及时刹车是很难得的。

事实证明，在中国足球这个已经烂掉的大树下，已经无法靠施肥浇水去养活了，整个足协都无法改变，更何况本山大叔一个人。本山大叔投资足球的时候恰恰是国人对足球还抱有最后一丝希望的时候，随着打击黑哨和足球黑幕的行动展开，人们才发现中国足球已经堕落如斯，也就彻底失望了。如果这个时候他依然还在辽足，则不免投资失败兼惹一身麻烦。

本山大叔的精明之处其实还是表现在演艺圈。记得评书大师单田芳先生这么比喻他和赵本山："我是仙，一个散仙。他是神，一个土神。"一句话精辟地总结了把曲艺商业化的两个人的不同之处与强项。其实赵本山是把他的演艺事业发展成了一个以他本人为中心的商业系统。

首先，是对二人转文化的支持。他是靠二人转起家，自然知道其实二人转就像一个未被发掘的金矿，二人转演员也是人才辈出。其次在逐步努力下，赵本山在东北建立起了小剧场，并依靠自己的名声逐步招揽艺术人才。很多二人转演员都把自己能够进入本山大叔的剧团当作自己的人生目标，剧场人才济济。但是，本山大叔的目的是要先招收人才，然后逐步把他们捧红。可是就有个问题了，怎么才能够让红了的演员不离开自己呢？因为演员红了要迈上更高的阶梯是谁也拦不住的。就像前面说过的郭德纲，为什么在2010～2011年他的徒弟离散最多？就是因为在2005年郭德纲红了之后，带出的品牌效应经过了2006～2009年之间的运营，他的团体已经开始整体红起来，包括他的几个得力徒弟和师弟们。这个时候，他因没有提前布局并转型，导致了后来的社员一个个离开了他各自发展。

本山大叔则完全不同，虽然他也和郭德纲一样收徒弟，但他的徒弟却是以人才的面目出现，拜师只是一种形式，其实在开始招收徒弟的时候他就已经想到了该怎么转型。他之所以能够让徒弟死心塌地为他工作，首先是他把自己的企业未来定位考虑得很清楚。他的定位就是把自己的公司位置由一个演出团体变为经纪人公司的形式。每个演员就像是他自己经营的项目，一旦定位，下一步就是当演员，红了以后，演员的薪酬和待遇自然也会相应作出调整，这样就会取得双赢的结果。

但是能够使得旗下演员如此齐心，其原因却远不止如此。因为本山大叔在中国娱乐圈的影响力，对春晚、商演以及影视，都有着巨大的“垄断”效应。这种效应是一种无形资本。如果旗下演员出现了“滋毛奓刺”的行为，不管是谁，不管因为什么，本山大叔都会像一位家长一样教育批评，如果不听，那么这个演员毫无疑问在演出、影视以及个人发展上都会出现巨大的问题。

也就是说，本山大叔造了一把保护伞，在这把大伞之下，他的徒弟们的事业能够获得巨大飞跃，也会让他们很有安全感；但是一旦犯错又会有惩罚，约束着他们的行为。二人转演员大多数都是夫妻档，所以本山大叔自然对徒弟的男女关系管得非常严格。任何伤害到大家的公共利益和演出的行为都是本山大叔不想看到的。同时这种大家庭的氛围和对演员福利方面的负责，也是能够拢住团队心的重要原因。既要有人情味，又要有严格的管理，这对企业来说是非常重要的。

其次，就是本山大叔的营销能力和审时度势的能力。就拿小沈阳的出名来讲，其实早在2007年本山大叔就想推出小沈阳，但是总觉得时机不到。或许他还是会红，但绝不会红得这么快。而在经历了全球金融危机的洗礼之后，大家都在寻找精神寄托，在2009年的春晚本山大叔适时地推出了小沈阳，让全国观众的目光一下子集中了过来。之后，小沈阳也成为本山大叔旗下最赚钱的艺人之一。即使是后来他推出的徒弟个个身怀绝艺，也没有能够超过小沈阳当时的热度，这就是因为对于时机的精准把握。

他对电视剧拍摄的成功把握让他的演艺事业又一次达到了一个巅峰，不但能够精准表现出农民生活的圈子，更能把二人转有效地融入到电视剧当中，让全国观众无形当中就接受了二人转的艺术。由于演员也都是他旗下的二人转演员，因此也为徒弟们提供了一个更高的演艺平台，这就是本山大叔特殊的人才培养和增值方式。

另外，像相声与茶馆的互相依存一样，本山大叔也逐步提升了二人转的附加值，于是一系列餐饮、娱乐、会所依托二人转的产业链条发展起来。本山大叔定位非常准确，如果说郭德纲的相声走的是平民路线，那么本山大叔则是把东北的地方特色升华，成为高级餐饮、娱乐的一部分。

本山大叔把重点放在了高端市场，事实也证明其商业规划非常成功。虽然在舆论上会被人冠以“忘本”的帽子，但在商言商，企业的发展与道德评论本身就不在一个平台上。毫无疑问，本山大叔的商业策略在国内娱乐圈的运作是首屈一指的。而相声等其他曲艺形式偶尔也会走高端市场，也是受本山策略影响。其实，娱乐相关产业的低端市场与高端市场并不冲突，因为表演是一种精神享受，如何定位与包装取决于针对的客户群，但是并不会因此升高或降低产品品质。

随着音乐人汤潮对本山大叔的拜师仪式的落幕，直至本山传媒至今的发展，我们所能看到的是，本山大叔的演艺公司把商业演出、春晚等平台，以及电影、电视剧、音乐制作，全部纳入到自己的系统，成为了一个强大的演艺产业链条。从这方面来说，可以看得出本山大叔比一般的企业家目光更长远。

但是本山大叔也面临一个中国民营企业都要面临的接班人的问题。因为他现在还在位，其影响力也就一直存在，但是如果某一天一旦不在了，谁还能够挑起公司的大梁并能够保证旗下的艺人人心不散呢？恐怕这也是本山大叔到现在还无法退休的原因吧。一个企业的发展其传承问题也是至关重要的，可以说到现在为止，我们中国的民营企业都要面临这样的问题。

相对传媒的商机来讲，除了令人娱乐放松的节目形式，也可以是情感方面的享受。当后经济危机时代来临，社会压力骤然加大的时候，人们往往就要寻找身边的感情寄托。于是一款情感类的综艺节目——“非诚勿扰”出现在人们视线当中，这个节目开拓了国内此类节目的先河，并由此开发出一系列新的商业机会。

婚恋节目的市场价值与“话题”营销谋划

2010 年，一个相亲类电视节目红遍全国，不但创收视率高峰，也因为节目中女嘉宾的言论过于激烈而引起全国热议，甚至令广电总局几乎要封杀此类节目。但这并不妨碍全国观众对此节目的青睐，这个节目就是“非诚勿扰”。此栏目不但捧红了主持人、女嘉宾，甚至提高了江苏卫视的整体品牌价值，让后来的综艺节目也能“沾光”提升自身价值。到底是什么原因让此节目可以火到如此地步？为什么在饱受争议的情况下依然阻挡不了它继续播出和火爆？我们从经济角度来分析一下。

首先，一个节目能否受欢迎，就看它是否能够受到市场的认可和欢迎，也就是说看市场是不是有这个需求。这几年，在经济不断出现一些问题之后，市场投机气氛渐浓，尤其是房价的不断攀升。而2010年恰好是货币政策开始紧缩的时候，房价虚高，买房开始受到限制。社会的热钱不断流窜，通货膨胀也在不断加速。

但工资上涨却并不明显。最要命的是，这一年大学生扩招之后的负面效应开始显现，一方面高中考大学门槛降低，但是学费增加；另一方面大学毕业却很难找到适合的工作。就在大家认为前途迷茫、心中没有安全感、又特别想找出路的时候，就需要一些节目来减压。这时候“非诚勿扰”出现了。“非诚勿扰”的出现非常贴合人们的心理需求。

因为无论从整体的设计，还是在女嘉宾的选择上，“非诚勿扰”是非常有学问的。一方面选择一些特别靓丽的（其中不乏为了让自己出镜并出名的女孩儿）；另一方面选择一些比较贴合大众，但是样貌和穿着也比较出类拔萃的女嘉宾，让观众感觉我和她相差不远的同时又有看美女的机会。当24位女嘉宾伴着音乐齐齐亮相的时候，观众眼前一亮，好似有一道亮丽的风景线从眼前掠过的感觉。

这就非常符合男性观众的心理，把男性观众带入角色，在想我面对如此多的佳丽会怎么选择，怎么答对。而对男嘉宾的选择，也是有营销理念的。一般会选择几个层次，第一个层次是特别帅又有钱，这种嘉宾占的比例也就是十分之一左右，他们的成功率反而不高，因为女孩子会没有安全感。不过他们却是必不可少的“欣赏目标”。

第二个层次是生活无忧的顺眼稳重的男孩。这种男孩是最贴合大众的心理选择，也是成功率最高的一种。因为会觉得他们与你的距离很近，既不必担心生活，又不怕他花心，有安全感。

第三个层次是那种阳光型的，家里经济基础雄厚，也有较稳定的收入，但还是要为生活打拼，还很会玩。

第四个层次是那种感动型的，一般都是生活中的无名英雄。大家都会不自觉把他们看得很高尚，而他们也受到过伤害，需要母性的关爱。当然这种男性一般都是在节目中间受欢迎，节目最后被出局。因为毕竟一个感动的剧情总会结束，还是要回到现实。

第五个层次就是搞笑型，是为了增添笑料，活跃节目的。

基本上这五种男人涵盖了所有女性观众群所喜欢的类型。

当观众在现实当中不管是事业还是爱情屡屡碰壁的时候，他（她）们会把自己也带入到现场角色当中，跟随着男女嘉宾的讨论，看自己会做怎样的选择。这是最贴心、最了解观众心理的一种安排。那些老年观众们都有自己的儿女，孩子很多也都没结婚，自然也愿意看看这类节目，“参谋”一下。甚至结了婚的朋友，在看着节目的时候除了能回忆恋爱的感觉之外，还能找到一些理想婚姻状态的遐想。

当然最重要的还是主持人。一方面选择一位站着的主持人，另外选择一位坐在台下的专家，这样当嘉宾的问题开始充满火药味或者进入到比较严肃的话题时，通过台上台下主持人与专家的对答和心理分析，把节目带进一个轻松的环境当中。后来女性专家的加入也是为了针对男女心理变化，来让现场嘉宾有针对性的话题可聊。这就是专业化和针对客户打造品牌的专业手法。这也是为什么主持人也跟着火爆的原因，当然也不排除因主持人和嘉宾的个人性格魅力使然。

而实际上，像这样的一款节目就比较难更换其中的主持人与专家。因为此类情感节目与其他节目不同，最重要的就是电视观众与现场嘉宾的认同感。节目时间做得越长，认同感越强烈，就好像已经被打包的产品意念与精神一样。一旦换了人，就像是有了长久亲密关系的家人离散一样缺乏了安全感。这种安全感恰恰是此类节目必须具有的核心精神。

当有了针对性的产品设计、合理的产品结构之后，就是怎么让品牌快速家喻户晓并深入人心，这一点也相当的重要。节目当中女嘉宾是语不惊人死不休，先后出现了宝马女、拜金女等，并直言“宁可坐在宝马里哭”；随后有人为了博上位，先后曝出了女嘉宾的“艳照”。

一时间舆论大哗，一方面这种对金钱崇拜的价值观实际上贴合了社会上年轻人的主流价值观；可是另一方面，对传统道德又是一种挑战。当然，这里不能说是节目故意让她们这么做的，但是最起码营造了这种气氛，让她们说出了这些话。这样，社会的舆论就聚焦到了这个节目上来，让节目瞬间在全国火爆起来。

当然这些事情也是有后遗症的，那就是广电总局因为舆论压力开始关注并责令整顿，差点封杀节目。各地方媒体的态度也极为统一，集体批判该节目道德缺失，应该封杀。从另一个方面也看出同行如敌国的道理。一个节目红了，往往就意味着其他电视台在同一时间，节目的竞争力下降。所以，当一个企业运行品牌效应开始提升的时候，最该注意的就是竞争对手在此时可能会做出相应的反应。

在整顿后，该节目依然受到欢迎，并针对打工者开专场，又是一种贴身服务，把不利化为有利。而节目组包括主持人的低调沉着的危机公关处理方式也是非常的到位，让这个危机在可掌控的范围内。这也是相当值得企业借鉴的一个方面。

尤其随着节目的延伸，该节目定位非常准确。因为靠噱头和眼球效应是无法长久维持一个节目收视率的。所以在此后很长一段时间，节目中释放的更多的是一种正能量，把节目打造成人们日常生活中的一部分，每周的周末都会不自觉地坐在沙发上看这档节目。也许一两期没看不觉得什么，但生活中已经习惯了有这个节目，真的没有了会有怅然若失的感觉。这就是一个节目能做长远的基础，发挥最大的商业价值，而不是靠眼球透支其产品价值。从这一点来说，该节目组看得很长远。

一个简单的相亲类的综艺节目，其产品针对不同群体所采取异化处理，贴身的服务以及利用人们逆反心理创造话题的营销策略，以及随机应变转化产品方向和危机公关的处理都是非常漂亮的。如此节目怎能不火爆？这样的产品怎么能不受欢迎？

这种受欢迎的媒体产品绝不止这一个，在众多成功的媒体节目中，有一个特别值得关注，这个节目不仅成功开辟了多年没有进展的儿童节目市场，并成功地引领整个动漫产业进入了一个新时代，这就是大家至今仍在电视中经常看到的“喜羊羊与灰太狼”。

“狼”和“羊”的产品设计突破与市场心理掌控

2005年的6月开始，中国的荧屏上出现了一部国产动画片，这部制作费用不过600多万元的国产动画片竟然一炮而红。尤其是2009年以后，该系列的动画片开始带动整个相关产业的发展，从此带领中国的动画产业进入了一个崭新的喜羊羊时代。这一点，恐怕原创制作的广东原创动力文化传播有限公司也始料未及。

但从经济角度和创作角度来看，一方面带来了对原创动画的新思维，另一方面由此一根国产动画所主导的经济大链条就此开始运作。那么，我们就来讲一下为什么一个动画片会有如此大的成就，采取了哪些策略。

羊和狼的故事我想我们已经不止一代人听过了。一般就是善良的小羊羔，凶恶的大灰狼，脸谱化的角色已经深深扎根在一代又一代人的心中。但是，就是这么一部动画片，它颠覆了传统的羊的柔弱和狼的凶狠，创造出了一套崭新的形象。这套动画与其说是一只狼和一只羊的所谓斗智斗勇的故事，倒不如说是在一个非常有意思的村落里的捉拿游戏。

虽然说狼一直也抓不到羊，但却没有一点视觉疲劳或者说教的影子，这是最重要的一点。我们可以看到，其实羊村里的每一个小羊甚至是村长都像是我们身边的朋友，喜羊羊像是老师，不是特别喜欢顽皮的孩子。但是顽皮的孩子一般来说都非常聪明，有时候也会整出很多出人意料的恶作剧。但这种孩子不会做坏事，只会做让人不省心的事。懒羊羊应该是最受欢迎的形象，虽然他浑身都是缺点，但是这些缺点特别招人喜爱，特别有人缘。美羊羊爱打扮爱干净，暖羊羊热心但是有时候太过于坚持原则。甚至连村长都是，虽然是成年“人”，但是也会有私心，也会有捉弄人的玩心，做事慢吞吞，会发脾气。但是我们看到的是一个非常可爱的老人，也是一个特别具有亲和力的家长的形象。

每只羊的个性都非常鲜明，就像是我们身边的亲朋好友。而这部动画片之所以没有出现真正的家长，是因为可以打破很多创作上的条条框框，一旦出现了爸爸妈妈，就会出现所谓的教育问题，就从理想家园一下子打回了现实，自然会大打折扣。

这部动画片采取的创作点非常有意思，村长介于家长和老师之间的感觉，同伴又介于兄弟姐妹和朋友之间的感觉，让观众也有种非常轻松愉悦的视觉感受。这就符合了目前社会特别呼唤的独立人格，也是大家非常向往的世界。

灰太狼的形象很有意思，每次都很认真地做一件事，虽然以失败告终，但其可爱的被欺负的“男人”形象以及锲而不舍的追求目标的信念，是非常惹人爱的。在他老婆红太狼的高压政策下，一个肯为事业付出、又对老婆无怨无悔的形象出现了，甚至因此引发了“嫁人要嫁灰太狼”的风潮。

这样的男人实际上是女性心中的理想目标。远离了现实的金钱观，到了动画世界里有这么一个好丈夫，也是很不错的。这样就吸引了一大批年轻女观众的青睐。一部好的动画片，绝对不会出现所谓的说教真理，即使出现，也会用颠覆的手法。生活中不一定每件事都要去说教，很多事情可以在生活中感悟出来。一部动画片既能够照顾到小孩子又能照顾到年轻女性，以及婚后的夫妻，甚至是老人的感觉，是非常难得的。尤其是剧情在轻松搞笑的气氛中展开，大家都是以一种没有负担的心情来观看，自然越看越开心。

下面我们来说一说这部动画的制作手法。在一些动作、场景、服装、神态的制作上有日本经典动画阿拉蕾、七龙珠、机器猫等类似的绘画手法。但是出来的效果却是属于自己原创，这在影视创作中也是非常重要的。

另外，其动画 3D 场景虽然不多，但却恰到好处。这种 3D 贴图的效果非常有亲和力，在普通动画的制作技术下偶尔加入3D效果，在突出了视觉效果的同时又拉近了与观众的距离。现在的观众胃口也很刁，他们看过了很多国际成熟的动画大师的作品，不管是欧美的还是日韩的，对很多特色的动画都了然于胸。国产的动画确实很难超越它们，但是技术高超的动画不代表是好动画。

一部好的动画片，首先大人愿意看，孩子自然爱看。因为每个成年人都是从童年长大的，只是把童心隐藏在内心最深处。当一部作品连成年人的童心都勾起来，那小孩子怎么会不喜爱呢?

这部动画在播出时，很多大人都是无意当中看到的，越看越有意思；或者是为了给小孩子看，结果自己也被吸引住了，能够做到这一点是非常不容易的。同时也让人明白，一部动画片的成功不是说非要有多么强大的技术阵容，重要的是创作意念而不是技术手段。一部好看的影视作品，大家最终看的还是剧情，而不是漫天飞舞的大制作场景。空洞的剧情只能把整个行业带入死胡同。近几年国产电影只追求大制作而不关注剧情的深入，可以说已经逐步把电影带入一个不可自拔的怪圈。浮躁的创作创造出的经济效益也是暂时的，根本无法形成可持续发展。

《喜羊羊与灰太狼》动画的火爆，带起了相关产业联动效应。一方面每年拍摄一部喜羊羊动画电影，另一方面又以小剧情连载的形式发展出一个又一个的系列。最重要的是，带动了包括玩偶等周边产品的市场，图书、手机游戏、服装类、食品类、舞台剧等类型的产品都销量甚好，甚至还衍生出了“产品代言”的新市场。而这个市场则囊括各个产业，未来还可能会开发潜力无限的网络游戏。其带动的相关产业所产生的经济效益达数十亿元，而该公司的长远规划是以此打造出中国的迪士尼，带动整个动画产业发展。一部动画片的成功可以带动起整个相关各个产业的火爆，谁还能说做动画不赚钱?

实际上，该动画片的发展是一部真实的国内民营企业运作发展的典型案例。特别是对产品的定位非常具有针对性，不仅将主要客户群体锁定为孩子，尤其是10岁以下的儿童，而且这款动画的故事性、趣味性也将家长锁定为客户群体的一部分。在让孩子感受到一个具有安全感、欢乐感的氛围的同时，用其中的故事、笑料等抓住成年人的童心。孩子爱看的同时最起码家长也不会反感，不会感到无聊，相对应的成年人会被儿童拉进消费的群体。

从经济角度来说，不管是影视作品还是动画作品，首先你不要偏离身边最本质的东西。一部打动人内心的作品，即使没有好的技术铺垫，依然会熠熠生辉。而所谓大制作技术做得再好，没有灵魂，大家被骗一时，就会很快不买你的账。专业贴心，了解客户内心需求并提供给大家有共鸣的精神需求产品时才能在市场上站稳脚。郭德纲曾经说过："不要欺骗观众，观众比你知道得多。"这是至理名言！如果说小看了动画片以为只是糊弄孩子，那就错了。孩子的心是最灵透的，他们会直接表达喜恶感。另外每个孩子的背后都是一个家庭，掏钱买东西，消费的还是家长。而巨大的消费群体其实是孩子背后的成年人。

不过，这股喜羊羊风潮并没有根本改变整个产业的发展模式。实际上"喜羊羊"这个动画的商业价值也是有时限的，随着时间流逝，其黄金发展期已逐步过去。未来这些制作公司如何才能持续生产出能够抓住大众消费心理的产品，是一个值得深思的问题。

后危机时代演艺界的市场矫正突破

中国传媒相关产业发展一直是在不断变革与淘汰中前行的。尤其是在2007年后的后经济危机时代，不论是演艺圈的名人也好，各电视台、影视制作公司也罢，包括那些成功将自己"营销"出来的网络红人都在针对社会变革调整着生存战略。而这些生存战略，实际上在不同程度地反映着社会变化中消费心理的变化，当所针对的消费群体发生变化了，自然这些"经营主体"的服务策略也要随之改变。但是不同角度往往所做的商业策略也不同。

先来说说演艺圈的成功案例。这个群体一般做得好的往往都是用自己的优势资源带动整个产业发展，甚至能够把整个低迷的行业带动起来。这件事并不是每个人都能做到。像本章讲述的郭德纲与赵本山，这两个人的成功都是有其共同点的。首先，他们都是多年来在自己的专业上下过大功夫的人，也确实有专业方面的能力，这就是“术业有专攻”。其次，他们在走红之后，往往会不断继续从事专业活动，并开始努力将“专业”转化为“产业”。其转化过程，往往是由个人带动“小组”，“小组”带动“集体”，“集体”公司化运作，最终进入集团化可持续发展。

而他们本人，也必须经由从“专业艺员”到“师父”再到“企业决策人”的转化。其实这一点是相当困难的。因为一般来说，这一类的“艺员”是从小只钻研一门专业，并没有从事商业化运作的经验。往往在转化过程中有很多的挣扎，也可能会出现失败。另外一点很重要，就是从郭德纲与赵本山成功的案例中可以看到，“专业的变革”很重要。

想要把一个疲软的行业重新带起来谈何容易。一个行业走向衰落，必然有其原因，一定是因为这个行业在发展过程中已经不适应时代发展需要，从而让消费群体逐步流失。能够找出这个行业的问题，并针对消费者重新定位，把整个行业振兴起来，非常不容易。在这一点上，郭德纲、赵本山二人虽说所处行业环境并不完全相同，但所做的调整却非常相似，都是整合自己的优势资源，针对消费者进行变革。

而最终正是由于针对性的变革，带动了整个行业，在整个行业中确立自己带头人的地位之后，才有机会带动行业进行商业化转变。他们在向“企业化”逐步运作的过程中，又有自己不同的手法，所以也就会遇到各自的问题。郭德纲的问题是，在从小团体到大团体、再到公司化的过程中，整个公司管理结构建立并不完善，所以在转化过程中会流失人才。这是非常正常的现象。所谓“打江山易守江山难”，公司元老往往在这个时候最容易流失，因为此时他们的要求会跟随公司的壮大而提高。他们要求的不仅仅是薪水，还需要一定的归属感。因为“共同打江山”的他们也是其中的一分子，虽然是以股东形式自居的，但转化为公司以后，却由股东转变为员工，自然会离心。这方面没能处理好，离开是必然结果。而在2011年以后，经历人才流失后，公司逐步规范化，也就摆脱了曾经的尴尬。

相对来说，赵本山则做得更加娴熟，面临的情况也不会那么严峻。这是因为赵本山是自己出名，并不是与团体相关；当奠定自己的行业地位之后，再吸纳同行成为徒弟并带动产业。另外，正是由于自己在行业中的地位，必然会有一种家长作风，也会提前制定好相关规则。在“员工”必须接受“公司规则”的前提下再进行商业运作，把他们捧红，这又不一样，这时候“领导人”的“绝对权威”会得到足够的体现。

巩固了人才，再进行整合整个产业链的运作，这是本山大叔的高明之处。但随之而来的这种形式的缺点也会体现出来，那就是中国民营资本都要面临的接班人的问题。如何能够把人才巩固在企业运作的章程内，而不是个人影响内，这是民营企业都要面临的问题。但不管怎么说，他们两人都成为成功带动行业并最终实现企业化的典范人物。

再说一下电视媒体的转变。从央视独大到地方卫视兴起，然后播制分离，最终带动一批有创造力的公司成功，这是跟整个大的行业生存环境变化离不开的。正是由于改革开放在1997年以后进入了新的阶段，才会出现湖南卫视，继而带动其他电视台开始内部变革。这都是市场做主带动的结果，是非常好的一件事情。

从2005～2007年国内经济出现问题，到2007年以后的后经济危机时代，这个阶段往往也是电视媒体的变革时期。因为消费者心理产生了很大的变化。虽说网络媒体也在不断发展，但更多的观众还是会对电视情有独钟。因为电视毕竟是一种稳定的娱乐模式。这种稳定性，是网媒无法代替的。电视也是群体活动，更适合全家交流感情，所以这也是网络比较难以代替的。

而实际上网络电视已经逐步找到了相互适应的生存方式，既是竞争关系，又是互相合作的关系，所以必然会在一定程度上刺激产业进步。而各电视台之间的竞争，也就催生了大量名牌节目以及名牌的制作公司，产业链的合理发展就这样自然而然地形成。其结果也会刺激优秀的节目和更多的影视、动画节目的出现。这从长远来说是非常好的事情，也是后经济危机时代刺激产生的。毫无疑问，经历了市场的磨炼，电视媒体相关产业也进入一个新的时代。

最后说一下愈演愈烈的炒作事件。伴随着媒体的发展，靠炒作吸引眼球带动经济效益的事情越来越多，尤其是在急功近利的后危机时代的大环境下。但要保持商业利益的同时又要把消费者心里的厌恶程度降到最低，是非常难做到的。这一点，香港的一部三级片《3D 肉蒲团》给内地媒体上了一课，影片的幕后的营销手段和经济策略非常值得借鉴。这部以三级片为核心的运营手段，令很多所谓的品牌运营企业深感汗颜。

首先，是借势。2010 年一部《阿凡达》风靡全球，之后全球刮起了 3D 电影的拍摄风潮。可是谁也没有想到，把 3D 技术运用在三级片上是一种什么样的感觉和视觉冲击，也从来没有人这么做过。然而，这时候《3D 肉蒲团》横空出世，并借《阿凡达》的气势为这部三级片增加更多的注意力。当然，这种借巨人肩膀的营销手段也不算稀奇，不过后期的宣传造势如果做得不好，也不过是昙花一现。

为了尽量让影片的利益最大化，并且创造出唯美的效果，影片不在内地上映，一方面避免了删减，以及审核问题；另一方面，也是最重要的一点，就是为了聚拢人气，抓住了人们“越是看不到就越想看”的心理。果然，消息公布之后，内地很多人准备去香港看这部片子，甚至多家旅行社还组织了观影团。这样就保证了产品的“质量”和唯一的销售渠道，也就体现出了产品的“稀缺性”。而市场一旦认同产品的稀缺性，那么这个产品自然会被认定是紧俏商品。

当然只是这些是远远不够的。因为从决定开拍到影片公映需要很长一段时间。而如果缩短时间，则无法保证质量且宣传的力度也不足。如果只是普通的做广告，时间长了也会产生视觉疲劳，况且这毕竟是三级片，做多了会引起人们的反感。既要把片子美化并深入人心，又要人们保持关注和兴趣，他们运用了一种全新的手法，就是半公开式的以跟随女主角的视角和感受深入体验片子为主导，与“制造”绯闻相配合的手法。

首先，女演员介绍自己看片子片段的感受，强调 3D 的感觉如何真实，血飞出来像要打在脸上一样。甚至连她们说的每一句话都是经过仔细斟酌的。其次，说演员如何真的挨打敬业。男主角则说拍完片子不想追女生，言外之意是这部片子的魅力十足。这些都是为最后的公映做垫场。如果以上说的这些作用是让大家对影片有兴趣，那么绯闻的作用则是不断地消除大家视觉疲劳的感觉。

因为像绯闻这种东西一般都好像是意外发生的，但很多意外凑起来，就很难说是巧合了。影片拍摄期间先是女演员爆出所谓“艳照门”，之后又有女主角被明星性骚扰，但却没有证据，也没有报警的意思。眼见要公映，又爆出蓝燕失踪怀疑因压力大自杀的新闻。女主角“自杀”的时间太过恰到好处，而且又是怀疑口吻，又没有警方介入，这让影片在公映前又一次让大众掀起一股关注此片的高潮。而公映时间段恰逢五一长假，更有效地刺激了“自由行”的游客数量。

从此部影片的运营手段来看，有几点非常重要，也是这部影片必然大卖的重要原因。第一，保证产品质量；第二，保证产品的特色以及其卖点的唯一性；第三，销售渠道的控制，让大众产生稀缺的感觉；第四，保证让大家不会产生审美疲劳或者对产品产生因广告过度宣传的厌恶感；第五，知道产品的核心竞争力是什么，该怎么让产品的精神深入人心。有了这五点做基础，那么这部片子能赚钱也就不是稀奇的事情了。

内地其实也有成功推销自己的人，比如芙蓉姐姐、凤姐以及干露露等。她们共同的特点是，利用怪、奇、胆大、价值观落差达到自己被关注的目的。首先刺激社会审美价值观，引起大众的猎奇心理并得到关注。这些推销的模式在初期虽然会被骂，但并不会太惹人反感，因为这也是一种社会心理需求。一方面，以“不自量力”的表演让大众有娱乐感；另一方面，用夸张的语言和肢体动作刺激大众宣泄心中压力。其实这也是一种社会需求，经济的疲软带来的社会压力可想而知。她们是生活的调剂品，也算是摸到了消费者的心理。

不过，调剂始终是调剂，只是一时的情绪缓和剂而已。这种影响的弊端在于，只能维持一时的名气，却无法长久运作。这也就是为什么芙蓉姐姐后来又减肥，又闹自杀，凤姐不断出现被扔鸡蛋、参加选秀、去美国做节目的新闻，而干露露也不断与其母制造新闻，在车展中也越来越出位。因为她们只能不断靠新的新闻来吸引人们的关注。营销毕竟只是手段，展示自己的技能才是目的。而她们的目的本身就是营销，这就是本末倒置、无法长久的原因了，长久以后必然会引起消费群体的反感而被市场淘汰。

所以在传媒、演艺圈这些行业，如何适应时代变化进行市场矫正，是非常重要的。市场营销也必须达到一个合理的平衡点，过度则会惹消费群体反感，太过低调又不会引起市场注意。企业化的运作靠的必须是一套有效的运作规则，这在我国还有很长的路要走。不过，相信会出现一批又一批成功的公司与决策人。

第六章　那些资本扩张背后的谋略

在中国，大手笔的并购行为是经常出现的。有些并购是为了国际化，有些是为了快速转型，也有些是为了能够获得其他利益。总之，并购的本身并不意味着一定就只是为了业务的扩张。但毫无疑问的是，并购的目的一定是为了获得巨大利益，可能是长期可能是短期。在巨大的商业沙场上，没有永远的强者，只有永远的吞并与掠夺。

吉利“蛇吞象式”并购隐藏的自救“药方”

吉利汽车，是我国汽车工业少有的由自有产权起家的汽车企业之一，也是众多外资为主的汽车业中难得的民营企业之一，一路走来就伴随着争议与质疑。但随着时间推移，吉利汽车不仅没有被市场淘汰，反而将发展的路越走越宽，这里面有很多事情是值得研究的。时至今日，吉利汽车依然要面临很多风险和挑战。但对于吉利来说，它的成长路本身就是一部风险史。

吉利汽车最厉害的地方就是能够化不利为有利，让不可能变成可能。吉利汽车十几年的发展有着很多不可复制性。然而其最大的特点并不是运气好，而是它利用时间、政策、巧合逐步制造着不可复制的模式。

中国的汽车工业一直处于国有控制之下，而吉利的诞生既是出于这样的前提之下，又在时代的变革之前。想以曲线的方式从摩托行业进入汽车业的吉利，就是处于这样的大环境之下，而中国加入 WTO 就是吉利进入汽车业的契机。

就像吉利老总李书福说的，是 WTO 成全了吉利。在李书福等行业内民营企业家的呼吁以及 WTO 带来的机遇下，吉利汽车终于拿到了牌照。吉利的发展历经了三个阶段——创业期、发展期、转型期。“造老百姓买得起的好车”，成为吉利创业期的核心发展动力。

低端低价在跨世纪那几年可以说极具市场竞争力。因为在那几年，外资不断大批进入，而在有限的五年汽车保护期内也就是外资进入兼并占领势力范围的密集期，吉利必须快速壮大。当时的汽车市场基本上是中高端产品的天下，尤其是中端汽车，十几万二十万元的汽车把工薪阶层挡在了有车族之外。

吉利凭着政策的春风成为最早开始低端车销售的国内企业之一。这种先进入的优势，让吉利在 2007 年全球经济危机到来前占尽优势。2005 年吉利全年共销售各类吉利轿车近 15 万辆，同比增长 50% 以上，销售收入近 66 亿元。靠着低端车的高销售量，吉利汽车进入了一个快速发展的时期。

不过，随着同类低端汽车制造商不断参与竞争，吉利汽车逐步感到了来自市场的压力。汽车制造业属于淘汰时间跨度较长的行业。奇瑞、比亚迪、奥拓等制造商的低端轿车大量生产，让市场在几年内快速进入供大于求的产能过剩状态，同行业的竞争开始走向了价格战。由于大量低端轿车充盈市场，各大品牌商的低端市场利润不断萎缩，低端品牌制造商的净利润甚至已经跌破 5%，这让吉利感到极大的挑战和危机。

与差不多同时起步的奇瑞汽车比起来，吉利的优势是民营资本充分的管理自由度，但相对的没有国资背景也让吉利汽车如履薄冰。2005 年以后，其实吉利汽车已经有转型的动向了。2006 年吉利汽车与英国锰铜合作，签订了一份总额 5300 万英镑（按当年利率折算为 7.86 亿元人民币）的协议。核心就是吉利建立合资公司并以换股的方式持有英国锰铜的股份，当时吉利所持的股份已经达到 51%。

吉利当时收购连年亏损刚刚稍有起色的英国锰铜，本身的目的并不仅仅在于所谓的国际化发展，而是想通过这种股份转换得到更多的技术支持，从而迈向企业转型之路。因为对于民企出身的吉利来说，虽然每次都能把准政策脉搏，并借助与地方政府的合作站稳脚跟，但毕竟没有强大的资金后援，因此，吉利不得不面对两方面的问题。一方面，不变革就要面对低端车的饱和，净利润率不断下降，逐渐走进一条死胡同；另一方面，想要转型就要巨大的资金、技术支持。而这次的合作毫无疑问起到了一个先锋的作用，这也是后来吉利转型的实验性步伐。

2007～2009年，美国次贷危机引发了全球经济危机，同样也让全球的汽车业进入了冬天。而我国的汽车业在初期并没有受太大影响，反而在那个阶段我国的十大产业振兴计划在很大程度上缓解了多年来的低端汽车产能过剩的状况。而就是在这个阶段吉利又一次把准了政策的脉搏，抓准了机会进行转型以及升级。

自2007年5月开始，吉利率先在国内汽车企业实施从“价格优势”向“技术领先”转变的战略转型。这也就是说，在经济危机没有爆发之前，吉利汽车已经看到了未来的隐患。开始停止豪情、美日、优利欧等产品生产，建立了立足国内国际的“全球鹰”“帝豪”“英伦”三大品牌。在技术上也进行了大量的改革，构建了五大技术平台；并从产业链下手，以管理、技术、产品规划、人才培养开始产业链的构建，有效率地开始构建全新产业链平台。大量的工作虽然让吉利的转型有了起色，但想要获得更多的资源、资金、技术支持，吉利还欠缺一个机会。

随着全球经济危机的愈演愈烈，世界各国的汽车产业都遇到了前所未有的危机。为了能够让企业“减负”并得以生存，很多跨国大型企业开始低价出售自己旗下的汽车品牌和生产线。原本想都不敢想的著名汽车品牌，在2008年以后开始出现“扔一地没人要”的现象。吉利汽车又恰恰处于转型期的开始阶段，如果这个时候能够收购一个全球知名汽车品牌，那么对吉利来说简直是质的飞跃。

而在所有汽车品牌中，吉利能够吞得下且又不会被政治施压过重的，就是瑞典的沃尔沃汽车。对于吉利来说，如果能够收购沃尔沃有几大好处。

第一，如果收购成功，吉利就会获得巨大的隐形支持，会成为第一家收购国际知名品牌的国内民营汽车制造商。这样，中央给予的政策支持，地方建厂的经济带动，以及其背后的资金支持将是一般民营企业无法获得的。

第二，技术支持。收购成功后能够彻底改变闭门造车的局面，获得更多的技术支持。与英国锰铜的区域性、单一性的制造与销售不同，沃尔沃属于面向全球的中高端汽车制造商，这样的技术支持在以前是无法想象的。

第三，未来的发展。毫无疑问，沃尔沃收购以后的目标就是全力将沃尔沃品牌打入中国市场，这不仅是进口，而是在国内制造国内销售。这样就会比同行业大幅降低运作成本，从而占得行业先机。

第四，就是全面加速产业转型，快速改变吉利的低端形象，并进入利润优厚的中高端市场。

所以2009年开始，吉利开始接触沃尔沃的东家——福特公司。为了免除其他政治、舆论方面的压力因素，吉利与福特在刚开始均否认双方有买卖意向。直到2009年12月，福特汽车和吉利达成了初步协议之后，消息才被逐步放出。

这场并购的几方其实都能够获益，所以除了买卖双方外还有其他方面的因素促使协议能快速完成，其中包括企业和政府以及工会。其实工会是最难对付的部门，与国内工会不同，国外的工会权力非常之大，想要搞定企业必须先搞定工会。不过当时处于经济危机最严峻的时候，所以工会方面也比以往好说话。而瑞典政府也非常害怕企业出现失业大军的问题，当然会积极地促进并购事宜。

我国政府更不需要多说，国内整个汽车工业基本都已经外资化，这时候有中国民营汽车企业首次实现了国际化扩张，这本身就起到范例作用，因此签约时部长级人物的参加即可看出被重视程度。2010年吉利汽车在瑞典与福特签署最终股权收购协议，并获得沃尔沃轿车公司100%的股权以及包括知识产权的相关资产，涉及金额18亿美元，并在第三季度交割完成。

对于业内普遍认为的“蛇吞象”的举动，大家都质疑吉利的资金运转问题。

而实际上，当时18亿美元相比福特购买时的64亿美元，毫无疑问是买了个地板价，但对于总营业收入只有20亿美元的吉利来说，却是很难承受的。

好在吉利借由香港上市公司、地方政府所属投资公司、内地银行和吉利集团自有资金等多方面的途径，所以才一口吃下了比自己大数倍的沃尔沃。但是面对原本已经亏损累累的沃尔沃，正在转型的吉利如何布局发展，后续的资金债务等就成了极大的问题。这些问题也一直困扰吉利至今。由于企业转型加上并购沃尔沃，吉利集团的负债总额从2008年的47.8亿元陡增到2010年的710.7亿元，总资产负债率为73.4%。其中流动负债为479.7亿元，占比已经非常高。吉利的债务危机已经进入高风险区域。

也就是说在2010年以后直到2012年，吉利一直面对着几方面巨大的压力，除了首当其冲的债务问题之外，还有产品的竞争力问题。虽然吉利的转型速度已经很快，旗下的品牌尤其是帝豪系列逐步拓展了市场，不过面对着国内整个产业均产能过剩的现状，确实形势严峻。

当然，高端的发展方向是没错。低端市场严重饱和，中端市场短期无法满足企业转型的利润需求，且这个层次的产品面对外资入股的汽车企业的威胁，想要逐步开拓市场赢得口碑并非易事。

另外沃尔沃并购以后的运作及国内建厂之后的运作均需要时间，而沃尔沃的主要目标还是高端市场。相对来说，国内高端市场一直被宝马、奔驰等汽车品牌所占有，高端市场需要的并不仅仅是价格优势。因此，如何定位沃尔沃的高端产品优势，成为吉利必须面对的问题。而沃尔沃的款式已经过时，其产品优势也不突出，这是最让人担心的。自从收购沃尔沃以后，国内销售总经理的不断更换就已经表明了现实状况。

2011年全年，吉利公司营业总收入209.65亿元，同比增长4.31%；归属于上市公司股东的净利润15.43亿元，同比增长12.79%，但其中政府补贴就占到了总净利润的6成左右。持续的利润如何获得，产品的竞争力如何保证，成为吉利未来发展的瓶颈。

不过对于吉利来说，多年来的腾挪是非常值得的。想象一下如果吉利汽车一直坚持低端生产，只能使得路越走越窄，从而步比亚迪的后尘，在汽车领域发展机会逐步丧失。

经济学家郎咸平教授曾经评论吉利并购沃尔沃的事件是急功近利，误解了品牌意义。持这种观点的人不在少数，但大家似乎都没有站在吉利作为一个在夹缝中求生存的民企的角度去看事情。当时，吉利如果不能及时转型就意味着被淘汰，随后最大的可能就是被金融资本或者国资吞并，或者直接被踢出局，地方、中央的支持也消失于无形，更不用说什么未来发展了。

因此吉利的转型从根本上来说不见得最终一定会成功，但不转型就一定会失败。在规划方面吉利其实也做了多方面努力。第一，就是加快沃尔沃的国内化品牌运作。其实国产沃尔沃之路本身就是吉利当时并购时的想法，但审批手续极其复杂。一方面吉利一直在申报，却迟迟未能获批。为了能够尽快获得国产资格，吉利在 2012 年初并购了“茶花汽车”。另一方面，借浙江豪情成都分公司已经获得乘用车资格的前提下，来进行国产化的前期运作。经过努力，2012 年 11 月传出消息，沃尔沃国产化审批通过，已经板上钉钉。这样就为沃尔沃独有的价格成本优势打下了基础。

第二，集中优势“兵力”主攻沃尔沃。在并购沃尔沃之后，吉利的资金链紧绷是行业内有目共睹的。2012 年，其参股的英国锰铜公司出现破产危机，寻求吉利扩股兼并，却被李书福拒绝。原因很简单，只针对英国传统市场生产的黑色出租车能够给吉利带来的商业利益和优势，是完全不能与沃尔沃相比的。这个时候增持，毫无疑问给自己添了累赘，对企业并无益处。大不了破产重组，对吉利业务的实际影响并不大。因此吉利并不愿再蹚浑水，集中全部精力构建大沃尔沃系统。而沃尔沃的销量在 2012 年连续下跌。在完成大的沃尔沃系统之前，要想办法缩减开支，进行裁员。毫无疑问，国内的大举进攻，海外的逐步萎缩，是未来发展的必然方向。

第三，加快产业整合。在资金运作上吉利更具明确性，就是全力为产业链延伸做准备。在收购沃尔沃之后，就收购了浙江中誉汽车，其拥有改装奔驰旗下车型的权力，为吉利将来打开高端商务车市场做了储备。

第四，有效利用政府资源开拓销路。吉利在各个地区建厂并全力要沃尔沃国产化的原因其实并不仅仅在于其产品的成本优势，而是当高端车国产化之后就有机会与奥迪争夺公务车市场。巨大的市场和已经具备的政府人脉让公务车成为吉利未来持续盈利的主要潜在市场。到那个时候，就增加了资金腾挪的空间和时间，对企业完全转型并逐步修正其企业竞争力起到关键的作用。

吉利如果能够有效实现以上的几点规划的话，那么企业的“高利贷”包袱就有望逐步解脱，而其在国内汽车业转型的领先效应就会逐步凸显。当资金流逐步宽松的时候，吉利在高端汽车方面就有优化的空间，进而获得市场竞争力。

因此，吉利虽然步步危机，但每一个点都是有规划的，当这些点连成一条线的时候，一个大的汽车工业生产销售系统就会运转，到时相信吉利可能会创造又一个产业奇迹。当然这每一步都是风险与机会并存，高风险也很可能在某一步骤下将吉利打垮。不过值得注意的是，吉利在每一步“危”来临之前，总能开始部署“机”，这本身就值得学习和参考了。

如果说吉利属于汽车业“蛇吞象”行动里的实干派，它真的是想吞掉象。那么还有一种就是借“蛇吞象”来达到其他目的。这种假“蛇吞象”其实也是一种商业诡道，也能够在一定层次上帮助企业的发展。

腾中并购悍马背后的“连锁增值”诡计

2008年，正值全球经济危机最为严重的一年。这一年次贷危机带来的连锁反应也影响到了欧美汽车工业，整个汽车制造业岌岌可危。为了能够有效地自救，欧美等国的汽车制造商纷纷打包出售自己旗下的品牌。一时间，曾经风靡世界的著名品牌变成了廉价货，只要有资金就能够获得这些品牌及其生产线，美国通用汽车旗下的悍马品牌就是这其中之一。

这一年，通用汽车面临破产危机，为了能够有效地整合整个汽车企业，获得资金流以度过危机，通用汽车决定出售旗下亏损最严重的悍马品牌。悍马，在美国建立品牌已过百年，在“二战”时以生产轻型侦察车而一举成名，此后不断为军方生产汽车，并奠定了其具有军用汽车的豪放、耐用、性能极强的特点。悍马在市场上往往得到一些军车发烧友以及喜欢其狂放、结实耐用、越野车跑车性格的消费者青睐。

悍马被业内外人士誉为“越野车王”，但是由于其耗油量极高，价格也偏高，其本身定位也并不属于极高端车型，所以在经济危机时代来临之后订单大量萎缩。2008 年，悍马品牌销售萎缩五成，到 2009 年更是缩减七成。毫无疑问，在通用旗下的品牌中，悍马不仅成为了该企业的一块烫手山芋，也因为其倒闭带来的就业压力，成为美国政府的一块心病。为能够保证通用汽车整体运作不出问题，出售悍马既能保住数千就业岗位，又能得到新的资金为通用输血，如此两全其美的事情何乐而不为呢？因此，不管是美国政府还是通用汽车，都有尽快出售悍马品牌的强烈愿望。

全球各国也都或多或少出现零星有兴趣的买家，但真正进入实质阶段的却没有，因为大家都处在行业冬天，谁都没能力啃下这块骨头。能够有机会购买悍马的，恐怕当时只有中国买家有这个实力。因为当时国内经济并未走向低迷，一些外向型劳动密集型的中小企业才是危机的前沿，而这些汽车制造商们，正借助十大产业振兴计划的春风扩大生产销售，小日子过得红红火火。

所以，这个时候国内还是有不少企业对悍马品牌垂涎三尺。先是长丰汽车与通用谈判，在经过一连串的考察以及论证之后，因为悍马的高耗油量，在国内打开市场的可能性不大，所以长丰并没有成为悍马的买家。这个时候，一家名不见经传的四川民企腾中重工冒了出来，突然宣布与通用达成协议收购悍马。霎时间一石激起千层浪，“蛇吞象”的舆论效应传导开来，各种猜疑也纷至沓来。这个注册成立于 2005 年的年轻企业也受到了各方的关注。

腾中重工，是一家涉足特种车辆、道桥构件、建筑机械、新能源、石化设备产业的现代重工企业。从其企业的运作与销售来看，腾中重工虽然也生产工业机械及相关用车，但却并不是一家汽车专业生产商。悍马品牌对于其企业发展不能说没有帮助，但以高昂的资金代价购买悍马究竟能带给腾中重工什么，这一点在业内外都受到了广泛质疑。但质疑归质疑，毕竟这是国内首个国内民营企业购买国外的著名汽车品牌，不管是公众、媒体还是行业内部都给予了高度的关注，都要观察到底腾中重工在下什么样的棋。因此所有的目光都聚焦其发展。

随着通用与腾中重工宣布了收购协议，事情却并没有按照既定的收购方向进行。在消息传出进入审批程序之后，2009 年 7 月初，商务部表示尚未接到腾中重工的收购材料，随后腾中重工确认收购申请递交发改委。10 月，腾中重工与通用正式签署了收购协议，腾中重工将出资约 1.5 亿美元，以获得悍马品牌、商标和商品名称的所有权，并拥有生产悍马汽车所必需的专利使用权，且承接悍马与现有经销商签订的经销协议。

但转过年也就是 2010 年的 2 月，通用宣布了腾中重工收购失败，原因却颇耐人寻味，竟然是因为腾中重工不具备整车生产资格。这样的结果令人匪夷所思，因为具有整车生产资格是腾中并购悍马的基本条件。这个条件在双方接洽之前都应该有数，没有资格的话收购本身就是一场闹剧，而这场闹剧却维持了大半年。能够与通用汽车签约却因为低级错误最终无法实行，业内外一片哗然。

很多人质疑，这是通用汽车与腾中重工合作上演的一场闹剧。通用汽车借腾中重工的收购调高价格出售，而腾中重工的好处是借这次收购可以获得巨大的广告效应。实际上通用得没得利在当时尚且不知，但腾中重工确实因为此并购案名扬海内外。

不久之后，2010 年 4 月通用就宣布关闭悍马品牌。我们可以发现，这并不是一个双赢的局面。因为通用关闭了悍马就表示其实在 2009 年如果通用有其他买家快速出售的话，就不会造成品牌关闭，也就是说，通用汽车错过了出售悍马的最佳时机。

陪着腾中重工玩了大半年，通用汽车不仅没有获得丝毫利益，还因错过卖出时机让自己损失惨重。这么看来，腾中宣称的“付出了巨大的心力”原本就是有预谋的。其目的就是借从通用手中购买悍马来提升品牌知名度，利用自己没有“整车生产资格”的问题成功阻止并购，既不需要付违约金，又能够达到宣传企业的目的。但仅仅是为了品牌知名度做这么多事情，实际上却不见得能够在短期获得利益。在这个利益驱动的商业市场上，难道仅仅是为了广告效应？当然不是。在以收购为招牌、打响品牌广告为目的诡道局中，似乎潜藏着一个更为隐秘、复杂的局中局。

2009 年 6 月 4 日，全球第二大芒硝生产商旭光资源在香港开始正式公开招股，集资最多达 14.78 亿港元。在外人看来，这个企业的招股看似与腾中重工收购悍马没有任何关系。不同的行业，不同的企业，不同的商业行为。但这个企业的招股上市，却与腾中重工的并购行为有着千丝万缕的关系。因为旭光资源与腾中重工的实际控股人都是一个人——李炎。在旭光资源的招股文件中，创办人兼主席、非执行董事兼控权股东是一个叫“索郎多吉”的人。而经媒体证实，这个人就是改了名字以后的李炎。这究竟是怎么回事呢？

我们先从 2005 年说起。2005 年一家叫 Top Promise 的投资控股公司在香港注册，其实就是旭光资源的附属公司。而早在 2004 年李炎就通过四川华拓实业发展股份有限公司以公开投标方式收购川眉芒硝 90.0% 的股权。2005 年川眉芒硝 90.0% 股权由 Top Promise 收购，其后转为中外合资企业，在这一过程中李炎一直为川眉芒硝最终控权股东。

2007 年 6 月，Top Promise 在四川省成立外商独资企业川眉特芒，注册资本为 2905 万美元，由 Top Promise 以现金注资。2007 年 8 月，川眉特芒的注册资本增至 5000 万美元，总投资额增至 9000 万美元。这样，Top Promise 就间接拥有旗下两家中国附属公司川眉芒硝 90.0% 以及川眉特芒 100.0% 的权益。

据媒体报道，腾中重工的实际控制者系四川华通投资控股有限公司，而华通的控制人就是李炎。也就是说，旭光资源、四川华拓、腾中重工、华通投资几家公司的腾挪运作，都与李炎有着密不可分的关系。现在看来，如果说从旭光资源的资本腾挪到腾中重工的收购悍马没有一丝预谋，也似乎不可能。

而非常巧合的是，就在腾中重工宣布收购悍马的时刻，也就是 2009 年的 6 月 4 日，旭光资源公开招股，其时间配合严丝合缝。而实际上，2009 年 6

月16日旭光资源正式挂牌交易，该股平开报2港元，高见2.39港元，升幅达19.5%，报收2.38港元，较招股价2港元逆市上升19%，成交5.57亿股。在当时市场低迷的情况下，该股逆势大涨，可以说其上市造势成功。毫无疑问，不管是该公司的投资方还是掌控人均获得了巨大利益。不管该公司承不承认，但收购悍马的事件确实已经对旭光资源的股价起到了非常大的正面作用。

另外，华通集团的主要股东为华尔街投行，包括美林、瑞银和摩根士丹利。腾中重工收购悍马据传也是摩根士丹利从中搭桥。从种种的现象中可以分析，腾中重工开始收购悍马有国际投行参与，而华通集团的股东又是这些投行，旭光资源的上市利益必然与这些金融资本大鳄有着密不可分的关系。

显然，不管是改名的索郎多吉还是其幕后操纵的金融资本大鳄，都在收购悍马中有着共同的利益趋向。那么这里面恐怕被蒙在鼓里的，就只有傻呵呵等待高价出售悍马的通用汽车了。而当真正并购失败的消息传出来的时候，已经是第二年的事情了。在资本市场上，旭光资源早已赚得钵盆全满，成功运作其他商业大计了。

其实从整个事件过后来看，腾中重工虽然扮演着不光彩的角色，但在商言商，其摆的一场巨大的空城计确实成功了。其运作的开始，就以一种确实真心实意购买悍马的姿态，并认真走完了并购的整个过程。最终当中国商务部表示，中国各监管机构均未收到过四川腾中重工收购美国通用汽车公司“悍马”品牌完整申请方案的时候，一切的资本腾挪步骤都已经完成。这可以说是商业诡道中的典型案例。

有人说这样违反了契约精神，也有人一棍子打翻一船人，说中国企业就是缺乏商业道德。而实际上在当时“中铝”与“力拓”的并购案中，力拓就是利用了中铝过桥，然后违约达成高价与必和必拓合作，付出了低成本获得了高收益。其实这也是违反契约精神的，甚至当时更为严重的是其主动违约，而并非其他原因。在腾中收购悍马的“闹剧”当中，其结果是腾中重工有效地利用了商业与法律的漏洞，耍了通用汽车，达到了自己的商业目的。如此诡道，并非一般人能够做得到的。而其掌舵人强化企业并购的高调，弱化个人，低调行事，本身也说明其缜密的筹划布局。

这种利用天时的商业诡计的成功其实并不仅仅在汽车行业，在后危机时代影响扩散后，其实国内受影响最大的还是地产业。很多曾经的地产富豪们有的遇到了资金链危机，有的却在紧锣密鼓地实施并购计划，地产业的商业并购改变了原有的行业平衡布局，进入到了一个新的时代。

地产业生存淘汰赛与吞并的商业变局

中国地产业的发展史其实也就是中国经济发展的一面镜子，房地产的逐步兴盛伴随着城市化进程得以发扬光大。随着全球经济危机临近，国内房地产形势也在发生着变化。在 2008 年以前，整个地产行业因为国内城市化进程，进入了快速上涨期，同时劳动密集型企业也开始出现一些恶化迹象。所以资金开始快速进入地产业，这样就加速了地产价格快速上涨。

2008 年的时候，由于受到内外双重的经济压力，加上 2007 年的政策调控带来的持续阵痛效果，导致了观望情绪的蔓延，直到后来的十大产业振兴计划推出，成为了房地产业发展的再次转折点。十大产业振兴计划里虽然没有房地产，但从事后的结果来看，显然房地产业成为了最大受益者。随后到了 2009 年以后达到顶峰，2010 年国家开始对地产价格有所警惕，因此进行了一系列的调控措施，所以 2011 年之后就成为了地产业的冬天，整个行业格局发生了很大的变化。

从时间段来看，地产业的格局可以分为三个阶段。第一个阶段，就是群雄逐鹿的阶段。这个阶段是从 2003 年地产复苏之后直到 2008 年，期间可以说杂牌军不断壮大，“聚个柳子就成帮”，各种各样的地产公司不断冒出来。这里面除了一些地方性质的房地产企业之外，就是一些较为知名的实体企业的拓展业务。房地产业基本上属于一种“大水池里养小鱼”的状态。

当 2008 年地产业短暂冬天来临的时候，真正难受的还不是房地产公司。

因为当时成交量虽不高，但是没过多久就捱到了产业振兴计划的推出，时间上并没有使地产公司的资金链受到太大的影响。真正难受的是那些房地产中介及二线炒房者。北京、深圳、上海等一线城市，到处都能看到倒闭的地产中介。而很多炒房者也因资金断链导致掉进亏损旋涡，甚至出现有人跳楼的现象。相对来说一些较小的地产公司也开始出现危机，但随后危机就随着政策的公布解除了。

第二个阶段，就是房地产业进入价格暴涨阶段。这个阶段毫无疑问是国家宏观政策的变化带来的。这个时候整个行业格局出现了变化，那就是中小型地产公司拿不到地，不缺资金就缺地。而一些传统的地产公司拿到地的机会也不多。这个时候最厉害的，就是那些受益于产业振兴计划的庞然大物——国企。原本就产能过剩的国企把资金用到了地产，尤其是钢铁、石化产业、有色金属业等产业加上原本就不差钱的地产央企，争抢拿地现象开始出现。

2009 年，全国各地频频刷新地王纪录的，基本都是这些国有企业。他们炒高了地皮价格，毫无疑问也就带动了地产价格。这些公司因为有着雄厚的资金做基础，所以目的并不会太复杂，也不需要过多计算成本与利润以及未来风险，只要拿到地即可。但是作为传统的地产公司，他们是从多年的地产风险与机遇中摸爬滚打出来的，在风险与利益比之下，有些时候就会选择放弃。

我们可以发现，一些传统的地产大亨们如潘石屹、王石、任志强等在 2008 ~2010 年是被媒体曝光最高的时期。老潘和任大炮不断地在媒体面前抱怨，却遭到被高涨房价气得咬牙切齿的群众劈头盖脸地群骂。说句实话，在这个时候他们也很“委屈”。他们的“委屈”是：既没吃着腥，还被骂是偷鱼贼。如此混乱的地产发展持续到 2011 年，逐步地产业的“好时光”远去了，第三个阶段也就随之来临。

第三阶段，房地产业再次产生变化。2011 年 10 月份，70 家房地产公司公布了三季度报表，近一半的地产公司出现了业绩下滑或者亏损，八成以上的公司负债增加，这就给整个地产业的资金链增加了压力。由于政策性的紧缩，造成了整个地产业资金趋紧。而在这个时候行业的成分相当复杂，有坚持孤注一掷的小地产公司，有大量囤地的国营背景企业，有大量中间环节的投机炒作者，也有在大环境尚未转变前的跃跃欲买者。

在这种充斥着大量非传统地产商的恶炒环境下，即使政策开始紧缩，也不会立刻显现出效果。于是就出现了非常奇怪的现象，那就是大量城市的房价并没有出现降价，而仅是成交量逐步减少，投资者逐步由积极买入转为开始观望。而这种现象慢慢延伸，必然要造成地产业界的发展趋向变化。那些资金运转紧张的小地产公司以及那些非主营地产业务的国有企业，逐渐地有了淡出的意念。

其实他们更像是股市中的炒作投机者，在地产业进入“牛市”的时候，一路高歌猛进，但是一旦出现转“熊”迹象，就会有退出的想法。因此在这个阶段，行业内的资金实力不够强大的中小地产公司开始另谋出路，而那些国企背景的公司也开始见好就收。

这个时候，恰恰是那些在 2008～2010 年没能怎么拿到地的传统地产公司，包括地产龙头万科，都在积极地并购地产公司或者开始大量收购土地。在 2011 年，尤其是下半年，出现一件很有意思的事情，就是类似老潘、任大炮等公司老总们开始降低媒体曝光率，而老潘的公司在上海等一线城市已经收购了近 200 亿的地产。

万科呢，仅在 2011 年的 8～10 月就收购了 16 个新项目（总建筑面积 560 万平方米，总金额人民币 170 亿元）。据不完全统计，2011 年第一季度房企的并购案例达到 32 起，4～5 月期间，房企之间土地、项目及股权转让等拟并购和收购案例超过 20 宗，涉及万科地产、恒大地产、SOHO 中国、奥园地产、嘉德置地、渝开发等房企。一些实力型房企开始成立专业的投资公司，伺机寻求一些可供并购的项目。于是，一场地产业的大洗牌开始了。

所有的这些在房地产业冬季来临后运作频繁且富有活力的公司中，最具代表性的就是万科、恒大和大连万达。显然，这几家公司的实力背景都十分雄厚，但发展模式却有所不同，这也就决定着未来谁能够长久掌控地产业发展的最佳时机。我们先来介绍一下万科与恒大的模式对比。

万科近年来的发展一直比较稳定，不管地产价格高低，其拿地和兼并企业的频率都差不多，非常平稳。但最大的变化在于，在2010年以前，万科主要的形式还是以拿地为主，但在2010年以后，万科则加大了并购地产公司的步伐，不再单纯以拿地作为自己的主要扩张方式。这么做的好处自然是不再正面争抢“地王”抬高地皮价格。只要看到地产公司有资金链问题，就可以从点介入，进而拓展到整个地区的地产业，巩固市场地位。

尤其在这期间加大了对二线城市的投资，可以看到万科精明独到的商业眼光。2011年万科实现营业收入717.8亿元，同比增长41.5%；实现净利润96.2亿元，同比增长32.2%。这在行业低迷的整个大环境中可谓独树一帜，保证了公司运作的长久稳定性并降低了企业风险。而万科为什么从拿地转变为并购，而非一开始就并购呢？其实主要因为早年产业整体发展良莠不齐，很多并购的地产公司有一些隐性债务，加大了成本控制风险。而随着地产行业的成熟，加上整个行业进入了一个洗牌阶段，万科及时正确地调整了发展战略，以稳定、兼并扩张作为其发展的核心。

最重要的是，在发展过程中万科并不同其他某些地产公司那样只为了高利润去运作。我们可以发现，在2007年、2010年这些至关重要的时间点，万科都能成为首先降价促销的公司。这就避免了公司资金出现问题。灵活的企业运作，是万科始终保持行业优势的原因。同样是产业巨头的合生创展，就是因为对这点看不开，没有搞活资金，捂盘惜售导致资金链随着地产冬天的到来而紧绷，最后逐步陷入危机之中。从这一点来说，万科比其他公司更加想得开。而进入2012年以后万科放缓了扩张的步伐，主要的收购扩张也基本完成。这个时候，其发展主要还是放在销售方面，为地产冬天的持久战做准备。

与万科对资金周转率以及土地储备配置的严格要求不同，恒大并不在乎其财务指标与规模之间的联系。2009年期末，恒大的土地储备只有5400万平方米，而经过2010年，恒大地产土地储备已经达到9600万平方米，几乎翻了一倍。恰恰是这一年，整个土地价格还处在一个巅峰的状态，直到2011年以后地产业才开始有支持不住的公司不得不以较合理的理由转让土地。所以恒大地产自2009年以后，基本负债率都在70%以上。

到了2012年，恒大地产虽然减缓了扩张的步伐，但在资本市场上依然被境外机构狙击。2012年6月21日，恒大地产在香港市场遭遇了一场突如其来的做空，一家名为CitronResearch（香橼）的第三方独立调查机构，用一份长达57页的报告，“突袭”了恒大。其中列举了恒大地产的五大罪状——通过欺骗性的会计手段处理粉饰报表，掩饰资不抵债的事实；通过贿赂不法官员获得土地；因融资困难、楼价低迷产生的危机，恒大造出一个复杂的庞氏风格的融资计划；投资足球、影视等高风险、没回报的产业等。

虽然该机构长期以来习惯狙击企业做空，但苍蝇不叮无缝的蛋。在整个地产低迷的前提下，恒大的高负债、高囤地、散乱的发展模式已经成为国际资本的狙击目标了。实际上恒大2012年中期的业绩表明，其净负债率已经达到96.1%，确实已经快到崩溃的临界点了。而万科净负债率仅为37.7%。

不进行产业优化是无法继续健康生存的，因此从整个行业的发展模式来看，能够保持最合理的现金流，低负债率，是能够让企业健康发展的前提。而发展模式也并非一成不变。大连万达就是以地产为核心逐步辐射发展的典范。与这些地产公司相比，大连万达的发展则更为从容，原因就是其以商业地产为轴心，借由产业的关联性进行产业链的构建。由商业地产辐射发展出了大型商业中心、城市步行街、五星级酒店、商务酒店、写字楼、高级公寓等多方面的商业群，将购物、餐饮、文化、娱乐等与商业地产相结合，形成同产业链下的大型商圈，这样做就不会因为地产价格的起伏影响成本运作。

这些商圈发展基本都围绕着消费终端，把商业地产与商圈互相融合互相提高商业价值。这么做不仅稳固了资金链，还能保证多方位的主动发展，不会承担地产低迷带来的商业风险。由此看来这样的商业模式更加健康。

但需要注意的是，多元化的发展一定要围绕着产业链优势来做，否则就会使成本叠加顾此失彼，最终带来的就是高负债率的结果，到时企业玩完或者萎缩也只是时间问题而已。我们结合整个产业以及企业的发展行为分析了这么多，其实就是要说明最重要的一点，为了能够把企业发展规划好，能够坚守原则保持低负债灵活的销售思路，是地产业能够长久发展的最核心部分。

因此有时候商业的诡道不在于运用多少阴谋，最简单的有时候也是最有效的！

解决兼并危机的“另类”法宝——家族连锁自救模式

2012年9月，一场因“钓鱼岛问题”引发的“抵制日货”的大讨论在网络上大幅出现。随着事件升级，国内的抵制购买日货行为也开始蔓延。而就在9月18日之后，网络上出现了质疑康师傅“日系血统”的帖子及言论，随后事件不断升级。到11月初，事件逐步明了，实际上这是统一与康师傅利用大舆论环境的企业博弈战。

据媒体报道，从黑龙江到广州，从浙江到乌鲁木齐，康师傅7000多个销售点受到影响。有意思的是，统一对康师傅的“日资背景”质疑发出暗战，但实际上统一也有日资背景，所有的一切不过是商业手法的竞争而已。随着企业通胀大环境下的竞争日益激烈，企业之间的争斗现象也屡屡出现。康师傅和统一的大战近年来也是频频爆发，这次利用大的民间舆论环境的“反营销”战略，确实给康师傅带来一定的影响。

就此问题深究下去，我们可以看到康师傅的股权控制变化以及多年来的企业兼并与收购是非常有意思的。也就是说，不管什么血统，其实企业的发展和度过危机才是第一位的。因此对于康师傅的发展、收购吞并所带来的正反两方面的影响都非常值得研究。而康师傅以及其背后的顶新集团多年来的收购谋略，可以说为民族品牌的并购与发展提供了非常好的借鉴范例。吞并与被吞并之间，其实本身也是一种利益博弈。

康师傅的发展壮大、危机的出现以及产业地位确立，都离不开其多年来在内地、台湾两地的资本扩张与腾挪。康师傅的创始人家族——顶新集团的魏家四兄弟，1992年在内地生产了第一碗方便面。在企业提升期的康师傅，以“概不赊销”的经营手法，保证了企业现金流的通畅。康师傅1996年在香港上市后就开始了他们家族事业的快速发展期，快速的融资，让顶新的扩张欲望大增。

于是顶新在1998年杀回了台湾，收购了台湾第二大食品企业——味全公司。于是在继进入方便面、饮料市场后，顶新匆忙地开始了食品行业的拓展。这个时候顶新面临的问题是多方位的，在企业的发展方面突然开始多元化。按照魏氏兄弟自己的话说：右手要做好方便面，与统一竞争；左手要做好米饼，与旺旺打；右脚要踢可口可乐、百事可乐，争饮料市场的份额；左脚要做饼干，与当时的纳贝斯克竞争；屁股要去撞家乐福、沃尔玛；头还要顶麦当劳、肯德基，做快餐。多方位的市场竞争需要大量的资金，而收购味全已经让顶新的资金链绷紧，加上当时亚洲金融危机爆发令其资本市场的亏损也非常巨大，因此在转过年来之后，整个集团运作就陷入了资金危机之中。

因扩张收购而危机重重，却因为被迫转卖股份而获得新生，商业市场上有时候就是这么玄妙。在顶新陷入资金危机的时候，不得不考虑卖出康师傅的部分股权来换得资金支持。而在当时对康师傅有兴趣的企业主要有三家。第一家是美国的以玉米浓汤为主业的康宝，但经过对康师傅的财务调查之后康宝也顾虑重重，因此退出。第二家就是从康师傅创业一直到如今的竞争者——统一。在当时阶段，统一已经比较重视这个竞争对手，想借此次参股“联姻”，但被顶新拒绝了。这里面的原因有两方面。第一方面，统一也同康宝一样，要求财务调查。康宝的财务调查已经耽误了数月，对于当时的顶新来说，资金援助已经是刻不容缓的事情了，如果再进行财务调查很可能会因为时间原因导致企业危机的连锁反应出现。另外，统一毕竟是竞争对手，如果对方借财务调查为名故意拖延，当顶新倒下之后再低价收购，那个时候真是苦都没地方诉了。而这种企业的战争策略，比任何武器都好用，不需费一兵一卒就能把对方打垮。这些问题都是顶新不得不考虑的。第二方面就是当这个昔日的竞争对手以大比例参股之后，会不会搞企业内讧，将魏氏兄弟踢出局，这是必须考虑的事情。因为企业行政权的稳定是企业发展的基本原则。像雷士照明那样的股权争夺，其实在很多企业也发生过，结果是企业受伤最大。

因此在这个时候，顶新需要的是能够资金支持入股，且行政不实行干预的稳定股东。相对的这个股东的进入还能够对企业的竞争力有正面影响。而实际上，能够达到这个标准的只有日资企业。为什么这么说呢？在国际资本方中，日资企业的特点非常明显，他们不会像欧美国家的同类企业一样，当资本方入主之后，会想办法套用金融模式，要么引入投资人逐步侵蚀股份，分拆卖掉或者融资卖掉，要么高价转买其他企业。日资企业最重视企业的长远发展，他们最大的目的不是短期套现，也不是非要夺取企业控制权，而是只要企业的长远发展越好，逐步带来的股东利益越强越值得投资，所以他们非常有耐心。因此从国内的各个产业巨头的发展来看，往往是日资参股的企业稳定性反而更高。尤其是在其他投资方准备获取短期利益的时候，日资反而起到制衡作用，稳定了创始团队和资本注入者之间的权力博弈。

这时候，日本三洋的出现让康师傅找了一个好的“婆家”。三洋以总金额约 1.43 亿美元，买下康师傅 33% 股权，顶新因此渡过了资金难关。此次三洋的入股，不仅为康师傅注入活力，也因此带动顶新进入一个新的阶段。而魏家四兄弟也开始根据各人性格、专长发展各自企业，以“分工、分业、不分家”的理念在各自领域奋斗。三洋入股后，康师傅方便面发展得更加顺利，2002 年以后康师傅方便面趁统一布局内地市场突然打回台湾，很快取得 20% 以上的市场占有率，并逐年增加。这一点也是统一没想到的。

当康师傅在方便面市场逐步打好基础之后，下一步就是布局非碳酸饮料市场。而当时与三洋的合作让其吃到了甜头。于是康师傅再次瞄准日资企业，与朝日、伊藤忠合作成立了康师傅饮品控股有限公司，朝日和伊藤忠的合资公司（A－I China Breweries Co. Ltd.）将买入该公司的50% 的股权。最有意思的是为了能够让日资企业协助自己全力做好企业，康师傅甚至要求对方必须持股达到50% 。

这么做的好处是，双方的对半股权能够让大家齐心协力做好企业。日资能够在原料供应、技术支持方面提供更多的便利资源，甚至伊藤忠本身就有自己的棕榈油厂并以远低于市场的价格向康师傅供应了棕榈油。在当时棕榈油价格大涨的时刻，康师傅方便面却应对从容，这是合资饮品的附加效益。

在寻求合作之前，康师傅已经做过市场论证：“未来 10 年后的中国饮料市场的发展将会逐渐饱和，只有3%～5%的年成长；届时，只有排名前3名才有钱赚。”为了能够保证质量、资金、管理稳定的前提下快速占领市场，与日资合作是最佳的模式。而事实上，在与两家日资合作之后，康师傅饮品的市场占有率迅速增加。到了2007年以后，康师傅的方便面、饮料都稳固保持市场占有率第一的位置。

随着次贷危机的风险扩散，顶新也看到了未来的风险。为了降低风险，宽松资金流，顶新再一次进行了股权的买卖。这一次顶新进行了一收一放，这里面又有了学问。一放是将伊藤忠引入顶新的决策层内。2008年11月23日日本伊藤忠商社以700亿日元（约合49.21亿元人民币）资本加入的方式获得顶新国际集团20%股份。这一放，不仅可以获得巨额资金，同时本来与伊藤忠在原料、技术、产业合作等诸多方面的合作已经越来越深。这样一引进，除资金外还可以获得更多的资源，同时也可以展开更多合作，因为这个时候顶新的魏氏家族四兄弟在各个领域都获得了不小的成绩。

顶新在产业发展上，不仅是方便面、饮料、糕饼等食品，还涉及了购物中心、便利店、餐厅等诸多产业。作为全球排名20位以内的伊藤忠在财务、法律、技术、原材料、品质的控管方面都可以给予支持。这样的战略投资人是非常值得信赖的。所以从整体上说，这一次的合作可以说是顶新的又一次飞跃。

“一收”呢，就是在伊藤忠入股顶新的第二天，顶新集团拿出2.8亿美元向日本合作伙伴——朝日啤酒及伊藤忠的合资公司AIB——购买康师傅饮品控股有限公司9.999%股权。也就是说，顶新有意识地引进伊藤忠之后，又逐步限制朝日的权力，同时回购股份也能巩固康师傅饮品控股公司的控股权。因为这个时候的康师傅饮品已今非昔比，市场占有率的绝对优势已经凸显。当市场稳定之后，股权的稳定就成为首要任务了。

而在回购前，双方的股权还是势均力敌。所谓“飞鸟尽良弓藏”，在这一点上顶新看得很明白。伊藤忠已经入股顶新，康师傅饮品的股权对伊藤忠来讲就显得无足轻重。更何况里面还有个朝日，这样就相当于顶新加上伊藤忠合体对付朝日一家了，强势立显。而这个时候的朝日也没必要去和他们撕破脸。同样都是在全球经济危机来临的时代，赚点钱也没有错，更何况当时康师傅正面临“矿物质水事件”，对其品牌也造成了影响。因此在这个交易中大家也算皆大欢喜。顶新也进一步巩固了战线，宽松了资金。2009 年，魏氏兄弟的控股公司收购全球的地标性建筑台北金融大楼 19.51% 股权，总额 37.35 亿元，足见其资本雄厚。

在引进伊藤忠之后，对于顶新和其旗下的康师傅来说可谓是顺风顺水，但在饮料市场上随着原材料成本不断上升以及市场竞争的日益残酷，逐步感到了盈利压力。数据显示，康师傅饮品业务在 2011 年的收入为 40 亿美元，较上一年的 35.34 亿美元增长了 13.2%，增长率较 2010 年的 38.94% 出现了大幅下滑，显示饮品业务发展增速放缓；利润也由 2010 年的 2.63 亿美元大跌 40% 至 1.59 亿美元，这对已经成为康师傅主要业务的饮料产业来说短期虽然并不受太大影响，但必然成为长期隐患。

在这个时候，康师傅又进行了一个战略性的收购行动。这一次并非与日资企业合作，而是直接引入了全球饮料巨头——百事可乐。2011 年 11 月，康师傅控股以子公司康师傅饮品 5% 的股权，换取百事中国的非酒精饮料瓶装业务，并向对方发行期权。媒体报道的具体细节如下：一、康师傅控股附属公司康师傅饮品控股有限公司（康师傅饮品）将成为百事公司在华特许经营装瓶商。二、百事目前在华的饮料业务通过 24 家全资和合资装瓶企业进行运营。此联盟获批准后，百事将把其在装瓶厂中的间接持股移交给康师傅饮品，由此将获得在康师傅饮品 5% 的间接持股。伴随着中国有望成为世界最大的饮料市场，百事也将有权决定在 2015 年前把在康师傅饮品的间接持股增加到 20%。三、目前在百事中国合资装瓶企业中的股东不会因为此联盟而发生变化。四、康师傅饮品将与百事现有的在华装瓶厂合作，负责生产、销售和分销百事的碳酸饮料和佳得乐品牌产品，百事将继续拥有品牌和负责其市场推广活动。五、康师傅饮品将通过百事的授权，开始将其果汁产品在纯果乐品牌下进行联合品牌经营，康师傅饮品和百事的现有装瓶企业将有权分销百事在中国的饮料品牌产品。此外，百事将把此联盟纳入其全球饮料创新计划。

从这些细节可以看出，对于康师傅而言，并不在于收购百事可乐的瓶装厂，因为这些厂子几乎无利可图，属于标准的代加工行业。重要的是能够分销百事旗下产品以及联合品牌经营。这样的联盟最大的好处是可以借助百事的品牌效应扩大自己的品牌销售影响力，同时“肉烂在了锅里”。这种利用“一个锅里吃饭”的做法在饮料市场里毫无疑问是对竞争对手的绝对打击。一方面化敌为友，将百事揽为战友，另一方面削弱了可口可乐以及包括统一等其他饮料的实力，这么做对康师傅来说毫无疑问是合算的。

但对于百事可乐来说则更合算。因为百事可乐卖出的是其最不赚钱的业务。例如：北京百事在2009年度营业利润亏损3785.17万元；2010年前10个月，营业利润亏损7428.6万元。深圳百事可乐饮料有限公司2010年主营业务收入为15亿元，净亏6742万元；2010年，福州百事营业净亏损达5604.15万元，负债总计28619.03万元。2011年8月31日的财务报表显示，其营业净亏损3111.38万元。与之形成强烈反差的是，百事可乐发布的2011年第三季度财报显示，其第三财季的利润增至20亿美元，超过上年同期盈利19.2亿美元，季营收同比增长13%。

也就是说，在康师傅入主前，百事可乐的生产加工程序基本是赔本赚吆喝。这当然也是外资的惯用手法，利用产业优势，将产业链低端利润压到最低，然后打包给别人做。百事可乐把最不赚钱的业务卖掉，换得康师傅饮品5%的股份。从这一次的并购案来看，康师傅自然拿到了自己想得到的东西。但从利益配比上来看，美国人还是比日本人更“狡猾”。

但事情并没有结束，因为想要让该“并购案”成功还必须要通过商务部的审核。这么大的并购案曾经出现过审核没通过的例子，那就是可口可乐和汇源果汁的并购案。当双方都已经准备庆祝并购成功的时候，却因涉嫌反垄断被叫停。可口可乐之所以没有成功收购汇源，就是因为一次性收购股权太多，动静造得太大，引起了舆论的广泛注意，最后没能并购成功。而这次与康师傅的并购案中，百事可乐则要聪明得多。一方面是康师傅将百事可乐瓶装业务收入囊中，另一方面百事可乐先期获得股权仅为5%，而其他以期权形式低调逐步进入。这样就不会触碰国内舆论的“反垄断”敏感神经。因此，到2012年3月份以后，商务部顺利通过审批，百事与康师傅的联盟顺利达成。这不仅改变着康师傅的整体发展战略，也改变着国内饮料市场的势力布局，因此也就难怪统一气不过了。

其实，从康师傅多年来的发展来看，其在管理以及产品质量控制方面做得并不比统一等其他企业出彩。但重要的是，康师傅在关键的企业发展点上的战略并购做得很好，尤其是在后危机时代来临的时候。这里面包括被别人收购、回购以及收购别的企业。虽然不是每次都能成功，但每一次都能在关键时刻做出正确的选择，通过企业兼并与战略引进投资人，让企业走在一个健康的轨道上。

也许顶新和其领导的康师傅未来不一定能永远保持行业优势，但至少在已经走过的轨迹当中，这些并购案例充分体现了中国民族资本的商业智慧。商业的并购诡道在于关键点的操作，这也是商业资本并购的魅力所在。

后危机时代联想集团的“柳氏救赎法”

提起联想集团，相信国内几乎没有人不知道。从 20 世纪 80 年代的创业期到进入新世纪的巅峰期，再到后来的危机期以及自我救赎期，可以说联想经历了冰与火的洗礼。关于联想的创业故事以及其管理模式在这里不再多做赘述。我们需要做的是从联想在国内大的 IT 行业发生巨大变化时所作的种种策略，解剖整个联想的转变以及其创立的国内企业发展新思路。

2000 年，柳传志将自己的指挥棒一分为二，将主业 PC 等业务交给了接班人杨元庆，而将开拓新的发展交给了郭为。杨元庆坐镇联想，郭为进军香港，成立神州数码。其实在当时的阶段，联想的 PC 业务尚处在上升阶段，一切顺风顺水，而神州数码就像撒出的一把石子，投石问路。有人当时质疑柳传志的做法，认为这么做有些厚此薄彼，似乎只是为了扫清杨元庆身边的障碍。

而实际上，对于通用电气的“韦尔奇”式商业模式非常钦佩的柳传志有着更多的想法。通用电气的合理多元化发展以及其企业管理运作模式，使得柳传志非常希望将这种运作模式实现在联想的身上。即使当自己退休后，联想依然能够有序运转，发展成为柳传志口中说的企业缺了谁都能健康发展的“百年老店”。

但在那之前，柳传志必须做好安排。对于继承人的选择，柳传志用了一些中国式智慧。时隔十余年后，香港首富李嘉诚做了交接班，将自己的公司业务均交给大儿子继承；而把资金以及新的发展机会留给了二儿子，用资金支持帮助他收购自己喜欢的公司。这样一来，避免了家族兄弟在一个企业的势力划分与争斗，同时又能开拓新的市场。长子继承家族事业做“守成之君”，次子涉足新业务“开疆扩土”。长幼有序的分配方式是中国典型的“家族”式分配模式，既保证了交接班的顺利，又保证了不会起内讧影响企业发展。而实际上，柳传志当时决定的重要深意就在于此。虽然他与接班人不是血缘上的父子关系，但却是企业管理者间的“父子”交接。因此其在做交接的安排上就是像李嘉诚一样。在没有任何可参考的前提下，柳传志的安排不可谓不聪明。

在角色安排上，杨元庆挑大旗，柳传志在幕后做支持，而郭为发展新市场做“不是联想的联想”。10 年后，郭为带领的神州数码已经是总市值最高可达到 170 亿港元的超级大公司，2009 年销售额突破 500 亿港元，净利润 8 亿港元以上。而这年联想的净利润也只是 1. 29 亿美元，且深陷资金危机。从这件事情看出，郭为的个人能力确实很强，但也充分说明柳传志的安排是正确的。至于联想后来的问题，责任却也不能都推在杨元庆身上。

稳固了管理层之后，联想在 PC 业务上不断突飞猛进。在国内市场逐步趋于饱和的状态下，联想就有了国际化发展拓宽市场的想法。在当时，市场占有率是 PC 业务的灵魂。恰逢此时，IBM 因旗下 PC 业务连续亏损，双方一拍即合，在 2004 年底，IBM 把其 PC 部门整体卖给了联想；到 2005 年初，美国政府也通过了该协议。根据收购交易条款，联想已支付 IBM 的交易代价为 12. 5 亿美元，其中包括约 6. 5 亿美元现金，及按 2004 年 12 月交易宣布前最后一个交易日的股票收市价价值 6 亿美元的联想股份。交易完成后，联想拥有 IBM 18.9% 的股权。此外，联想将承担来自 IBM 约 5 亿美元的净负债。

最值得注意的是，联想引入全球三大私人股权投资公司德克萨斯太平洋集团、General Atlantic 及美国新桥投资集团，同意由这三大私人投资公司提供 3.5 亿美元的战略投资。根据协议，联想将向这三家私人投资公司共发行价值 3.5 亿美元的可换股优先股，以及可用作认购联想股份的非上市认股权证。这样也就意味着，这些资本运作的老手并不在乎联想的长远发展，只要能为他们带来短期的利益即可。这成为后来联想发展的一个桎梏。

但眼前，如此巨大资金的投入，让联想面对的是如何能够消化已经连续亏损三年的 IBM 旗下的原 PC 业务。虽然联想一跃成为全球第三大生产商，但亏损的漏洞、资金链的紧张、企业管理面临的挑战仍多。杨元庆以及新加入管理团队的“外国团”也不断改善，但这些阴霾一直伴随着联想到 2008 年后危机时代来临以后。其实联想的危机在并购 IBM 以前就存在，并购只是催化剂而已。

而全球经济危机的蔓延又让联想雪上加霜，一次大的资本并购，虽然带来了巨大的产能，但市场逐步趋于饱和的事实是已定的。以低端制造为主的 PC 业务利润率不断下降的同时，市场也在不断萎缩。虽然联想早就由自己组装电脑转变为由擅长 OEM 的台湾公司制造，有效地控制了成本及保证了质量，但关键的一点是，联想的“空心化”已经遭业内诟病。也就是说，从联想自己组装电脑到分包给别人做，联想一向没有属于自己的产业链优势产品。在没有核心竞争力的前提下分包出去，其间的利润自然会趋于扁平化。而并购的 IBM 业务也是相同的低端业务，如此形势之下在自己产业地位没有变化的前提下还加了包袱，其危机可想而知。这与吉利不同，吉利购买沃尔沃的时候也包括生产线及一些核心技术的专利，相对来说对产业整体发展能带来更多好处。

而 IBM 的收购带来的除了债务、金融资本、产能、市场占有率之外，并没有任何好处，利润空间非常狭窄。但非常奇怪的是，当联想危机重重之时，“老帅”柳传志再次出山挂帅做联想董事长，仅用两年时间就扭亏为盈，并帮助联想度过了资金危机。由此可以看出，姜还是老的辣。但联想的危机度过却并不是柳传志的管理能力发挥了效用，而是他强大的资本运作能力与战略投资能力。

在企业管理上，柳传志称不上是最厉害的企业家，但在资本运作与战略合作方面，柳传志堪称是企业运作教父。因为这位名义上已经退居二线的“老帅”其实一直在幕后观察着联想，并为将来可能发生的危机做好应对，打好基础。

在当时，柳传志手里有两大法宝：多年来在商界的人脉网络以及独到的投资眼光。因此从 2001 年开始建立联想投资，也就是后来君联投资的前身。然后不断参与企业家的交流活动，逐步建立起了一个强大的“中国式企业家投资联盟网络”。

能建立起这个网络应该说非常了不起。因为在这个网络中的企业家的资金实力并不相等，有些实力雄厚，有些则差一些，所以当这里面的一些企业遇到危机的时候，这个网络就起到了“关键时刻拉一把”的作用。2008 年蒙牛身陷危机的时候，就是柳传志等人通过联想控股在第一时间给予牛根生资金支持才使其渡过难关。从这一点来看，这个商业联盟确实起到了作用。因为中国国情不同，对于民营企业来说资金的救赎从来都只能靠自己。所以这样的互助联盟不仅是对联想，甚至对整个中国商界都起到非常重要的作用。也难怪柳传志被称为中国的企业教父。

2008 年以后，联想陷入危机。由于并购 IBM 的消化不良，加上整个企业的 PC 业务竞争力不断下降，导致了需要大量的时间与资金才能自救。但整体亏损的格局，让联想已经到了危急关头。当时的财报是说亏损 9000 多万美元，而柳传志在后来说其实不止此数。也就是说，巨大的包袱压得联想喘不过气来，这个时候不管是什么样的管理团队，也似乎回天乏术。而就在此时，视联想为生命的柳传志实在忍不住了，决定出来重掌帅印，帮助联想摆脱困局。

于是，2009 年的 2 月份，柳传志重新回到阔别多年的董事长位子上来，并开始了一系列的大举措。这个时候的联想仅从管理上下手，已经不起作用了。因为大厦将倾，一切只在一瞬间，而管理上的突破需要多年的锤炼，并非一朝一夕，联想需要的是快速摆脱危机。

这时候联想做了两个资本运作，让联想瞬间解除危机并快速重新整合其强大的产业帝国。第一个动作是腾挪石药。2009 年 5 月 25 日，石药集团的香港上市公司中国制药与联想控股子公司中国诗薇签订资产交换协议，用恩必普药业的全部股权换取宏源化工的全部股权，兑价为 1.25 亿港元。其实早在 2007 年，联想就已经将石药纳入旗下，并收购其 100% 的国有股权。此次的交易更像是左手倒给了右手。而这个动作也为将来在资本市场获得巨大的资金支持做了铺垫。

第二个动作是最重要的，就是引进了战略投资人。已经深深领教欧美等资本大鳄的运作方式的柳传志，这个时候给联想引进了一个可靠的战略投资者——泛海集团。2009 年 9 月 8 日，联想控股宣布，中国泛海集团以 27.55 亿元的价格受让中科院下国科控股持有的联想控股 29% 的股权。目前联想控股的股权结构为国科控股持 36% 的股权，继续保持第一大股东地位；联想控股职工持股会持有 35% 的股权；泛海集团持有 29% 的股权。

之所以引进泛海集团，是因为其老总卢志强与柳传志有多年的深交。柳传志曾经亲眼看过卢志强为了不让同盟的企业遭受损失而独担责任。这样的企业必定是好的战略投资伙伴，不会出现任何的不可靠因素，事实也证明柳传志的战略选择非常正确。在引进泛海集团之后，资金逐步盘活，而相对的在业务拓展上泛海集团有着更多的行业经验，尤其是在战略投资方面。

柳传志如虎添翼，随后不断加大投资优势项目。于是这个时候联想逐步形成了三个大的企业划分：战略投资部、资产管理部、孵化器投资部。战略投资部涉及五大领域：IT 产业、现代服务业、化工产业、房地产业，以及未来发展大农业；资产管理部包括弘毅投资和联想投资，主要是进行资本运作；孵化器投资部则是对有创造力的创业公司进行天使投资。柳传志上任仅仅一年之后，联想整个局势扭亏为盈，并形成了长远发展的投资型商业帝国雏形。

到 2012 年以后，时机已经成熟，2009 年从左手倒到右手的恩必普药业，在 2012 年 6 月又卖回给了石药。这次石药集团花了 89 亿港元，短短 3 年不到，增长了 80 倍！关于此次事件其实业内早有质疑，怀疑有利益输送问题。

不过在国内这种“打擦边球”式的商业行为也不算少数。恩必普药业确实在这期间大幅增值了，从交易本身来看并无问题。

而实际上资本运作确实带来巨大资金空间。有了这笔钱之后，联想向产业链延伸迈进。其旗下资产管理部发挥巨大威力，联想控股斥资20亿元开始布局酒业，收购板城烧锅、孔府家、湖南武陵酒。同时，联想控股酒业正式命名为丰联酒业控股有限公司。2012年，联想控股旗下的风险投资公司联想投资更名为君联资本。君联资本共管理合计逾130亿元人民币，投资领域涉及科技媒体通信、外包和专业服务、消费产品及服务、清洁技术、医疗健康等。这也标志着联想的资本运作已经成为其主要发展的业务。

当优势产业的整合以及资金的腾挪获得成功时，主业的转型也在紧锣密鼓地进行。除了将PC业务逐步转型为中高端外，还进军企业级市场，2012年8月，联想集团与全球信息存储及管理产品、服务和解决方案领导厂商美国EMC公司建立战略合作伙伴关系，双方组建合资公司，挺进企业级市场，主推服务器、存储与NAS存储，其中联想占股51%。这也是联想向产业纵深发展的一步棋。同时也宣示，当年并购IBM已经转危为安。

从柳传志再次掌帅印开始，联想已经不再是当初的IT企业了，而是迈向了新的发展方向。从其不断的资本运作与战略投资，可以看到，联想逐步从一个IT制造型企业向战略投资型企业过渡。也许，联想的发展是多元化的，但却绝对不会步类似德隆系那种企业的后尘。因为柳传志给自己的企业做了一个本土化的“投资组合”。那就是先对企业的参股进行资本运作，这部分主要是以上市融资或者引进新投资者来增值，这样就能保证企业有足够的现金流，然后再对一些特别优质的企业绝对控股，当企业发展起来以后享受企业的高增值红利。而天使投资则是一种长期的投资，对创新型的企业进行投资，获得长远的可靠回报。

这些都是短、中、长期不断给集团输入资金血液的最佳方式。在这样的前提下，即使原本的主业出现问题，也能够在足够的资金支持下换取修改错误的时间。当原主业逐步找到产业链优势之后，又能够补充投资的弹药，互相影响，共同扶持发展。这种企业内的投资组合型发展，本身也是一种产业链打造。虽然其产业涉及各个行业，但整体运作却是有序的。也许将来联想就只是一个资本运作的公司，也许其制造环节也不再是IT行业。这些都不重要，因为柳传志打造的适应国内制度下的商业模式，已经走出了一条属于自己的路，而资本腾挪与收购兼并都是为这个商业模式服务的。

战略投资与企业并购的应对诡道根源

国内的企业发展，在进入新世纪后很多都会以并购其他企业作为战略提升、产业升级的手段，国企也好民企也罢，都在为能够抢占更大的市场做准备。企业对国际市场有一种迷恋感，似乎只要能够并购国际企业就能够全面国际化，能够将蛋糕做得足够大，可以享受盛宴。

但现实往往很残酷，当国内企业以高额资金并购了国际企业之后，一连串的诸如消化不良问题的连锁反应就会显现出来。尤其是在后危机时代来临以后，市场的萎缩，企业成本的上升，紧缩的货币政策都在考验着企业的耐受力。

这个时候往往拼的不是企业的系统运作功能。因为企业系统运作是一个能够保证长期稳定的机制，可以监督高层不犯战略性错误，但同时也掣肘着企业的大开大合。当然国内企业的管理系统工程普遍都还处在“初级阶段”，即使并购的国际企业本身有着自己的运作模式和企业文化，但当它来到了国内企业之后，其企业特质也会逐步转变。在转变前必然也有适应过程。如果不去适应又无法符合国内企业发展的要求，那么基本上国内企业并购的其他企业原本就是亏损的部分，在“蛇吞象”的吞并发生后，往往后续改造的资金与经验不足。这个时候就必须筹措资金以换取消化时间。如何筹措，关键不是企业能力，而是企业领导人的个人能力。这也是国内企业的普遍问题，就是永远是人的企业，而非机制的企业。

但也正是因为并非机制控制的企业，所以企业主的个人能力的展现就显得很关键，尤其是在大发展大并购的时候。而以“中国式”发展的企业基本上其企业领头人都有自己的几把刷子，而其规避风险的形式也多种多样。

第一种是以家族为核心的成功发展模式。这里面就包括以康师傅为发展原点起家的顶新魏家四兄弟，还有希望集团的刘氏弟兄。我们看到这两个家族企业，一个是从台湾出发，一个在内地发展，但其发展的模式则非常相像。起步的时候两个家族企业虽处行业不同，但都是概不赊销，保证不会因债务问题纠缠，为后来的发展打好基础。

然后当事业发展到一定的程度的时候，都进行了家族职责的分工，并以“分工、分业、不分家”的形式发展，在业务各自发展的同时还能互相扶持，不起内讧。这一点可以说是国内家族企业发展的典范。所以当这种家族式的企业遇到危机，或者因企业并购导致消化不良时，家族运作的威力就开始显现。所有的家族成员运用各自的资源来互助互救，并在关键时刻引进可靠的战略投资人进行产业优化，这都是因为家族式企业的团结运作才能带来的。

因为家族的成员每个人都可能犯错，也可以犯错，但是犯了错之后，就会有其他成员在管理上补救，在资金方面补救，顶新就是其中的例子。这样的家族组成的企业集团一旦分工合作结成战略同盟，往往牢不可摧。因为其发展模式是越来越紧密的，而非越来越疏离，且在维护企业核心的同时又能快速延伸产业发展，用企业核心整合多元化业务。这样的家族企业虽然在国内并不具规模性，但却有着不少成功的范例，即使有一些冒进的大型企业并购，也可以通过家族联盟的威力来逐步化解，换取消化时间。顶新在 20 世纪 90 年代并购的味全，在 10 年后已经成为顶新旗下最重要的高盈利企业之一。

第二种是企业主利用政策春风与政府资源来发展以规避风险的类型。这种类型里面最典型的就数吉利的李书福。20 世纪 90 年代末正处于中国入世的关键时刻。而在这个时候李书福的一句“给我们一个失败的机会”，让吉利借助政策春风进入汽车产业，并得以快速发展。就像李书福说的，是 WTO 给了我们机会。这个可以说是李书福的第一次借势。第二次就是吞并沃尔沃。2009 年正是国际经济危机严峻的时刻，到处都缺钱。只有中国的外汇储备不断攀升。而整个在海外并购的国企战队基本都铩羽而归，要么是金融企业并购成功被资本大鳄吸血，要么就是实体企业被海外的政治因素阻挡，而海外对国内的“市场经济国家”地位不予承认。这时候在政府的位置上来说特别需要一个国内的民营企业能够与海外的制造业有一起成功的并购案，如果是欧美国家就更好了，不管是在经济上还是政治上都有一种行业先导的作用。李书福正好再次借势利用此机会，以吉利的海外并购来帮助企业快速转型。欧美国家政府正愁企业一旦倒闭将引起失业率升高的连锁反应，因此对于汽车业的并购行为也放宽松了不少。所以沃尔沃得以顺利并购，吉利也因此转型成功。

虽然吉利也面临消化不良的问题，但有民企的标杆作用，加上从中央到地方政府的绝对支持，所以吉利在并购沃尔沃后并没有像传言所说的那样消化不良倒掉，反而净利润得以慢慢上升。各大国内银行的资金支持，以及地方政府的各种优惠关照，厂房的优惠，等等，加起来就给了吉利快速消化的时间。

而在 2012 年 10 月份也传出国产沃尔沃铁定通过的消息，也逐步让吉利的消化系统强力运转起来。所以，这种能够借势运作的企业主也是非常厉害，甚至借助并购本身帮助企业转型，摆脱发展危机。这也是企业主的个人能力所致。而像腾中那种利用海外企业并购的眼球效应达到上市溢价目的，其实也是一种借势，只不过这种借势与李书福的能力相比是小巫见大巫了。当然，腾中这种短期借势的本事，也是非常有借鉴意义的。

第三种是社会网络构建能力强大的企业家。这种企业家的代表就是柳传志。他最厉害的地方就是通过与企业家的联谊慢慢建立起一个互助网络。当某企业出现问题的时候，这个网络就能发挥巨大作用，既可救人也可以自救。而柳传志在 2009 年临危上任能在一年内就扭转乾坤靠的就是其企业家网络的帮助，成功将泛海集团揽为战略合作伙伴，在引进战略投资人的同时还稀释了联想的国有股份。

而实际上，在柳传志近些年来成功的战略投资案例中，很多也就是因为其参与并构建的企业家网络，才能够得以实施，并因此获得稳定高额的回报。其在资本市场的腾挪依靠的并非其金融方面的过人能力，而是在企业的网络关系中运用诡道铺垫的结果。而联想能够由低端产业链的 IT 制造商逐步转型，并消化并购 IBM 的负面连锁反应，靠的就是在强大的个人能力下的企业投资网络构建，不仅引进战略投资人，同时把自己也打造成了一个战略投资人的角色，让联想进可攻退可守。即使在 IT 本业做不下去之后，也不会导致企业发生危机。

因为联想已经成功由制造商转变为战略投资企业，联想已不是当初的联想，而是一个全新的联想。这一点，并非是柳传志最初的构想，但却成为了现今发展联想的最佳利器。而柳传志的企业家网络构建开始在国内不断复制发展，形成一个有效的产业自救阵地。这对企业，尤其是民营企业的发展有着重要意义。

商业联盟的实现就是为适应环境出现的产物。这当中像柳传志这样的企业家功不可没。尽管国内的企业家们不能做到每一件事都合规则，都能保证清白之身，但在当今外忧内患的大环境下，生存就成了第一要务。大家都在河边走，谁也别说谁的鞋特干净。这是现阶段的现状，也是企业不得不选择的生存策略。

而在并购参股与被并购参股的过程中，其实并非收购别人就是好的，自己被收购就不好。收购别人也可能会导致企业危机，这个时候选择引入投资人帮助解决困难也是不得已而为之的一种摆脱危机的方案。但这个时候，选择战略投资人以及出售股份的比例则非常有学问了。这方面做得稍差就可能对企业不利甚至促发危机。因为某些投资人进来的目的不是为投资企业，而是为了短期在资本市场上获得高估值然后将企业卖掉走人，或者直接高价卖给别人。因此他们基本是企业的吸血者，一旦进入企业就是一颗定时炸弹。

在这方面顶新以及联想的选择给了国内企业一些参考。顶新引进的战略投资人是日资企业，且都是制造业的巨头，不仅能够长期稳定持股，还会帮助企业降低成本发展。在后来，顶新引进伊藤忠其实就是一种与战略投资人的深度合作。因为伊藤忠在上下产业链的构建上都能有效地帮助顶新降低成本，而相对来说朝日能够给予帮助的部分并不是很多。当企业度过危机之后，顶新也做了调整和选择。

联想的战略投资人引进也非常有意思，开始并购IBM的PC业务时，引进了三个投资人，基本都是金融大鳄，但他们在后来联想的发展中只顾短期效益，不顾长期发展，最后还是高价将联想股份卖出了事，而他们也成为导致联想巨亏的因素。

当柳传志引进了泛海集团之后，不仅因为私交而巩固了股权结构，更因为泛海在各方面的投资经验让联想搭上了顺风车，快速摆脱了危机并走向了全新的企业发展路径。从这几方面来看，战略投资人的选择非常重要。而他们的持股也很关键。联想引进战略投资人的持股比例基本与员工持股会持平，略低于持股会，而大股东的股份出让就让联想形成了三足鼎立的局势，这本身也是一种权力制衡，也就注定着企业的良性发展。而联想在神州数码的股份不断减少并退居二线，就是一种对郭为团队的鼓励，更能激发企业发展活力。

顶新当时在康师傅饮品发展阶段也是主动要求日资持股达到50%，当企业发展起来，并稳定占据市场之后，再慢慢收回，这也是一种企业策略。所以从各方面来讲，其实企业的股份变动也充满学问，一个不小心，就会让企业掉下悬崖，但如果选择正确也可以让企业快速恢复生机从而摆脱危机。

第七章　吃喝穿用行业核心竞争力的产业争霸赛

如今，商业竞争非常严酷，找到市场生存发展优势并合理利用的企业，就能够成为后经济危机时代里站得住脚的企业。不同的企业，其自身具备的行业优势就不甚相同。因此如何利用自己的优势生存，并使得竞争对手处于劣势，就是企业生存诡道中不可或缺的一部分。

安利别样行销与产品新定位思考

在中国发展的企业里依靠“直销”模式发展的、独具特色且发展非常迅速的典型代表就是安利。它的最大优势就是其行销系统的构建。在所有的企业当中，这种直接面对消费者的形式在商业领域独树一帜。虽然对这种形式一直有质疑的声音出现，但毫无疑问，安利在群雄并立的品牌销售中确立了行业地位，并保持持续发展，这一点非常值得借鉴和分析。尤其在后经济危机时代，其他行业都在萎缩的前提下，安利却拥有傲人的业绩。我们就拿这家企业进行分析，看看其发展的利器是什么，以及它的经营模式和商业生存之道。

“直销”这种模式，在如今已经见怪不怪了。很多的此类企业在国内发展。当然，很多的也都沾点“洋气儿”，名字也都为叽里呱啦的外国名。不过安利确确实实是外国品牌。相比较国内的杂牌军，安利还是正统的洋血统。国内的直销品牌多年来一直比较小心谨慎，因为一些“传销”网络让直销品牌如坐针毡。

原因很简单，他们的营销模式比较相近，很容易被误会受牵连。实际上这两种方式在整个营销网络的构建方面虽然有其相像的地方，但企业运作目的却完全不同。传销的目的是制造利益金字塔，不断发展下线，产品不重要，重要的是网络。最终金字塔尖的人跑路，下面的人倒霉。最关键的一点是，他们的“洗脑课程”让每个人都觉得自己可以做金字塔尖，但实际上只是牺牲品。

“直销”的目的则是产品，网络构建只是手段。其利益点在于由于是产品直接面对销售层面，所以中间利益就直接由企业与销售网共同分享。而这个销售网络基本上是一条线，没有什么金字塔尖或者金字塔底。有能力多卖货，利润率高就赚得多，职位也升得快，没那么大能力的获得的利润率也就相对较低。因此这两种形式的本质也就不同。所以虽然销售人员都是“互动式”从朋友亲戚开始发展，但结果却不同，目的自然也不一样。

说到底，消费的流通和消化能够使产品由上端到下端循环顺畅，并最终消费使用，那么这个产品自然也就是健康的消费产品。正是因为有很多相似之处，才让国家一直对直销牌照谨慎审批。而安利在历经严打传销的年代没被无辜牵连，已经说明了该企业过硬的产品保证。

安利有着几十年的发展历史，但是纵观全局，其在中国的营销是最成功的。而能够造就安利成功，其实有几大法宝。第一大法宝，就是对品牌精神的构建。由于安利品牌的主打产品在营养品方面，因此从很早就成为奥运会中国代表团的赞助商，2000 年、2004 年、2012 年成为三届奥运团队营养品的赞助商。直销品牌能成为奥运品牌赞助商这本身已经非常罕见，这样就给产品带来了健康、积极的品牌形象，同时也增进了民众对安利的品牌信任和认知度。

除了在奥运会以及重量级的电视台做广告营销，安利对于慈善事业的参与也是非常有利于其品牌精神的构建，而其慈善的方向也非常具有目标性，主要都在儿童、环保、志愿者服务等领域进行。其目的很明确，在做慈善的同时把品牌“关爱”“健康”“服务”“阳光”的形象带到大众面前，让大家更加认同安利的整体品牌精神。

第二法宝，就是危机公关的处理速度。这一点值得很多企业学习。在近些年，很多品牌出现问题，包括牛奶类、食品类、饮料类等，他们都有自己关于危机公关的处理方式，但很多都不尽如人意，很多都因为品牌形象受损而导致利润大幅下滑，有的甚至直接倒闭。但安利在这方面做得非常好。

危机公关最重要的两个字：快、诚。这两个字安利做得都十分到位。我们选择两个案例来说一下。第一个，就是2001年的全运会，有运动员被查出血检超标，教练怀疑是安利营养品的问题。这是个大事件，因为运动员和营养品都出事，这将对品牌形象有着颠覆性的影响。当然事后证明这件事与安利无关，但当时部分媒体已经开始曝出消息，负面影响已经出现。这时候安利快速成立危机处理小组，并以最快速度召开新闻发布会，公布了所有有关产品资料，并组织大家参观整个生产过程。最后媒体在重要板块对事件进行正面的澄清。整个事件处理得干净利落，既反应快速，又坦诚面对。

第二个案例，是2011年的微博危机。有微博对安利的供货渠道产生质疑，并直指安利产品暴利。在这种情况下，安利先是在微博进行回复来澄清，但事态发展快速，很多门户网站也进行了报道和转载，安利迅速陷入了巨大的舆论指责当中。这时候安利快速作出反应，召集各个有影响力的主流媒体开新闻发布会，并以事实资料、科学举证，借媒体向大众做解释。安利紧紧抓住的一点，就是坦诚。首先，大方澄清人工VC和天然VC没区别（之前，市场传闻安利产品都是纯天然的）。如此澄清，实际上就是表明其企业的公信度。不管有利还是无利，安利只重视事实。其次，承认国内某药厂是供货厂家之一。这样一方面坦诚面对质疑，把事实说出，但另一方面又承认供货厂家之一，本身产品的构成就不是一种，而这样的承认一方面极为坦诚，另一方面也不会将以前说的产品来自纽崔莱农场彻底否定。这样，巩固了诚信的同时，也不会让公众较真儿。因为需要最主要较真儿的部分，安利已经痛快承认了。所以一场危机又平安地度过了。由此看来，安利的危机公关能力确实非常强。

第三法宝，就是针对市场进行战略调整。“直销”在欧美国家的形式是没有店铺，主要靠营销人员构成的体系，以“朋友”来看待客户。这样的形式在欧美法制较为健全的国家是没问题的，因为即使有违法者利用“直销”诈骗，也可以很快被发现，因此不会造成恶劣影响，同时欧美国家基本不会因为没店铺就对产品产生质疑。但中国情况不同，中国消费者非常重视企业的“门面”，对于连门头都没有的产品本身就存有质疑，加上诈骗形式的“传销”一直阴魂不断，所以安利在营销的战略部署上进行了转型，以“店铺销售+雇用推销员”的形式出现，大幅度地提高了企业的诚信度，效果非常好。安利紧接着进入新加坡和中国台湾等亚洲国家和地区，同样也获得成功。也就是说，大陆的首次转变模式，让安利盈利的主要战区从欧美转移到中国并辐射亚洲。

在全球金融危机来临之时，各个经济体都受到了打击，但反观安利，其营业额和销售趋势反而不断升高，这又是战略的调整所致。安利在2007年以后做了几个大的调整。

第一，价格上的调整。在价格上，普遍的企业在遇到危机时的做法都是降低售价，薄利多销。但安利反其道而行之，反而提升售价，并以强调品质为主，这一点是很多企业不敢做的。但安利敢做的原因是其产品主要是营养品和化妆品类，这些产品在消费者的心目中其品质重过价格。由于每种营养品和化妆品都具有其产品的特性，所以在价格上没有什么可比性，每一种产品都有其独特的产品气质。所以在这种只有不同客户群体，却无产品比较的前提下，降价就等于承认了自己的品牌价值不如别家，公众对于产品的品质及档次就有所怀疑，所以提价战略成功。

第二，就是强化纽崔莱农场的纯天然健康特性。在后危机时代，国内很多厂家都被曝出质量问题，公众对于天然、健康的产品情有独钟。因此2009

年后，安利在产品营销方面强化了安利纽崔莱农场的天然、有机、清新的特点，着力打造消费者心目中全新的安利形象，由此延伸产品的美誉度。

第三，在后危机时代加大中国境内的投资，看准了中国在保健品及化妆品类的直销产品的巨大潜力，趁机抢夺市场。因为相对来说，在中国，直销产品一直是在不断增值，并没有任何的滞销隐患；提升产品品质形象的同时，再加大中国境内厂房建设，可大幅缩减产品成本。

另外，安利利用这个时间段加大了营销人员的拓展，这样更加迅速地扩大了产品市场份额。实际上这些动作足以证明安利战略的正确性。根据直销研究机构晨讯传媒的报告显示，在经济不景气的 2008 年，安利的营业额增长了 28%，达到 170 亿元；2010 年，安利在中国的销售额更高达 220 亿元人民币。

第四，就是保持产品的多样性。在安利的主要产品中，重点在于保健品类和化妆品类。这也基本是“直销”企业利润的主要来源。但是安利保持着多年的多样性产品销售，除了这两类产品之外，主要为个人护理用品、家居护理用品和家居耐用品等。这些产品的主要销售目标就是家庭主妇。而这些消费群体又最容易成为保健品以及化妆品的消费者，同时也可以成为销售人员从而发展出更多的消费群体。因此这些产品的主要功效，除了让产品多样化、有助于品牌的丰富化之外，最重要的就是起到了媒介的作用，能够更快地融入针对的特定消费群体之中，并无限循环。

有了这几大法宝，安利的营销模式运作得非常成功。即使在后危机时代，安利的产品依然可以不断扩大销售额。直至目前，安利业务遍布全球 80 多个国家和地区，拥有 300 余万营销人员和 2 万余名员工，2011 年全球市场份额已超过 10%，年度营业额突破 250 亿元。这些已经说明了安利品牌的成功。

不过安利却有着潜在的问题。这个问题一直困扰着安利多年，也是安利未来发展的软肋。这个问题就是电子商务领域的侵袭。因为安利直销的模式本身就是消除中间环节，让利于终端销售和消费者，但是网店本身也具有相同的特性，甚至其优势更多。因为不管从利润点还是从物流服务等环节，电子商务的优势都是不言而喻的。

所以多年来安利不断想开拓电子商务市场，却又怕电子商务与直销的模式冲突争利，最终可能电子商务没搞好，还破坏了原有的健康销售体系。因此，直至2012年，安利也没有多大的动作，只是说安利很重视电子商务市场并在积极构建销售模式。但是面对市场，死结却摆在安利这里，就是该如何做电子商务。如果是B2C形式的，那就很可能对原有的销售结构造成威胁；而如果只是一味拖下去，那么那些非正规渠道的产品低折扣网店就会一拥而上。这种类型的网店已经上万家，其中的渠道多种多样，可能是未报税的也可能是假冒的，但其折扣低得惊人，长此以往必然对产品产生打击。一一针对，则成本付出太大，且很难有效果。

在这种进退两难的情况下，其实也并非毫无办法。因为对待这种网店泛滥的形势，“堵”不如“疏”。就是利用现有的网店，只要其资质够，其销售的时间也已经较长，则可以特许经营，依靠这些特许经营店铺对非正途网店进行举报并给予折扣奖励。而网下销售人员也可以申请特许经营，但一旦发现产品途径不正，则永久取消其特许专卖权。对于那些经营信誉高的网店，年终采取奖励制度，提高网店维护信誉的积极性。在布局网络店铺的同时也建设B2C网络商城，小网店与网络商城间可以有小幅度的折扣差价，但商城主要以一些大型活动为主。那么小网店的价格优势凸显，大商城的品牌信誉凸显，同时还打击了“盗版”，何乐而不为？当然要做到这样也需要大量细致的工作，哪一方面的利益得不到平衡都可能造成大问题。

所以危机的时代里，危险的同时也伴随着机会。新的销售渠道到来虽然带来了挑战，但也伴随着很多商机。而从安利多年来的发展中，我们可以看到该企业运作模式中的可取之处，不仅是“直销”类的企业，对其他企业，也是非常具有指导意义的。不过即使不是“直销”模式，有一种专门的保健营养品也已经风靡上百年。这种产品就是阿胶。制作这种产品的翘楚，就是东阿阿胶。东阿阿胶的企业运作与竞争之道也是非常值得研究的。

东阿阿胶产业核心竞争力的争霸得失

在中国国内的保健营养品市场内，很多的产品都会被附上种种概念。而唯独阿胶这种产品，不需要太多的概念包装。仅仅从其保健和营养价值上来看，就已经非常具有竞争力了。阿胶同人参、鹿茸统称中药三宝，可见其产品本身的竞争力有多强。而阿胶的药用价值已经延续上千年，近百年来阿胶产品的发展更是走向了一个巅峰。在阿胶市场中，唯有东阿阿胶是业内无可争议的 NO. 1。我们就从东阿阿胶的发展，以及品牌竞争来分析阿胶品类的整体发展的问题与挑战，及其商业模式有什么值得借鉴的地方。

东阿阿胶，2004 年就归于华润集团旗下。虽说华润资本实力雄厚，也有着丰富的企业管理经验，但当时正处于触角伸进医药保健品类的试探阶段。在并购东阿阿胶以前，华润曾进行多次医药行业的并购尝试，先后与东北制药、山东鲁抗、上药集团、华北制药等企业接洽，但都没成功。2004 年终于如愿以偿收购了极具竞争力的东阿阿胶。这么一来，让华润对医药行业的发展起到了很好的作用。

当时，聊城市国资局以其持有的东阿阿胶全部国家股及其他资产出资，占 49% 股权；华润以 2. 3 亿元现金出资，占 51% 股权。不过在与聊城市国资局签订协议时，其公司管理层并没有深入其中，这就造成了华润在并购东阿阿胶以后的两年内没有什么太大作为。一方面是因为签订协议之时曾约定管理层不动。另一方面，在空降兵与原班人马之间必然有一个博弈的过程。而当时的企业高层是东阿阿胶品牌的缔造者，他们的心血都在里面，在兼并之后，毫无疑问华润在管理上会逐步插手，而原班人马也会进行抗争。但华润和东阿阿胶管理层谁的腿粗，这是一目了然的。最终，在政府协调下，原管理层的刘氏夫妇出局，华润正式掌权。

后来公司在战略调整方面做了一些改变。为了保持供货顺畅以及原料价格稳定，2008 年开始，东阿阿胶开始与农业专业合作社合作，用政府、农民以及公司三方面进行产业链的系统合作，有效地稳定了原料供应。除了在原料的价格控制方面保持稳定之外，东阿阿胶的主要变化就在销售方面。

自 2008 年以后，东阿阿胶在终端零售价格方面就不断提价，而到了 2010 年以后提价的频率非常之快。其实这个时候东阿阿胶已经意识到了产品专业化销售的重要性，在营销策略上东阿阿胶公司做了很多方面的调整。第一，进行 OTC（非处方药）市场定位，渠道补贴费用走向终端，这样就调动了整个销售的积极性以及渠道的多元化。针对 OTC 与医院的渠道产品终端引入预付款机制，加强渠道与终端构建，经销商毛利率大幅提升，提高其积极性，营销中心独立核算；薪金制度侧重营销，对终端销售代表考核其销售增长能力。

第二，品牌高端化，产品专业化。阿胶本身由于受原料所限，所以其珍贵程度更应该得到凸显，加上阿胶的海外市场逐步打开，在国内更凸显其稀缺性，这时候正是给产品提价的好时机。而公司打造的方向，是打造医药保健品里的“茅台”。所以，公司一方面大幅对产品提价，将品牌形象高端化；另一方面则有效地控货，保持好产品的稀缺性。市场供不应求，价格又不断攀升，那么物以稀为贵的特性就会显现出来，这样阿胶的高端市场地位就会确立。

在打造高端的同时，也加强了低端市场的构建，这方面需要把品牌的文化注入产品。因此产品的保健功能必须得到强化，在市场营销的宣传方面自然会强化这方面的功能。而当整个产品文化构建成功之后，低端的多元化产品就能在市场上获得巨大成功。于是在高端品牌就分为超高端的政务及投资收藏的贡胶，次之的是以商务为主馈赠的阿胶块，低端的就以自我调养、亲友馈赠、医院处方以及探视病人为主，这两端主要销售群体的把握让东阿阿胶的发展进入良性有序的状态之中。在这整个过程中都是针对经济大环境变化进行的战略调整。越是危机时代，危险中越潜藏生机。毫无疑问，东阿阿胶在这方面做得很不错。

第三，就是医药企业的品种区分化。因为华润近年来并购的医药类企业增多，很多产品有一些重叠。所以在这方面，华润将东阿阿胶的大医药概念细化，逐渐将保健营养品的专业化交给东阿阿胶来做，其他企业也做了相应的专业化划分，这样就避免了同集团旗下的企业竞争。在这几方面的努力下，东阿阿胶业绩增长迅速，到2011年实现收入27.6亿元，同比增长12%；净利润8.56亿元，同比增长47.1%。最重要的是，阿胶提价及剥离商业子公司带动整体毛利率上升11.2%，而其2006年销售收入仅为10.69亿元，净利润近1.54亿元，净利润的上涨幅度惊人。

不过，在东阿阿胶的发展中其实也面临着很多的挑战及隐患。阿胶所在的行业研发、技术壁垒高，药品上市需经过临床前研发、临床研究、报批等过程，因此毛利率和费用率较高。不过这一点倒不是什么硬伤，因为这是整个行业都存在的问题。

最大的问题还是原料问题。原料问题既包括原料质量问题又包括原料的价格问题。阿胶品牌的竞争力就在于其是高端产品。只有高端产品的品质才能带动低端产业稳步前行。高端产品最重要的就是货源，而有关驴皮的来源一直就是阿胶行业的危机。

东阿阿胶一直是以自建养驴基地以及与农村合作社合作的形式出现，而其他阿胶厂家则更多的是市场收购。其实这一点与牛奶行业有点相像，那就是同行业竞争者的不断出现并扩散，让驴皮的货源成为厂家的争抢目标，那么同业者中就很难避免出现鱼目混珠的现象。

2010年出现了“阿胶质量门”，一些企业以牛皮、马皮下脚料等劣质材料冒充驴皮制作伪劣阿胶的内幕，引起巨大反响，广大消费者对于市场上的阿胶质量产生强烈质疑。幸好公司高层及时站出来对危机做了澄清并呼吁行业自律，这才逐步消除影响，但整个行业的危机也就成为东阿阿胶必须面对的长期问题。

由于驴皮本身其价值比较低，农民养殖的积极性就不高。这本身也让国内货源成为问题。东阿阿胶每年的销售数量不断增加，这就意味着既要面对产量增加的问题，同时还要保证质量稳定，因为保健品的品牌名誉受损将直接影响其生存。毫无疑问，国内原料不够就需要进口，而国外本身不吃驴肉，单纯为驴皮进口本身就是高成本。

资料显示，国外收购比国内的价格高35%～40%，这里面不仅是原料价格问题，还有运输成本、时间成本等。相对的，虽然东阿阿胶的养殖基地已经扩大到17个，但依然是供不应求。据国家《农业统计年鉴》数据显示，全国毛驴存栏量从1997年的952.8万头下滑到2008年的673.1万头，以每年3.5%的速度下降。优良的驴种也不断减少，并可能在未来20年内消失。所以从整体看来，其自建养殖基地的速度还是相对滞后。另外自建基地的驴也属于合作性质，那么在整体管理以及养殖积极性方面会出现一些问题，也就必然成为其行业隐患。

2012年的产地“造假门”就是一个警示，幸好公司的危机处理能力很强，立刻宣称这些产品是用于低端阿胶产品的，不涉及高端产品，因此没有产地造假的问题。不过这也给东阿阿胶提了醒，那就是原料的问题如果不解决，带来的不仅是产量问题，还很可能波及品牌信誉。

除了原料问题，东阿阿胶也出现了一些棘手的问题，尤其是在价格提速方面。原则上说，东阿阿胶的提价是有理有据的，一方面是大环境的市场品牌高端化需要，另一方面是原料资源缺少，成本增长。但其提价的速度有些过快，频率过高，容易造成某些产品的市场流失。对于最高端产品，当然是越高价越受欢迎，这本身没问题。但同属保健品的品种很多，大家也可以做其他选择，不一定要选择阿胶。所以即使处于行业垄断，在产品细分上如果一味提价，也会造成品牌竞争力的丧失。

而事实上，东阿阿胶在2009年后连续三年提价，已经造成了经销商在终端大量压货，库存过高导致运营成本压力的增加也就会出现，这都是因为东阿阿胶向“茅台”学习的结果。实际上“茅台”本身也存在高库存问题。同时，同行业如福胶的重整旗鼓，同仁堂、太极集团等知名公司的相继进入，也让整个市场竞争更为残酷复杂。

而东阿阿胶的调价次数太多也容易让消费者对其产品产生负面情绪。东阿阿胶的阿胶块自2009年大的提价次数包括：2009年4月1日、2009年9月7日、2010年1月16日分别提价10%，2010年1月28日提价20%，2010年

5月24日提价5%，2010年10月9日上调出厂价10%，2011年1月7日阿胶块产品上调幅度不超过60%。此外，2012年1月5日，公司决定调整复方阿胶浆零售价，上调幅度不超过30%。2012年1月20日，公司决定上调阿胶零售指导价10%……提价次数过多，带来的终端库存问题严重，2012年5月清理库存就达350多吨，而2011年销售量也只是1400多吨。

为了消化高库存，同时又不会失去市场竞争力，东阿阿胶采取控制货源发货数量的方式，因此使得业绩不尽如人意：2012年上半年营业收入11.48亿元，同比下降10.25%；第二季度业绩下滑最严重，营收同比下降24%。不过好在及时调整了策略，第三季度报出来后，营收同比增长22.16%，净利润同比增长66.9%，收入及利润呈现强势反弹，渠道库存也已经消化完毕。所以可以看出这种提价战略对于企业的伤害已经出现，而在2012年以后行业竞争态势也出现了变化。

原料的争夺以及企业产品的竞争让东阿阿胶的价格提升空间缩小，同时竞争力则不断受到挑战。而东阿阿胶之所以在提价中竞争力受到威胁，是因为与前面所说的安利不同，安利的提价是手段，而东阿阿胶的提价是目的。这两个策略的不同也就导致其面对市场所出现的结果不同。也就是说，安利是为了带起自己的品牌档次做的调整。而东阿阿胶的提价目的则很明确，就是为提升成本，获取利润。所以他们在调整价格的时候对于提价的频率控制方面是不同的。

因此，东阿阿胶在未来的发展中必须创建强大的品牌竞争力，尤其是阿胶这种准入门槛不算很高，行政领域干涉越来越弱的行业，针对客户有针对性的价格策略，针对原料有效的货源供给稳定机制，以及在整个生产、管理、物流等多方面的成本控制的比拼，将成为东阿阿胶继续领先其他同类企业的必备砝码。

也就是说，未来谁掌握了这几点，谁在市场中的竞争力就能越来越强。而国企底子的东阿阿胶想要快速进入市场化竞争的状态并保持领先，在管理以及经营策略方面还有很多待改善的地方。与保健品市场相比，酒业市场的竞争更加残酷激烈，其中就有东阿阿胶视为模仿对象的茅台酒。但酒业市场并非一家独大，其中的竞争模式以及商业策略有更多值得研究的地方。

白酒行业的渠道控制谋思

要讲中国国企的争夺战，其实并不很常见。因为国内企业基本的生存方式是属于一种共同拥有资源，然后暗自结盟垄断。在这种前提下，一般就是国企共享市场，各自划分了势力范围之后，基本相安无事，而获利也比较稳定。

但是还有一些是以地方优势出现的国企，这些地方国企的产品基本也都是市场化的产品。当这样的企业融入市场之后，竞争就非常激烈。因为这些企业虽然都在某一方面拥有特殊资源，但在市场面前地位平等。更何况这样的企业往往还有一些社会形式的参股，就更难以避免同行业间的竞争了。

而在近几年竞争最为激烈的同类企业，当数酒业。能够拥有酒业牌照的地方企业很多，但能够数十年如一日保持行业魁首地位的，还是茅台酒与五粮液。这两家企业的竞争与发展模式，也基本成为了此类企业的发展缩影。那么我们就通过分析这两个企业的竞争态势，来借此了解此类竞争模式的利弊。

先来说一下茅台。茅台酒在我国高端酒中有着不可撼动的地位。从新中国成立后的国宴用酒，到如今在市场经济中仍然成为酒类饮品中的霸主，除了历史原因之外，主要是因为茅台酒在以下几个方面的成功。

第一点，也是最关键的一点，就是团体采购。这方面又一分为二，一方面是地方政府的采购，这里面存在着三公消费问题。茅台酒依赖“国宴酒”的历史渊源，顺理成章地成为各级地方宴请及会晤的专用酒。而其本身在我国的高端酒定位且又属于易耗品，就成为三公消费中最为受宠的采购品种之一。这里面难免有一些灰色地带，而灰色地带的延伸更加能帮助茅台酒的销售及价格上涨。虽然近年来国家已经开始限制三公消费，一些省份对这方面的采购也开始严格要求，但从总体上来看其受影响的幅度并不大。因为相对来说，在内部采购方面虽然有所限制，但是相对的监督却很难在短期形成有效的机制。另一方面除了政府内部之外，那些与相关项目有挂钩的企业多得数不胜数，这里面的宴请吃喝、收受礼品更无从监察。而国有企业的采购更是无法监督。因为虽然其高层由国家任命，但其运作形式却是企业，企业行为往往无法用政府标准来要求。当然这里面也是可审计的，但连各级政府都不能阻止茅台的采购，更不用说这些企业了。

第二点，就是茅台酒本身的产品定位及市场控制。这方面茅台酒做得非常厉害。茅台为了保持其高端奢侈品的产品定位，这些年来在价格与出货的控制方面做到了登峰造极。我们经常能在一些报纸及其他媒体看到，茅台酒在某些地方断货现象频出。其实，近年来茅台酒可以说不断扩大其生产量。按道理其产品的供应应该没问题，可是就是这种断货现象的不断出现，造成了产品的稀缺。市场上的货总是少于需求，最终带来的结果就是茅台价格不断被炒高。

第三点，就是利益链条的加码。厂家、总经销、地级市总经销、批发商（特约经销商）、终端零售商（烟酒专卖行、超市）、消费者，每个环节给下一级经销商的惯常做法是每级预留 30% ~50% 的销售利润。据媒体爆料，一瓶白酒出厂价为 619 元，以每级保留 50% 的销售利润来算，总经销的出货价是 804 元；地级市总经销的出货价为 1046 元，批发商的出货价则为 1359 元，终端零售商卖给消费者的价格可能会高达 1767 元。当然这一点也是建立在第二点之上。其实茅台并非供应量不够，而是利用了时间差制造了产品稀缺性的现象。这样一来就能够让大量的需求方急欲订购，造成了市场的疯狂购买。

第四点，就是民间囤货及收藏。据媒体报道，茅台酒 2011 年供应量有 1 万多吨，社会库存 7000 ~ 8000 吨（1 吨酒约 2000 瓶），经销商库存 6000 ~ 7000 吨。2012 年因价格下跌而使社会投资客甩掉了不少囤货，但经销商库存却增加了 4000 吨。按估算，茅台的社会库存及经销商库存也有约 2 万吨，这样供应就明显大于需求了。而贵州茅台 2011 年年报表示，计划到 2015 年，茅台酒基酒产量将达到 45000 吨，系列产品产量达到 60000 吨，比 2011 年的茅台酒及系列产品基酒 39532.62 吨高出很多。

有市场人士担心茅台会像荷兰郁金香球茎的市场泡沫一样破裂。这里简单介绍一下郁金香泡沫，以便大家有所了解。16 世纪中期时，郁金香从土耳其被引入西欧，当时量少价高，被上层阶级视为财富与荣耀的象征。富人们争相在花园里展示最稀有的郁金香品种，并促成了“越古怪，价越高”的鉴别标准。不久就有投机商看中其中的商机，开始囤积郁金香球茎，并推动价格上涨。到后来郁金香期货诞生加大了泡沫化的趋势，一株稀有的郁金香达到了与一辆马车、几匹马等值的地步。1637 年郁金香市场突然崩溃，平均价格大跌九成，随后几乎一文不值。

从这个例子当中我们可以看到泡沫破裂的可怕性。不过，茅台酒却与郁金香花不同。茅台酒属于收藏品，其收藏时间可长达数十年甚至上百年。在目前这种市场价格暂时回落的期间，囤货者会不会低价卖出自己的货呢？只有趁高价一点一点地出货才是囤货者的基本守则。而酱香型白酒的特点是越陈越香。也就是说，它本身的价值不会贬值，反而会升值。所以对于囤货者来说，茅台本身就是一种投资风险性极低的商品，除非这些囤货者本身的资金链断裂导致不得不卖出，但并不会大家一起断裂一起卖出。随着大市场的消耗，这些对价格因素来说基本可以忽略不计。

至于茅台加大产量问题，本身就可以通过上面说的第一、第二点控制消化掉。如果没有这样的把握，茅台生产者也不会盲目加大产量。在后危机时代这个财富两极分化的社会消费形式中，要么做高端产品要么做低端产品，其他市场基本都在萎缩。而茅台一直依靠着政府采购背景加上自身的定位保持着高端酒的行业地位，是不可能走向低端化的。低端市场基本被一些同质化品牌所占据，一旦茅台进入低端就等于在已经饱和的市场上再撒一把盐。这种事情的发生概率基本和外星人来地球差不多，所以民间的囤货出慢进快的特点反而加大了茅台酒的市场稀缺性。

第五点，茅台酒已经成为市场的标杆，它的价格起落几乎也就决定着整个行业的价格起落。虽然茅台与其他酒厂处于竞争的地位，但相对地在整个行业中又属于一种相互依存的现状。整个行业的价格制衡也就决定了茅台酒的价格不会受到太大影响。

而实际上，能够对茅台酒造成影响的只可能是三个方面。第一个方面就是质量问题。据媒体报道，茅台酒酿造区及赤水河生态环境保护形势不容乐观，但仍在可控范围内。如果未来发生大面积的污染，茅台酒的品质就将无法保障，产品质量出现大幅下降将成为可能。而如果因为这个问题造成茅台酒质量问题，必然引发价格地震。

第二方面就是三公消费的严格化监控。随着新的中央领导上台，后续的整体改革方案推出。严格管控三公消费对茅台酒的影响不仅是销售问题，更大的影响在于舆论的负面性带来的整个市场及收藏囤货商们的观望及抛售，如果因此形成恐慌性抛售，那么必然会在短期内造成致命打击。

第三个方面就是来自同行业的竞争。其中就包括其主要竞争对手之一的五粮液。其实若论高端白酒市场，茅台绝对要占到榜首。因为在茅台的销售渠道中，团体采购占到了一半左右，而五粮液的销售渠道主要靠商场超市。从这一点来看，五粮液在实际消费需求市场中更占主动地位。而在产业结构上，五粮液更注重多元化的发展。其产品更注重品牌多元化。五粮液推行的是“1+9+8”品牌战略，也就是一个国际品牌，九个全国性品牌，八个地方性品牌。九个全国性名牌包括“五粮春”“五粮醇”“金六福”“浏阳河”等多年运作经营的品牌，以此在高端市场占取有利地位；八个地方品牌则立足地方的区域优势，长期积累低端优势市场。

最有意思的是其战略调整。在2009年以后，五粮液加大了高端市场的投入，推出了“酱香型”白酒。这一类的酒很明显是看到了在2009年三公消费被严格规定后的趋势。趋势一，就是整个酒业社会消费的高端化，中端市场渐渐萎缩。趋势二，三公消费市场逐步开始慢慢松动，未来还是主要高端酒营销渠道之一。所以从这方面来讲，五粮液的整体战略是正确的。

由于茅台酒不断提价，刺激着行业的提价风潮。因此2011年9月10日在一线白酒中，五粮液率先对产品提价20%～30%。由于对经销商的利润空间做了预留，所以对于出货影响不大。因此虽然提价了，但出货并不受太大影响，整体利润还是不断上升的。2011年年报显示，公司销售五粮液系列酒比上年同期增长 26. 84%；实现营业总收入 203. 51 亿元，同比增长 30. 95%；实现归属于母公司的净利润 61. 57 亿元，比上年同期增长 40. 09%。而这种以高低端为主要竞争力的“两端带动中间”化发展，也就是五粮液在 2009 年以后的营销模式转型，产品多元化、品牌专业化成为五粮液的品牌发展核心。

因此五粮液比茅台更具市场竞争力，不管是高端还是低端品牌都有更多的市场消化力。不过五粮液也有自己的问题。第一，就是高端市场争夺与茅台相比还有一定差距。在这一点上茅台确实有着无可争议的行业优势。这从“国酒”争夺战就可看出一二。茅台在 2012 年申请“国酒”商标，一方面是为了强化行业地位，另一方面也起到了营销市场的资源独占效应。而五粮液带头抗议，目的就是害怕这种品牌强化会不断侵蚀自己好不容易建立的高端市场渠道。白酒品牌本身就是一种地位之争，即使五粮液有抗议的能力，但如果茅台申请不到，包括五粮液的其他酒厂就更无理由可以申请得到。也就是说，如果谈“国酒”商标，仅仅茅台有机会申请成功，别的酒是毫无机会的，只能说“抗议”是否成功。从这一点来说，茅台的行业地位依旧是不可撼动的。而对未来而言，五粮液的高端化发展在茅台面前，空间还是有限。

第二，就是品牌过于多元化的问题。五粮液的低端品牌上百种，中高端也有九大系列，品牌在管理方面也就存在更多的隐患。管理的面过大，在整体协调和成本控制、质量控制方面都难以保证系统化的管理实施。这一点与茅台面对的假酒危机不同，虽然有很多的假酒在仿造茅台，但仍能够控制在一定范围内，只要不出格，就不会影响到整体发展，且在一定范围内的造假还能刺激真酒的销售，让大家对茅台真酒更加珍惜。而且这些毕竟不是茅台酒本身出现了问题。但对于五粮液来说，如果自己的子品牌出现问题，那么很可能会影响到五粮液的整体品牌商誉。要知道品牌的信誉对酒业非常重要，一旦破坏就满盘皆输。

第三，就是整体制度的可监督性。这一点从五粮液 2009 年炒股巨亏能够看出。虽然事件最终由当地国资委埋单，但由此也能看出企业制度的不完善，隐患一直存在，也并没有因为该事件而在公司整体管理架构上有什么大的改变。也就是说：羊被吃了，羊圈还是没被修补。

第四，被同行业超越的危机，尤其是洋河股份。洋河在近几年突飞猛进，对五粮液也造成较大的威胁。因为相对来说，茅台高端酒虽然领先于五粮液，但基本都靠团购，而五粮液的主要竞争对手就是在市场上。洋河与五粮液都在华东市场有正面的竞争，从其深度分销的营销战略到产品战略升级，最后到全国性的战略布局，全部都比五粮液快一步。由于洋河很早就实现了股份激励性转制，使得其从生产到物流、营销都比五粮液快。而五粮液恰恰也在这个时候实行其战略转型。从转型速度看，还是洋河更胜一筹。2007 年洋河中高档酒的营收占比还只有 75%，到 2009 年和 2010 年分别跃升为 86% 和 84%。

第五，就是多元化产业发展误区。多元化发展如果能够打造产业链竞争力并由此突破酒业日趋饱和的市场，那么选择这种发展方式还是非常正确的，但五粮液除酒业外，还涉及生物医药、生物材料、光电产业、物流产业、现代制造业等多方面。这里面产业关联度和产业链成本效益并不明显，这样叠加的成本就非常高了。而在其投资方面也败笔连连，除了上面说的股票投资失利之外，其投资汽车领域也是一大失败。从开始投资华晨汽车的汽车梦，到 5 年后的梦破灭，可以看到五粮液的产业战略发展过于毛躁。

另一个就是进军地产业。在地产业价格最高之时的 2011 年进入地产市场，在长期地产较为低迷的前提下，高价进入，毫无产业运作经验的五粮液集团能否达到像万科那样保持低负债高效流动的产业发展，本身就是一个巨大的疑问。随之而来的就是大量固定资产投入带来的资金问题。当然由于国资背景，资金方面不太需要费神，不过从其产业布局来看不是一个真正能经受住市场考验的企业发展模式。

从茅台和五粮液的发展模式我们可以看到酒业发展的一个缩影。在未来，酒业发展的趋势必然是高端品牌逐步精品化，品牌也开始集中汇合。在低端市场，地方性品牌的强化也是不可避免的。区域性的品牌争夺激烈，一个区域市场的低端品牌也更趋于少品牌多品种。而相对来说，商务用酒的需求量会占取市场的大头，这是随着社会发展的变革而产生的适应性变化。但相对的，这种地方国企的角力还将持续。但不管怎么说，随着政改进程不断延伸，监督也越来越严格，政府采购方面的渠道必然将越来越窄。未来谁能更专业化，更能在管理上做到低成本高效益，谁就是市场的王者。

“李宁危机”带来的行业转型反思

体育产业发展，一直是国内产业链条中较为特殊的一个环节，这是因为能够带给体育品牌的附加隐性价值比其他产业更多，因而相关的体育品牌也有着各自独特的生存之道，但同时竞争也非常激烈。而近些年来国内的体育品牌不断增加，让整个市场变得更加复杂，因此品牌的隐性价值也就成为商业竞争中大家争相抢夺的一块“蛋糕”。

不过一个品牌的价值以及发展前途并不仅仅是在这些方面，更多的是如何随着大时代环境的变化调整好自己的企业发展战略。为了能够更加清楚直接地看到相关企业发展模式以及其遇到的问题，我们选取了一个品牌进行分析，这就是国内运动品牌“李宁”。

由于李宁近年来的发展起落较大，尤其是在后危机时代来临之后，因此我们可以从李宁品牌的问题分析出国内运动品牌的生存之道与发展误区。

“李宁”的品牌是建立在当年的体操王子李宁所创造出卓越的体育成绩之上的。鉴于李宁的个人形象以及广大的认知度与美誉度，“李宁”品牌的建立本身就已经在一笔无形资产之上发展了。由于体育明星带出来的更多的是民族自豪感，所以民族品牌的形象扎根于李宁品牌。也正是因为这样，1990 年亚运会，李宁才能够以比国际品牌 300 万美元低很多的 250 万元人民币的价格买断火炬的传递权。

这一次的低成本营销，让李宁不仅一举火遍大江南北，同时其品牌精神也由此显现出来，民族自豪感、李宁的品牌形象与产品完美地凝结到一起。在一炮而红之后，李宁逐步拓展了产品的种类以及企业发展战略。

在产品方面，其实还是以运动鞋类为核心，然后辐射发展出同类服装、运动器材等多方面的产品。李宁很早就进行了数据化管理，并从德国引进软件，建立了企业 ERP 系统，由此将李宁品牌引入精细化管理的模式之中。不管是产品入库数据，还是物料的积压情况、产品分配、检验、用量等效率都大幅提高。根据这些也就很快知道产品库存量，以及销售方面的数据等，从而对整个市场的趋向分析作出合理判断。

设计上，建立了亚洲一流的产品研发中心，对外形设计、版式、开发管理方面下了大功夫，并加强市场数据调查，提升产品舒适度及品质，做到贴心设计。营销方面加强专卖店建设，到 2008 年，李宁的实体专卖店已经达到 6800 多家。在网购平台上，李宁在建立阶段的工作做得非常好。首先是授权网店，筛选出一些资质较好但未授权的中小型网店给予授权，这样反而化不利为有利，将网购平台管理正规化。

其次，与一些大型的网购商城合作，扩大了网购平台的整体铺货面。为了让网购与实体店不冲突，李宁公司规定旗下做实体店的不做网店，做网店的不做实体，这样不会产生交叉性影响。同时在网络、实体之间的产品也做到了差异化，并且网店与实体价格管理严格，新货不打折，过季产品打折控制在一定范围内，慢慢也就让李宁在网络与实体之间取得了平衡。

在有着良好产品基础以及众多固定阶层消费者的前提下，李宁却在 2010 年以后迅速失去市场，并直接引发了品牌危机。这一点让业界内外都颇感震惊。实际上其在行业内位置变化是从 2010 年开始的。其实，李宁多年以来是找到了自己在市场上的位置的，由于其高质量、高品质、不输于国际品牌的产品研发设计、低于国际品牌的价格，成功开辟了从 25 ~ 40 岁之间的中层市场。这个消费阶层是十分具有市场竞争力的，因为这个阶层基本就是国内最大的消费群体，他们在产品选择上更加注重质量而非高端。而李宁在 2010 年以前的产品特性就是舒适、质量过硬，设计也比较跟得上潮流，品牌也属于中端里的榜首。在这种介乎于高端，价格又是中端的品牌中李宁做得最好。

但 2010 年后李宁公司却走了一步“昏招”。这也确实跟大环境以及其发展战略的调整有关。李宁一直想走运动品牌高端路线，这一点从 2000 年以后的发展就能看出端倪。因而一开始李宁想要发展的目标人群并不是中层消费者，但无心插柳柳成荫，在多年苦心经营下，李宁逐步找到了市场定位，醒目的专门店 LOGO，先进的管理、一流的产品研发让李宁不知不觉具备了独特的行业竞争力。

不过，这并不是李宁的最终目的，因此李宁才有转型的欲望。2010 年李宁在 LOGO 设计、目标消费阶层、产品设计上都做了巨大的改变，从针对 70 后、80 后市场，变成了主要针对 90 后的潮一族，口号也由“一切皆有可能”变成了“让改变发生”。

其实李宁想要做出改变并没有错。不过，在做这一改变的时候，却显得非常莽撞，所以也就造成了李宁这次“转型”成为其陷入危机的导火索。

李宁有几个事情没有想到。第一，就是新的转型对原有客户的流失产生巨大影响。由于李宁的转型让其产品更加年轻化，70 后、80 后主体客户的流失是必然的。但这还不是最大问题，最大的问题是由于针对 90 后，产品更注重潮流以及高端，那么价格就比原来大幅提升，价格的提升让李宁失去了原本拥有的价格的优势，主要客户流失就必然出现。

第二，就是过于着急。毫无疑问，李宁转型是希望通过引领潮流、价格升级打造全新李宁，并在国际市场上确立新的品牌发展，能做到与耐克、阿迪达斯相同的市场地位。但是转型就意味着风险，巨大风险下如果整体运作就可能把多年来的品牌形象都押进去，这本身就是一场高成本低效率的豪赌。假如李宁不是全面转型，而是单独开辟一个子品牌来进行专业化运作，或许投入不会这么高，效益却不见得低。也就是说，由原本只是一个专业化运作针对小群体消费群的产品，升级到了整个品牌，在尚未构建新的稳定市场需求之前就把旧市场丢掉了。

第三，就是大环境下同行业的竞争。在李宁转型走高端的时候，恰恰也就是同行业看准李宁原有市场的时候。这个时候，国内通胀严重，消费大幅萎缩，原中层消费群体的购买欲望降低，所以不仅是国内包括安踏、特步等品牌，连国际巨头耐克、阿迪达斯等品牌也推出针对中低消费阶层的产品。原本国际品牌竞争力就非常强，只是碍于价格，现在价格降下来了，李宁就是不转型也要考虑其对自己原有市场的冲击，更何况已经转型。而转型之后的李宁，不管是品牌运作、物流管理、仓储数据化、研发设计、市场基础都与这些国际品牌有一定差距，在成本控制、品牌美誉毫无竞争优势的前提下，又失去了价格优势，而原本产品中的东方特色也消失不见，丢掉了其品牌核心竞争力——民族自豪感。结果，将自己多年来的努力成果奉上给同行瓜分。而国内同行“安踏”由于品牌的市场定位准确，从而逐步取代李宁的位置。

第四，就是对转型带来的市场风险引起的连锁反应估计不足。李宁公司在转型前才以 9 亿多元的代价接 Lotto 代理权，并且尚未全面做好新代理品牌的市场，就开始转型。而 Lotto 在此后的三年内连连亏损，终于在 2012 年关掉大批门店，并将原期限 20 年修订为 10 年，因此资金本身潜在危机出现。随后，对于转型面对的问题也估计不足。

由于原品牌灵魂的丢失，使得李宁在广告方面的投入也是东一下西一下，找不到发展的核心点。转型需要时间，但市场可不等你。客户流失造成了大量的库存，成本累加式增长。而由于市场流失，导致管理层不断离职和空降。新的高层了解企业内部运作本身就需要时间，在还没怎么了解情况下又被踢出局，再换一批新人，如此一来就造成管理缺位。

同时由于在户外、羽毛球、乒乓球、跑步等多个领域的多品牌布局，让李宁品牌形成摊子铺得很大的多元化发展格局，而恰恰多元化的发展本身要靠李宁品牌。但李宁品牌恰恰又在转型，恶性的影响传导效应逐步展开，使得李宁公司应接不暇。

在危机出现以后，李宁不得不做出调整，这些调整有很多并不成功。第一，就是加大网络购物平台的优惠。在李宁网上商城的价格表上不断出现打折产品，甚至很多新品也打五折。网络店铺中也很容易看见带有“厂货直供”等字眼的李宁产品，这些产品往往远低于线下实体店铺的价格。这么做本身是为了消耗大量库存，提高流转率。但如此一来就让实体店与网店产生了冲突，原本构建的互不干扰的双销售渠道，也变成了互相竞争挤兑的对手，品牌分销出现的矛盾破坏了整个产品销售布局。

第二，就是消耗库存的副作用。由于库存高，让李宁不得不面对成本叠加效应。据保守估计，李宁的库存已达 10 亿元以上，为了能够快速清理库存，李宁不断集中打折促销。新旧各色产品集中廉价销售，对销售渠道造成冲击的同时也让订单大减，同时公众对于李宁品牌的信任度也快速下跌。资料显示，2012 年上半年李宁总营收 38.8 亿元，同比下降 9.54%，净利润狂降 85%，仅为 0.44 亿元。李宁零售店铺 7303 间，已减少 952 间。高库存低利润率让李宁在 2012 年陷入重重危机之中。

第三，为挽回品牌形象盲目投入。当一切问题同时出现的时候，李宁没有找到问题重点。在德州太平洋 2012 年 1 月购买李宁公司价值 5.61 亿元人民币的可转换债券后（如转股相当于李宁 12% 的股份），获得"新血液"的李宁并没有先从稳定渠道、内部管理以及产品重新定位方面下手，而是重点投入在广告赞助方面。2012 年 10 月李宁公司与韦德签约，投入金额虽未公布，但业内预测也要在 3 亿元以上。当然将大量资金投入这方面不是不对，对重铸企业形象也有帮助，只是在品牌危机四伏的时候应该分出轻重，应该先把因转型带来的危机逐步稳定下来。

在李宁未来的产业布局中，最重要的工作有这么几方面。一、就是缩减在多产业以及多门店的投入，集中主力构建李宁品牌。品牌方面尽量构建产业链上下端联系较为紧密的产品结构。在门店方面也注意同商业区的重叠性，避免在同商区重复投入。二、稳定渠道商，消除渠道矛盾。由于为了消除库存，大量的折价促销，侵害了渠道商的利益，因此必须重新建立一套能够让渠道商各自合理运作的机制，不能让线上线下的销售网络矛盾重叠。三、因消化库存带来的产品专业化销售被打乱，整个品牌的产品成为了消费者心目中街边摆摊的廉价货，过多的过季产品与新品在消费者心目中并没有任何差异。因此，必须将不同产品进行区分化销售，同时利用李宁现有资源重新确立消费者对新产品的信心。四、重新定位产品，将原有的李宁特色逐步找回来。这一点必须同广告及赞助的定位一致，决不能各自为战。产品广告必须围绕着产品特质与精神来做。五、产品特色细分。不要一味讲求高端化或者中端化，而是根据不同客户群的要求打造各自领域的特色产品，逐步重新确立品牌竞争力。

总之，在大经济环境长期处于低迷状态的时代，运动品牌的核心发展首先是产品定位要够准确，其次是针对时代环境调整企业发展战略，不能一味只求快。最重要的一点，就是保证合理的资金安全边际，投资领域尽量求精不求多。

李宁用自己的亲身实践，给国内企业上了生动的一课。未来李宁能否度过危机，也就全部靠其在未来发展战略中能否适应这个后危机时代的大经济环境了。

与李宁公司所在的运动品牌行业相比，国内手机业也有很多相似之处，比如国际巨头的竞争压力，核心竞争力定位问题，同行业之间的倾轧问题，不过相比较而言，国内手机业之间的诡道谋略更为复杂。

手机争霸赛（一）华为中兴的商道对比

手机业在我国一直是一个竞争激烈，但谁都很难真正把握得好的市场。在经历了诺基亚、三星、LG、摩托罗拉时代之后，苹果手机横空出世，随后不仅改变了人们对手机的传统思维，也改变了国内手机业的整体态势。而手机的生产制作，在我国也发生了质的改变。由传统的以硬件制作做基础，概念做包装，低价为前导，功能为后盾的专业手机生产商，变成了现在的以软件为载体，特色服务为后盾，不以手机制作为竞争核心的生存模式。

但国内的手机生产商们还是在以各自不同的经营手法抢夺着有限的市场份额。那么我们就对几种手机生产运作的商业模式进行一下对比分析，看看谁才是真正能够坚持赢得未来的企业。

现在的手机市场共分为三个层次。第一个层次，是既有核心技术，又有垄断合作资源优势，还能开拓海外市场。这一种我们看作高端层次。第二个层次是有软件特色服务作支撑，借助其他自身资源来增加手机销售的竞争力。这一种可以看作中坚层次。这种运作基本是立足国内，遥望海外，国内为主、国外为辅。第三个层次是利用低价位竞争网点覆盖做竞争手段。这种基本就是只针对国内市场以快打快。我们就先来说一下国内占据高端领域的企业，这里面主要的企业代表就是中兴通讯和华为。

这两家企业其实一直在暗中较劲，尤其是中兴通讯。中兴通讯十余年来欲超越华为而不可得，其间还有数次销售额等数据都有超越华为的趋势，但却一直没能真正超越。从两家企业的整体发展来说，无论是规模、产业发展模式还是核心竞争力都有很多相似之处。而实际上，就国内而言，中兴通讯的产业影响力似乎更为强劲。

在手机业的发展一个是全球第六，一个是第四。但实际上两家公司的管理运作却有着质的不同。将两家企业引向不同方向的还是他们在不同阶段的发展重点。中兴通讯的发展主要还是靠在一定时间内的资源垄断权获得的主动，这方面尤其是手机业显得尤为明显。在整个产业发展中，它的手机业务发展占到了主导的地位，最主要就是其抓准了时机进入了一个可靠的阶段性垄断机会，那就是小灵通和 CDMA 的适时进入。

这两个领域的进入恰好是网络泡沫破裂的时代，当全球同行业都在收缩兵力的时候，中兴通讯在合适的时机靠“政策垄断圈”的小灵通领域和其强力发展的 CDMA 两个法宝迅速打开市场。这两步棋其实都是让中兴通讯能够在 2003 ~2005 年快速发展的主要因素。而这也恰恰使中兴和华为在整体运作核心的差距不断拉大。

可以说，中兴通讯在 2000 年以后的快速崛起，主要靠的就是与联通等合作的手机领域。相对的华为对小灵通技术进行了一段时间的研究后认为，这项技术比较落伍，不出 5 年就会被淘汰，所以坚定地放弃了。中兴抓紧机会在国内手机市场大肆布局的时候，没能拿到此块蛋糕的华为快速部署海外市场，从亚非拉到欧洲市场，快速建立起自己的事业网络。

而此时尚在享受移动手机红利的中兴虽然也看到了华为的动作并想在海外市场一决高下，但几乎每一次中兴都比华为慢了半拍。这里面的原因除了因为华为对建立强大销售系统的重视之外，更重要的是多年前就开始构建的内部管理的系统性运作，从 IBM 花巨资引进的管理系统使得华为从产品研发、制造、质检、库存、物流、销售等环节都在一个良性有序的大系统下运行。

这就将管理成本置于一个永远有效且有序的环境之中，而在系统运作之后就是高效研发、高效管理、高效物流、高效营销的企业运作，成本效益大幅降低，由此竞争力也就逐渐凸显。

同时，中兴通讯在垄断小灵通等业务的同时也带来了不能持续保持高盈利的商业隐患。也就是说，在小灵通逐步退出市场之后拿什么来保持行业的领先就成为主要问题。在这一点上华为不需要担心。因为，在2000年以后电信业重组，华为成立了七个运营商系统部，使得其业务能够在各个不同运营商均衡发展。虽然这样让华为失去了像中兴通讯获得的这么多“蛋糕”，但也避免了单纯依赖某一方面而带来的系统性风险。而强大的客户服务同其营销网络一样贴心、强大，并且将地区销售经理转变为客户代表，这样就能够实时监督企业内部的服务状况。

当然这也并不能说明中兴通讯在华为面前一败涂地，多年的产业规划运作、产品研发、市场竞争，让中兴通讯在国际市场上也有其独特的核心竞争力。相比较之下，中兴与华为无论在业务竞争、长远战略发展都非常相近，尤其中兴在国内市场占比还比较大，竞争优势还是很明显。

但是在2009年以后，两个方面的失误让中兴与华为之间的差距越来越远，第一个是在3G市场上的失误。2009年初，中国联通终于等来了WCDMA标准的3G牌照，并开始招标，中兴和华为又开始了针锋相对的竞争。除了在舆论上压制对方之外，中兴还打起了价格战，试图以低价取胜。

但华为自2006年就已经为布局WCDMA海内外市场做准备，不管是研发还是市场网络覆盖都已经日臻成熟，先走一步的华为再一次跑到了中兴的前面，在小灵通红利日渐衰微的时刻，华为却为未来市场发展打下了基础。此时在WCDMA领域市场份额华为占到三成以上，而中兴只有两成。在国内市场输掉一城的中兴，为了雪耻就在海外数据卡市场打起价格战，结果损人不利己，不仅华为损失惨重，自己也一起被欧盟进行“三反”调查，差一点让大家都玩完。

随后的竞争就是法律层面的了，两家公司不断进行关于专利权和商标权的法律诉讼，意图对对方市场造成困扰，同时也为将来4G市场争夺做准备。也就是说，由于3G的失误，使得中兴开始急功近利，不惜损害多方利益打价格战，可以说是一步昏招。

第二个则是致命的。在核心的系统建设，对市场的反应能力以及研发、服务、营销网络都相对华为略输一招的中兴即使在短时间内超越不了华为，也不至于对整个企业运作产生大的影响。但是由于在3G市场的落败以及海外市场发展与华为相比都棋差一着，所以在2010年中兴进行了一次大的高层换血。2010年3月，中兴通讯选择史立荣代替殷一民出任公司总裁。其实在殷一民在位之时，其主要的公司运作准则是“现金流第一、利润第二、规模第三”。也就是说，公司整体发展的步伐是步步为营的稳健方式。其实这种策略对日渐成长起来的国际性大公司来说是非常正确的。在稳步增长的同时不断修正企业的核心管理系统，就能有效地降低企业本身的运作成本，并不断地拉小与华为之间的核心竞争力差距。

可是，史立荣上任后急于与华为硬碰硬，并在核心管理效能系统尚未建设好的前提下就大规模的扩张，为了紧盯主流国家以及主流运营商客户，采取“进攻型”市场策略，即要中兴在相对短的时间内成为全球前三大设备商的市场战略。很快，短期效果出来了：2010年全年营业收入约人民币702.64亿元，约合106.09亿美元，按美元计同比增加21%；实现净利润人民币32.50亿元，较2009年增加32.22%。2011年中兴通讯实现营业收入862.54亿元人民币，同比增长23.39%，海外销售收入达467亿元。总体规模复合式增长，但作为“企业之命”的净利润率却大幅下降。中兴通讯2011年实现净利润为20.6亿元人民币，同比下降36.62%。

其实也不能把罪责都怪在史立荣身上，因为在2009年这个阶段，中兴在与华为的竞争中已经处于劣势，国内市场3G市场争夺落败，国际商场在整体运作成本以及研发成本又不如华为做得好。大股东们自然希望中兴能够在短期内做一番成绩出来扭转局面，但这却成为中兴大幅亏损的推手。

终于，危机在2012年爆发。2012年10月14日，中兴通讯发布2012年三季度业绩预告，报告显示，中兴通讯2012年前三季净利润同比下降254.42%～263.78%，亏损为16.5亿元至17.5亿元。该公司管理层对目前的经营结果表示歉意并决定集体降薪。当然在发布三季度报告高层集体降薪之前，中兴已经开始了业务收缩，并对旗下子公司有计划进行卖出整合以便度过资金危机。

2012年9月21日，中兴通讯与深圳市创新投资集团有限公司、广东红土创业投资有限公司、南京红土创业投资有限公司等10家投资者签署协议，转让中兴特种设备有限公司68%的股权，为中兴通讯增加投资收益3.6亿到4.4亿元。随后，在公布三季度业绩之后的2012年11月16日，中兴通讯发布公告称，将出售持有的下属子公司长飞投资股权，此举预计将为中兴通讯增加投资收益4.5亿至8.5亿元，所得款项将用于补充营运资金，支持主营业务发展。

前后两次的股权售出虽然能给公司带来12亿元以上的资金补充，但仍然不能使公司转危为安。在此次亏损中，中兴虽然把原因归结于大经济形势和一些项目的延迟，但这些都不足以让公司盈利能力急转直下。能够造成此类大型公司业绩迅速下滑的主要原因就是扩张过快。“内功”没有华为练得好，“外功”又过于急功近利，就成了中兴大幅亏损的罪魁祸首。

可以说，这种以高端网络优势为基础的手机制造商，最大的问题还是对自身的发展步伐的掌握。拼的是管理模式、成本效益的综合运作能力，而并非仅仅是市场占有率这么简单。因此，从这个案例可以看出，手机业靠规模取胜的时代已经过去了。相对而言华为却在国内的手机市场与中坚层次也能竞争并占一席之地实在是不简单。不过与这种立足于高端的既有电信制造与服务业务，并借助垄断运营商做后盾，又有手机制作销售做前导的公司不同。其实国内很多单纯只是售卖手机的企业其生存环境更为恶劣。而这些公司，就是我们要说的第二层次——中坚层次。

手机争霸赛（二）手机商业盈利模式比较与探索

国内手机制造商其实也有一个演变的过程。从一开始的功能特色加上低价的价格优势，到逐步随着三星、苹果手机的技术及软件功能升华，也让国内的手机生产商的角色产生了变化。除了大规模的山寨机，品牌机已经将功能逐步弱化，并从强调其软件优势，转化为服务优势。因此，很多网络企业也开始涉足手机业。

但不管是专门做手机的还是网络企业转型做手机的，基本都有个共同特点，就是软件服务化、功能专业化、制造代工化。比如近两年迅速崛起的小米手机，就是以其高性能、贴心服务著称。小米手机 2 甚至达到全球最快四核 CPU，高图形渲染能力，超高 PPI 视网膜屏等比三星、苹果手机更有优势的高性能，但价格却要低得多。所以从单一性能的对比上来看小米堪称物美价廉，不过从整体的兼容性及稳定性来看则相对较为弱势。这种高性能、看电影、玩游戏超级享受，甚至 U 盘即可传输资料的便利功能，让该系列手机很快得到年轻人的喜爱。

年轻人也最喜欢更新换代，所以虽然在外壳设计上有易磨损的缺憾，整体体验功能性有时并非特别明显，一些设计也有瑕疵，但小米依然受到年轻消费者的青睐。也就是说，小米在性能的研发上也采取了专业化，每一项功能都为了迎合年轻人的心态。

在市场营销方面小米的功夫也非常独到。由于其主要消费群体为年轻人，所以还是将其主要销售战场放到了电商领域，另外以大量包销做渠道分流，并以苹果类似的营销手段展开产品发布。以媒体的关注做后盾，米粉的狂热高呼做手段，展示台上夸张的奋力一摔，以及高性能不足 2000 元的低价格，提前积攒的人气，所有这些在一个时间点爆发，因此手机的瞬间爆发性售卖就产生了连锁效应。

不过小米也有自己需要面临的危机。那就是自己这种高性能、低价格以及独特的营销手段，贴心的软件设计已经被其他厂商学到并开始“广泛推广”。在经历快速成长期之后的小米的核心竞争力在哪里呢？短期内很难找得到。即使是小米极力要进入的智能电视业务，也因为政策的掣肘而无法拓展。因为政策规定互联网电视不得开展直播业务，也不能通过前者直接访问互联网资源，这就成为未来向此方向发展的不确定因素。

果然，受到广电总局压力，2012 年 11 月 22 日晚小米官方发出了一则公告：

“小米盒子因系统维护，23 日起先暂停视频内容服务。”虽然说是暂停，并未说以后不能做，但对于时间就是金钱的手机市场已经容不得拖延，即使将来政策放开，竞争对手也会同时拥出来，所以这个商业发展布局可以说基本夭折。

而作为其核心竞争力的 MIUI 系统，该系统上市后本来非常受欢迎。关键是其针对了国内消费者的习惯，全面改进原生体验，能够带给国内用户更为贴心的 Android 智能手机体验。但 MIUI 的竞争对手却实在太多，包括 360 等网络企业的进入。360 特供机的模式与 MIUI 十分相似，并用内置 360 浏览器、360 桌面等产品控制移动互联网入口。

其实像 360 做的这些也就是网络企业进入手机业的目的。也就是说，MIUI 并非不可替代，小米手机成为开启国内智能手机市场的一把钥匙。但打开门之后进去的却不止一个人。小米打下了基础，阿里巴巴、百度、腾讯、盛大、新浪、网易、360 等互联网公司迅速分食蛋糕。小米的米聊就更不需多说了，随着微信的普及，米聊的竞争力也逐步丧失。

也就是说，小米先前的“创新”才是其核心竞争力，当“创新”不断被复制之后，其优势也就不断下降。而小米最缺的也是最需要的就是时间。小米想要继续快速赢得市场，就必须比别的公司快。小米 2 的匆匆上市就是一个例证。从其新机型的发布可以看到，小米 2 的手机还是有很多硬件和软件的瑕疵。其首发量也仅 5 万部，就是因为米粉们等得着急，同类产品也在不断出新品，但又要担心产品不成熟带来的负面影响，所以限量发售。

这就带来一个问题，在研发方面小米并不比其他实力雄厚的网络、实体公司具有时间优势，这也就意味着如果小米不能及时快速打造核心竞争力，未来很可能逐步被淘汰。现时其创新红利尚在，但仅研发时间就已经非常紧张，如何能够保持行业优势并非发展问题，而是生存问题。

对其他互联网公司来说其实也是醉翁之意不在酒，手机是其次，关键是移动互联网的市场占有率。在这个市场，也免不了一场网络“暗战”，小米或许就会成为这场暗战的牺牲品。而高配置低价位的硬件优势也逐步被华为、联想、酷派、海尔、夏新、中兴等厂商迎头赶上。实际上，小米已经处于风口浪尖，如果没有质的飞跃，相信小米的生存空间也将越来越扁平化。

最后我们来说一下第三层次，也就是低端专以价格取胜的手机销售。除了一堆一堆的山寨机，还有一种想借助销售网络覆盖赢得市场的模式。这种模式的特点是欲借低端手机利用网络覆盖来连接产业链进行低价销售，这里面的代表是尼彩手机。

在进入手机行业之前，其企业掌舵人是个拥有三座煤矿的“煤老板”，通过并购摩能尼彩 50% 的股份正式进入手机行业。而其运作方面说白了，就是该企业并不以研发做后盾，也不以功能特色做主导，而是以手机工厂店的模式销售，也就是自建工厂，砍掉中间环节，直接开辟直营店，并迅速在各大城市网络覆盖。这么做的优势是将制造阶段产业链串接，赢得价格空间。但这样做必须拥有强大的资金作后盾。

尼彩从 2011 年初刚进入行业到 2012 年，仅一年的时间就建立起 3500 家实体直营店，确实非常难得，由于老板为煤老板出身，所以资金后盾也非常雄厚。但从整体的运作来看，其竞争对手并非小米、华为、中兴、360 等企业，而是直接瞄准“山寨机”。

“山寨机”由于仿制快、价格低成为企业间的主要竞争手段。而尼彩是将整个制造环节“收缩化”，利用极其低廉的价格创出生存空间。这也就意味着其如果要保证品质，利润率就会极低。其网点主要在二三线城市，并辐射到市、县、镇，同时以夸张的电视营销手法进行销售。相对而言，这也是一种“专业化”，这种专业化就是针对低端客户，以低价赢得市场。

不过该企业必须面对几大问题。第一，就是低利润率的低价营销是否能够提高销售量。要知道，在遍地都是“山寨机”的时代，想仅凭价格取胜已属不易，同时想要持续盈利就必须拥有高市场占有率。这种与山寨机比拼的“品牌机”不可否认还有市场，但每个手机利润仅为几元钱，能否持续保持高销量就成为问题。

第二，山寨机应变市场及仿制能力特别快，且这种厂商非常之多，尼彩是以一己之力与众多商家抗衡。同时由于极速成长，导致生产制造的质量稳定性不可预知，所以也就出现了产品在市场上反映并不是很好，质量问题频出。“山寨机”出了问题，应该不存在品牌信誉问题，但尼彩却不同，有厂有店有品牌，对其信誉影响是叠加式的。同时由于其品牌机做着“山寨机”的事，所以一旦遇到法律纠纷就一告一个准。这里的潜在风险实际上无时无刻不威胁着该企业。

第三，就是运作成本。相对而言自建渠道成本更高，企业要承担大量的物流、人员、原料、管理等诸多成本，据说尼彩原本打算投入 1 亿元，但已经砸进 10 亿，实际上窟窿还会不断加大。

第四，就是同模式品牌的快速复制。与尼彩相同模式的手机工厂店竞争也很激烈，其中包括飞炫、酷派、睿风、三普、迷彩、你彩等。这些工厂在尼彩的模式出来之后也快速冒出，充分说明了其模式的易复制性。

另外这种靠电视营销轰炸、低价促销的手段，在手机业已经过时，现在拿出来用，天时地利人和都不对。所以该品牌的发展模式要么就是将来把工厂与实体店分割，然后实体店进行转型销售其他品种产品，要么就不断在这个资金窟窿里旋转，最终把自己陷进去，别无他路。也就是说，低端的模式基本就是“山寨机”模式，已经没有什么“品牌战略”了。

从以上说的几种手机发展模式来看，可以发现一个规律，就是不管建立在哪一种平台之上，手机业的发展靠的还是“核心竞争力”。核心竞争力就意味着在整个产业的链条当中，哪个企业能够做到“独一无二”谁就是市场的王者。不管是建立内部管理运作系统的优势，还是从产品研发或者营销机制的创新，要么能够快速占领行业先机第一个做，要么就做别人做不了的，或者能够真正掌握成本优势，否则一切的“花招”“诡计”都毫无作用。一句话：核心竞争力是保证企业生存的唯一土壤。

后危机时代企业生存与争霸的核心竞争力剖析

在后经济危机时代，中国的产业发展遇到了前所未有的困局，几乎所有的行业都面临着产能过剩、市场萎缩的境地。而在千变万化的市场环境中，如何能够找到适应市场变化的发展模式是一件非常重要的事情。本章中选取的案例是一些在各自领域中走出自己商业模式的极具竞争力的企业，每一个企业都在按照自己的步调发展，但却又都与众不同。

就像安利，它能够快速适应大环境并赢得市场的关键是对产品定位的及时调整，对销售网络的整体布局以及其产品多样性的附加值。产品定位的及时调整，是将旗下保健品、化妆品类别及时调整涨价，这一点并不容易做到。因为与国内的阿胶、参茸等品种不同，安利的产品主打的还是概念；从产品本身的核心竞争力来说，是无法与之抗衡的。那么这时候针对某些消费人群进行概念化的包装就非常重要。而后危机时代的到来，全球消费萎缩是事实，国内贫富分化也是事实。

在危机时刻安利能够从“危”之中发现“机”，并大胆地调高部分产品价格，从而整体拉高产品在市场中的档次，能做到这一点就非常不易。在经济危机时代能够反其道而行之从而确立自己产品的行业地位，实在是兵行险招，因为一旦掌握不好定位失败则可能全盘皆输，并带来连锁反应，由此将企业拉向失败边缘。

销售网络的整体布局其实和产品多样性的附加值是相互关联的。也就是说，直销的网络布局本身就是一种低成本的销售形式。利润率不算太高的产品的开发售卖丰富了产品品种，同时所有的产品都是主妇、女性白领们的最爱，在高端产品开发的同时用这些贴心的低端用品来让女性消费阶层快速接受安利产品。

这一点安利做得非常成功。这也是安利的“店铺销售+雇用推销员”模式能够成功的主要原因。这就是所谓的二八定律成功实例。我们来解释一下什么叫二八定律。二八定律也叫巴莱多定律，是19世纪末20世纪初意大利经济学家巴莱多发明的。他认为，在任何一组东西中，最重要的只占其中一小部分，约20%，其余80%的尽管是多数，却是次要的，因此又称二八法则。

很显然，安利旗下产品多样化，但最赚钱的却是保健用品和化妆品。虽然它们的占比少，但盈利多。剩下80%产品的作用也非常大，虽然盈利并不高，但由于其产品的实用性强、消耗快、口碑好，所以就成为潜在的推广品牌的利器，不仅能够给店铺带来高客流量，也能带来固定的回头客，慢慢就会深入到那20%的高盈利产品之中了。

同时这样贴心的产品也为安利增加了潜在的销售人员，深受女性消费群体欢迎的安利产品就让她们也会有兴趣赚取外快而不影响正常工作，而她们身边的同事朋友又将成为潜在客户，如此不断膨胀，所以难怪安利这种在亚洲的“变异”销售形式会成功。

另外一点必须要关注，因为长期被非议以直销形式经营，使得安利形成一套卓有成效的处理危机公关的经验。这一点非常值得国内企业学习。而安利的一整套系统的完美运作不仅成为直销企业中的典范，也能够为非直销模式的企业提供借鉴的经验。

跟安利不同的是东阿阿胶。虽然东阿阿胶发展的也是保健品，但相对来说其产品的药用价值更高。所以对于东阿阿胶来说，其产品本身的竞争力就无与伦比，不过其面对的挑战与危机也就更具潜伏性。而东阿阿胶面对的挑战和潜在性的危机主要就是下面三点。第一，是同行业竞争，包括福胶、同仁堂等的进入让这个产业逐步开始面临供大于求的现状。同时阿胶品牌的低端产品太多太杂，造成混乱性交错，产品覆盖趋于饱和。第二是提价过于频繁和全面化，那些中、低端的产品本身已经数量极多，且库存量大，而不顾产品定位也跟着加价就会增加库存，导致现金流转不足。这也是东阿阿胶最大的失误。第三是原料问题，在前面已经详细讲过，不再赘述。

不过从东阿阿胶身上能够借鉴的成功之处也不少。比如多年来整体品质相对稳定，尤其是其高端产品。而其产品的生产量一直维持稳定，并没大量增产。而根据其产量和原料驴皮供应量对比来看，东阿阿胶一直坚持保证产品品质第一。与之差距不大的福胶虽然不断增产，但当年其质量问题频频爆出，并由此引发的企业危机，使其至今依然不能与东阿阿胶相提并论。

这从侧面反映出东阿阿胶的品牌保护意识还是很强的。其诚信的保证，也让其高端产品可以不断涨价但依然受到欢迎。在中国的保健品市场，尤其是高端产品，产品质量是品牌名誉的重中之重。而保健品品牌的名誉是不能蒙受污点的，一旦蒙受了一点点污点，就相当于品牌直接废掉。这一点在市场上多年来一直都被印证。至于其他的渠道建设、营销手法、危机公关当然都对企业发展有辅助作用。不过对于像东阿阿胶这样的企业来说，品质比什么都重要，价格可以不断地涨，甚至有所谓的“泡沫”。但如果品质出了问题，所有的泡沫也就会瞬间破碎。

相比东阿阿胶，白酒市场的产品竞争力不见得多强，但两项优势足以支撑起局部的垄断地位。第一是白酒的收藏价值，酒年份越久远越香，越值钱，并无过保质期的风险。第二是高端酒的团购，包括政府、商务等用途。因而越提价越多人买。我们看到，安利、东阿阿胶、白酒都是在提价，但各自的目的和手法并不相同。实际上安利的提价在于提升品牌竞争力，是手段。东阿阿胶提价单纯是为了减压。而白酒市场的提价，完全是为了垄断和利用稳定渠道来制造“稀缺”现象谋取高额利润。正因为三家企业的目的不同，所以结果也就不相同。安利巩固了市场地位，东阿阿胶陷入短期库存危机；白酒市场进入爆炒怪圈，同时限制三公消费的潜在危机威胁着整个高端白酒市场，成为最不安定因素。

不过不管怎么说，这几家企业都具有较为稳定的核心竞争力。并且在尚未找到新盈利点之前，他们是不会轻易动摇其核心发展的竞争力的。而李宁，则是因为只想寻找新的发展，提高产品档次而将原来的核心竞争力直接扔掉了。李宁的最大问题在于没有审时度势，在后危机时代，服装、鞋帽等消费市场逐步开始萎缩的大前提下，没有将品牌细化运作运用到子品牌以带动 90 后消费市场，而是将整个品牌运作转型。这样的恶劣后果是，不仅失去了 70 后、80 后市场，又丢掉了与国外品牌竞争的优势。危机发生后，高库存低价出货的网络平台直接导致线上线下销售渠道产生矛盾。从这一点来看，李宁从一开始就没有真正清楚自己的品牌定位，所以才轻易地放弃了自己的固有领地。而很多“无心插柳”的成果也消失殆尽，被后来居上的安踏钻了空子。从这一点来看，要先明白自己的核心竞争优势在哪里，才能有的放矢去转型，否则就像参天大树被挖出来换个地方，结果就因水土不服而死掉。

相比较运动服、鞋类产品，手机市场的饱和度似乎更高。尤其是国外品牌的压制使我们只能从边路突破。苹果时代的到来使国内手机市场的核心竞争力挖掘起来非常困难。立足优势产业服务链的中兴的手机业务，更多依靠的还是垄断资源。虽然这些垄断资源红利期并不很长，但也足以让企业获得快速扩张的机会。所以中兴通讯就利用这样的市场优势快速发展。

而相比之下，华为立足于市场的动作更多，内部管理系统更完善，营销网络覆盖更加专业化、贴心化，因此在海外市场华为拔得头筹。急于超越华为，让中兴原本要数年后才爆发的危机提前爆发，并由于扩张过速而巨亏。由此看来，在同行业、同规模、同实力的企业博弈中，谁的“内功”深厚，谁的核心竞争力就更加强劲。

而对于那些没有垄断资源可言的手机业同人们来说，创新能力强也是一种核心竞争力。就像小米，能够快速研发推出高性能低价位的手机，同时其手机系统及相关软件服务也带动了手机业新时代的来临，让国产智能手机翻开了新的一页。但这种创新带来的核心竞争力是有时效性的，在 3 年内这样的企业是能够依靠新的模式带来发展，并享受红利。但相对的由于这种创新不具备不可复制性，所以同行业复制也就相当快。而在软件服务方面，那些互联网公司无论资金实力和还是人才储备都要强于小米。

抓紧时间不断推出新产品享受红利期，或想出新的创业模式，这些都只能治标，治本之法还是像苹果那样带来产业革命后实实在在把产业链的不可复制一端牢牢抓住。这一点，国内同行业还没有谁能够真正做到。即使是华为这样的公司，也只是努力朝该方向发展，还没有真正实现。

剩下的公司，就用一些传统方式，试图通过低端的产业链整合来打价格差，也就是以尼彩等手机工厂店为代表的销售方式。但这种形式的弱点太多，第一是有钱就能做，有可复制性。第二没有研发能力，不会带来产业提升。第三是从工厂到销售整体快速发展带来的管理资源不足，无法控制成本产品质量。第四是产品定位的市场已经开始固定，而低端手机处于产能过剩状态。因此，这种整合低端产业链以价格做核心竞争力的办法基本是条死路。

从本章的所有案例中我们可以看到，不管是以产品作为核心竞争力，还是以营销方式或者以专业化定位、创新、垄断等做自己的核心竞争手段，总之，能够让自己在行业中具备不可复制的核心竞争力并能持续盈利，才是企业成功的关键。而在发展过程中，急功近利、盲目扩大规模、盲目转型都会成为明星企业快速破败的原因。越是在行业中发展得好的企业，越应该时刻警惕，企业是否具有持续盈利能力，是否能够长久保持同行业的优势。所以，企业与企业之间的争霸赛，实际上就是核心竞争能力的争霸赛。在这个战场上，没有永远的赢家，只有永远的核心竞争力。

第八章　后危机时代异军突起的商业发展与新思维

在后经济危机的时代，很多行业危机四伏，或市场份额萎缩，或资金链条紧绷。但是，也有一些产业，反而因为经济危机的出现愈发强劲。也就是说，这些产业找到了新的商机并借此得以发展，企业决策人也会适时抓住市场需求快速发展起来，并立足于时代让自己企业更加辉煌。正所谓新的时代促进了新的商业模式发展，而新的商业模式中又有不同的商业盈利谋略。大戏开演，波澜壮阔。

免费网游优势运营与“史式”营销的强力发酵器

在后危机时代的产业发展中，要数利润率最高、风险又相对较低的，就数网络游戏产业了。从历史上国内外的数据来看，越是到了经济形势差的时候，有关娱乐方面的消费反而越会膨胀。作为新时代的休闲方式，网游毫无疑问成为很多网民们的挚爱。尤其是随着大家上网环境的改善，网游的品种和运作模式也增多，巨大的产业需求就意味着巨大的商机。而在近些年尤其是后危机时代之后逐步声名鹊起的网游公司数不胜数。下面我们就拿出在近些年比较具有代表性的网游企业的实例来进行分析，看看他们是如何在众多的网络游戏商中脱颖而出并确立自己的行业地位。

中国网络游戏产业至今出现了两个阶段的辉煌期，第一个阶段是以代理国外公司游戏为主的时代。那个时候国内游戏制作行业的经验不足，制作运营都没有什么可以参考的经验。而相对来说，日韩等亚洲国家在游戏产业走在了前列。

所以，在2005年以前的阶段更多是依靠代理别人的游戏为主。像《传奇》《奇迹MU》就是这时候风靡全国的。这一类的游戏往往画面华美，可玩性高。所以当国内代理网游的公司越来越多之后，国外对于国内公司代理游戏的条件也越来越苛刻。而管理运营上也不能因市场不同随意做出调整，事事掣肘。这时候已经逐步积累起实力的网游产业大佬们开始了自己做游戏的征程。

中国国内网游基本分为两种盈利模式，一种是时间模式，另一种是道具模式。时间模式就是以时间收费。道具模式就是免费玩，但以道具收费的形式获利。因为这种形式免费玩，即使玩上瘾，也可以根据自己的经济状况玩，所谓穷有穷玩法富有富玩法。由于这种游戏门槛低易上手，就成为国内原创网络游戏商们的目标。这种模式恰恰特别符合后危机时代的经济效益原则，但实际上这就是所谓的合理化烟雾的经典应用。解释一下，合理化烟雾就是商家用一些看似“亏本”的手段，让消费者认为划算而去消费，商家借此盈利，这就是营销方法的“合理化烟雾”。也就是说，看似游戏不收费，可以吸引大量的人试玩，但是之后却发现只有用钱去买道具才能让自己在游戏中快速成长并具有战胜其他玩家的实力，慢慢花的钱反而比按时间收费的要多得多，但还是心甘情愿去玩此类游戏。

一般来说，一款好的网络游戏的黄金生存期只有三年，能够将游戏的吸金能力拓展得时间越长，越说明此款游戏的成功。我们就单独拿出一个公司旗下的游戏来做一下剖析，这个游戏就是光宇旗下的《问道》。

《问道》是一款回合制的2D游戏，它的运作模式就属于典型的道具模式。这款游戏自2006年运行直到如今依然能够风行不倒，确实有其独特的运作之道。因为对于相对日臻成熟的网络游戏市场，3D制作宏大场景已经是网游的基本特点了。但是以2D贴图的形式制作的游戏，又如何能够赢得市场呢？

《问道》的开发和运营非常有手段。第一，《问道》的2D贴图虽然人物画面不够精美，场景也不够华丽，却因此省下了大量的硬件及网络资源。这一点不利的因素反而成为其有利因素之一。但单纯的省资源有什么用？很多的小游戏制作公司也能够做到节省资源。但《问道》省资源的目的，是为了更有效地利用资源。《问道》的一机多开，也就是一台机器可以开多个账号自己组队杀敌，这一点对于那些休息时间不固定且又酷爱网游的人群来说非常具有诱惑力。因为休息时间不固定有时候找不到队友，或者队友没到齐信得过的朋友可以代替开号先组队。这样既不耽误时间，又能组队玩，一举多得。同时，升级速度也会事半功倍。这一点看似很小的创造性，实际会带来很好的效果。

第二，就是更新与调整的频率快。在基调稳定的前提下，《问道》对于版本更新以及玩家体验的反馈调整非常细致。上百条的版本更新、BOSS的新增频率、洗点等系统的调整、游戏宠物及道具的优化升级等，都会不断给玩家增加新的体验。这也就是其红利期拉长的主要原因之一，那就是不断地更新游戏，丰富游戏内容，增加新鲜感，让玩家不会感到乏味。

第三，升级、收费节奏的把握及道具低价化。所有的网络游戏几乎都以升级作为重点吸引客户的手段，但在这方面《问道》则拖长新等级的放出节奏。也就是说，其发放等级的节奏基本是5～10级的发放，尤其是在100级以后，发放的节奏很慢，其实就是要玩家把主要精力放在游戏细化的开发体验上。稀释玩家对等级的渴望，这样就能将游戏红利获取的时间段不断拉长。

这一点说起来容易，但做起来很难。因为要想拉拢玩家又不以等级为核心，就必须使其新鲜感十足才可以。收费也是如此，对于装备、道具的配置等方面尽量不要太烦琐，以均衡的收费来淡化玩家收费负担过重的感觉。同时，其收费道具尽量低价化，大多维持在十几元左右的水平。其实这就是合理化烟雾的深层次运作了。看似道具都不贵，但是通过一些大宗的间接道具的交易，同样可以获得高消费渠道。单一的收费虽然便宜，但是单一数量及“月卡”等形式的多数量交易，依然可以达到高价值的收费目的。所以近些年

《问道》也被玩家称为最费钱的游戏。

第四，推广手段。这一点则做得更加细化。首先，就是通过各大论坛、娱乐网站以及包括二三线的视频网站的广告推广。这里面当然也需要大量的费用，但同时也吸引了大批网友。其次，就是游戏的玩家推广。《问道》的“师徒”系统能够有效刺激新人因为被帮助而成为忠实玩家。再者，就是网络外的推广。主要利用公共汽车的广告画、招贴画等公众聚集地方，从而更加将虚拟游戏印象“实体化”，增加客户信任度。最后，就是推广团队的建立。由公司内部组建的上千人的专业推广团队散布在全国各地，并进行专业化的推广工作，这样一来不仅辐射面广，而且还收效快。

第五，新服开发，规模扩大化。《问道》多年来不断地开发新区，让更多的玩家进入，用大容量加上高优惠吸引新的客户进入。这样不会因为有些人的等级、道行、道具属性太高而打击新手自信心。同时不断开发的新区也会吸引一些进入倦怠期的老玩家进入，再次寻找玩游戏的成就感，将这种感觉不断复制。

第六，就是回合制带来的附加值。当然回合制本身是一机多开的先决条件，但更重要的是其团队合作带来的成就感，同时又可以将个人的能力以及装备等展现在队友及对手面前，实现个人成就感。双成就感的实现也会更加刺激道具的强化欲望，潜在消费欲就会慢慢被激发。同时一队的队友并排在一起，互相交流道具的炼化、升级、购买经验，也能刺激消费。

第七，游戏规则制定及平台建立让游戏虚拟经济环境低通胀，公平交易。这一点非常重要。在游戏玩家中，有着一大批沉醉于虚拟交易中的玩家，而很多高级属性道具、高级宠物甚至高级账号的交易数额往往都成千上万，所以保持这些道具拥有保值甚至升值功能很重要。除了系统升级带给道具的升值作用外，在保障公平方面《问道》也是在不断成长，从与第三方交易平台合作，逐步跨越到自己建立游戏交易平台系统“奇宝斋”，这样就可以通过后台系统随时监视有无欺诈行为。

在保证玩家公平不被欺骗的同时，还能通过“抽税”达到间接收费的目的。这个小的虚拟经济系统的建立，将游戏运营方的庄家功能凸显了出来，相当于一个虚拟世界的政府职能。这一点也是近些年来很多游戏争相效仿的模式。

第八，提供集中收益的时间段。这一点非常高明，因为想要游戏全天24小时都成为玩家的聚集时间很难做到。人毕竟要吃喝拉撒，同时要上班、上学、养家。而虚拟世界所占用的时间主要是在一些休息时间段。所以《问道》将一些刺激玩家获得虚拟收益的活动都放在了集中的几个时间段上，包括节假日、晚上8~10点，等等。这种集中的收益时间段做法，可以让游戏人气集中化得以体现，同时也是调动玩家对游戏产生持续兴趣的手段。

第九，专业化的流程疏导。其实这就是游戏的客户体验系统建立，就是针对客户的专业化服务体现。将新手进入、游戏上手、收费、客户服务处于一个大的系统运作之中，不知不觉中就让玩家进入状态并成为消费群体中的一员。

第十，对外挂、盗号的打击。随着《问道》间接道具的作用越来越大，使得玩家的消费金额也越来越大，所以对盗号盗装备的防备上升到了系统服务层面，通过平台的数据监察、防盗系统的不断升级、乾坤锁系统的不断完善让游戏的盗号率保持在低水平，这样就保证了玩家的利益。对外挂，投入大量人力物力通过后台监测来狠抓，最终让外挂无所遁形。

这十大因素基本上就是该网络游戏运作公司能够在游戏的场景人物等效果都不突出的前提下依旧能成功运作多年的主要法宝。虽然《问道》多年来常常被玩家抱怨花钱多，被网友诟病其广告狂轰滥炸。但不可否认的是，《问道》基本可以说是已经“过时”的2D游戏的典范。过时的技术，却在经济危机时代创造出了丰厚的回报，从这一点来讲《问道》做得很成功。

和《问道》的专业化运作及国内原创游戏的系统化建立相比，有一个人进入网游领域则非常传奇，这就是赫赫有名靠保健品再度腾飞的商界大亨史玉柱。在网游的运作当中，有很多专业化的公司，但真正能够将游戏做好的网游公司并不很多。

相比较而言，史玉柱并没有网游运作的经验与基础。那么他是怎么成功运作的呢？其实这还是要归功于他强大的品牌包装能力以及千变万化的市场营销能力。当年史玉柱能够靠几十万元就二次创业成功，靠着保健品的复合式增长再次起家。关于史玉柱怎么二次创业，怎么诚信还钱的事情在这里就不再赘述。重点是，史玉柱如何踏上他的网游《征途》，又是如何运用其营销的市场魔手成功进入网游产业的。

由于史玉柱自己就是网络游戏的“骨灰级”玩家，所以具有商业洞察力的他很早就想自己做网游了。经过缜密的市场调查，他认为国内网游产业的前景非常好。恰逢2004年上海盛大的一个游戏研发团队有意离开，而不缺钱但缺人才的史玉柱与之一拍即合。2004年1月征途网络科技有限公司成立，2006年史玉柱通过开曼群岛注册的公司控制其100%股权。随后更名为上海巨人网络科技有限公司，并成功在美国上市，融资10.45亿美元，这一年是2007年。

从此史玉柱就不断夯实在网游产业的运作。在这一阶段，其网游的事业看起来更像是融资的工具。但实际上，他旗下的网游能够快速占领市场，还是靠他神奇的营销能力。2005年，正是国内网游产业面临着转型的瓶颈期，大家都对该产业的发展产生犹豫，但史玉柱带着《征途》在此时出发了。

其实史玉柱最厉害的就是对市场的了解与定位。从脑白金、黄金搭档到黄金酒我们可以看到一张张漂亮的成绩单。《征途》没有瞄准各大城市的网游主战场，而是将其产品定位低端化，将市场营销的主战场放在了农村，靠农村包围城市的方法来赢得市场。

史玉柱将全国农村地区5万多个网吧包了下来，让玩家只玩《征途》，仅此一项史玉柱平均每月要付出上百万费用。同时给予网吧售卖《征途》卡10%的折扣，并且玩家在线超过120小时就能拿到100块的“工资”。又能玩还能赚钱的效力及多重独特营销手段，让《征途》很快同时在线量突破百万人。另外史玉柱使用打“擦边球”的方式竟然成功在央视发布《征途》广告，打破了烟与网游不能做电视广告的国家规定铁律，一下子将《征途》做成品牌，深入人心。

从这几方面我们可以看到，史玉柱不愧是商界营销的“鬼才”。他通过电视广告的平台，将旗下网游成功升级为品牌的战略，增加的不仅是知名度，也是美誉度，同时也将其他竞争对手远远抛下。而进入农村的快速占领战略，相当于通过实实在在的利益诱惑，强行将产品跳过宣传、间接消费直接送到客户的使用阶段，然后迅速打开局面。将保健品的营销模式加以变化再运用到虚拟的网游中，这一点恐怕也只有史玉柱才能做到。

随着网络游戏市场的逐步成熟，玩家的消费方式也越来越丰富，但总体说来，还是在时间和道具收费的两种模式之下。在2011年初，随着《征途2》的面世，史玉柱也带来了第三代网游商业模式——公平游戏模式。就像《征途2》制作人说的："点卡模式相当于古代的人丁税，你只要在这个国家生活，就必须每年纳税。道具收费就像封建社会的专卖制度，官方垄断道具专卖，导致游戏不公平。第三代商业模式则不同，没有商城，玩家自由交易获得物品，官方只收取5%交易手续费。这相当于回归玩家所说最初的快乐，简单快乐的打宝乐趣。"说白了，这种公平模式就是将花钱与不花钱玩家的平台高度放到一致。要么就花时间，要么就花钱，总之两方面的付出都能得到回报。尤其是对非付费玩家的福利制度的建立，让其能够在相对公平的前提下游戏，又不会损害付费玩家的利益。从这一点来说，《征途2》已经具备了其他游戏不具备的核心竞争力。

同时，由于系统属于该游戏所创，所以要经过市场验证并被其他公司效法还需要相当长的时间，在这段时间内，史玉柱旗下的网游公司足以累积经验并确立行业地位。最值得肯定的是，《征途2》的商业模式推出前，其公司已在《绿色征途》做过验证，取得了很多的市场宝贵经验；在得到正面的市场反馈之后，《征途2》才开始全面推行这项新的商业模式。从这一点来说，做得非常的稳健。我们不敢说这样的商业模式一定能够得到推广，但是相比较而言确实能够在相当长的时间内成为吸引客户的法宝。

当我们回过头来看《问道》的经营手法以及史玉柱的网游营销手段、商业模式创新，可以感觉到，这些经验并非只能运用到网络游戏当中，甚至在其他的企业运作当中也可以作为宝贵的经验。当一个新的产业不断成熟，而内部管理、运作、营销的商业谋略也就在不断变化。因此在所有的企业运行中，都可以从不同的企业运作中找到其能够经受市场考验的原因。游戏产业市场中，还有很多的衍生产业，这些附着于网络游戏的衍生产业，也能够成为在市场中立于不败之地的法宝。那么这些企业是如何利用网游衍生产业进行发展的呢？关键还是在于产业链的衔接与专业化的运作。

网游产业链衍生行业的竞争优势剖析

在这个网络游戏盛行的时代，网游产业本身的发展也带动了整条产业链的发展。因此出现为整条游戏产业链服务的商业形式并且发展壮大，其中不乏运作非常成功的案例。下面我们就找出几个案例来介绍和分析一下他们的运作生存之道。

在网游产业中，有一家专门为玩家、游戏企业服务的网站，并成为他们在线媒体及增值资讯服务提供商。其实说白了，就是为玩家与网游之间搭了一座桥梁，它就是 17173. com。据网络资料显示到 2010 年为止，17173. com 注册用户超过 7000 万，日均浏览量超过 7500 万次，日均访问用户数超过 700 万，是中国及全球华人游戏玩家中最受推崇的游戏门户网站。

最厉害的一点是，17173. com 的每个用户平均浏览 10 个以上的页面，平均停留时间不少于 45 分钟，具有超强的用户黏着性。到 2011 年，17173. com 发布了其财务数据，17173. com 在 2011 年第四季度的总营收 1240 万美元，毛利率接近 90%。不管是其超强的黏着性还是其利率或是其可持续发展性都是非常值得研究的。因为普通的网络游戏一般来说都有时效性，也就是 3 ~5 年之内的发展，主要的收入和利润的获取也就靠这几年。但 17173. com 不同，从 2001 年起，伴随着网游的成长，该网站也一直在均衡发展。虽然其没有什么爆发性的收入获取，但其稳定的收入和持续发展的空间还是备受关注。

尤其是当 2003 年被搜狐收购以后，成功地从资讯平台逐步向专业的门户网站迈进。2011 年，搜狐对旗下业务进行整合，以 1. 625 亿美元现金将 17173. com 卖给畅游。虽然畅游是独立运营的一家公司，但其前身就是搜狐游戏事业部，所以其实相当于左手给了右手。但意义却不相同，相当于搜狐开始了专业化的产业链构建，对于17173.com的长远发展有着更多的好处。

17173.com的成功其实并不能说完全是搜狐支持的功劳，关键是其立足点非常好，相当于一堆人准备去挖金矿，他就是在金山脚下开杂货店的人。而实际上17173.com能够立足在网游产业的连接点生存并稳定发展，是有其自身的优势的，而这些十多年来不断累积的经验与沉淀，就是其核心竞争力。我们就来总结一下17173.com的产业优势。

关于提供游戏资讯，很多网络公司也在做，但只有17173.com做得最好。第一，发展时间早，行业基础扎实。17173.com的名字立意，就是取其谐音“一起一起上”。这也就是说基本它是看着中国网游从起步期、上升期、发展期、到百花齐放期的整个过程，所以对于整个网游大环境的变迁以及发展趋向有着非常多的经验，此外，还有着强大的行业网络合作资源，这些并非其他企业说超越就可以超越的。当然竞争者还是会不断进入，但绝对不会对其造成较大伤害。

第二，专业化系统构建。随着网游产业的不断拓展，可供选择的游戏也越来越多，在游戏的选择、了解和参与方面就需要这样的平台。在这方面17173.com的专业化系统性分类与构建从很早就展开了。这方面的工作又细分了几点。首先，很早就进行游戏专区记者采编制度，进行专业化管理。并且建立专业的记者团队进入第一线进行采访和资讯采集。这样不仅保证了新闻的新鲜和独家报道，还能让繁多的网络游戏资讯有条不紊地接收运作。其次，构建玩家从初始接触网游到深度攻略的互动系统。经验交流由专业化的论坛完成，并由社区主将一些具有参考价值的帖子进行集中分享，同时建立视频板块，将游戏的视频和直播放上去让玩家先睹为快。另外，提供了游戏试玩板块与下载板块。既能通过试玩体验一下，又可以下载自己喜欢的游戏壁纸，成为游戏发烧友的最爱。还会合理利用美女经济效益，建立美女频道，将游戏、美女新闻、图片、休闲、时尚、多媒体等集于一身，充分将眼球效应利用起来。玩游戏的很多都是宅男宅女，通过照片上传达到完美互动，增加平台吸引力。再者，将手机游戏的服务单独开辟出来，并为不同的主流手机适合的游戏提供专业化的资讯平台。还有，建立玩家俱乐部，让游戏里的十多万帮派、公会有在此交流和发布讯息的平台，成为间接吸引流量的工具。最后，衔接网游行业进行中介服务。17173.com在玩家、网吧、网游公司、电视媒体之间做了非常好的媒介，给网吧提供权威业界资讯，并提供免费自助建站服务。在线下的网吧组织各种比赛活动，带旺了网吧的运作，同时因组织各种比赛增进了玩家对网站的关注度。另外，通过电视媒体的实况转播提升了网游运营公司的品牌价值。各方面由于其衔接而各自获益，因此也就愿意更多地与之合作。这样，就形成了从网游运作公司到网吧、玩家的垂直交互体验系统。

第三，根据玩家需要建立非网游直接体验的其他相关服务产生共赢。包括：视听中心的建立，并成为首家专业网游资讯频道，每天可以收看到精彩的专业网游竞技和相关节目；Flash小游戏的休闲平台；单机游戏的攻略体验和资讯；17173.com读书，提供各种适合网游年龄段的电子书，供大家阅读。这样，也就与网游平台达到共赢效果。

第四，就是广告营销成本低廉。由于17173.com是给玩家提供资讯、给网游运营商提供推广的平台，所以其本身就是一个免费的推广工具，基本也就不需要太多的营销费用。这也就是为什么17173.com会有如此高毛利的原因。

拥有了以上几点竞争优势，才保证了17173.com多年来的稳定增长，也不会受到时效限制。因为网游不断变换，但总会推陈出新，所以17173.com的平台功能就会一直存在。和17173.com相比，还有一家网络公司也是立足于网游发展出来的“衍生品”，这就是5173。5173虽然名字也是一堆数字，但却与17173.com的主业务属性完全不同。如果说17173.com是立足于产业链上端帮助网游进行推广的网站，那么5173就是在产业链的下游帮助玩家进行虚拟物品交易的中介平台。

网购平台在国内已经逐步进入成熟阶段，不过多年来有关游戏的虚拟物品交易则总是在这些平台出现问题。因为虚拟物品与实际消费品不同，看不见摸不着，一旦出现问题则无法查证。所以这里面就需要做很多的工作才能保证虚拟物品能公平、公正、安全地交易。5173 正是看准了这一商机而建立的。

从广义上来说，5173 与其他网购平台的电商企业没什么不同，但其专业化地针对网游提供服务则成为其非常重要的核心竞争力，也是电商企业中唯一可以不与别家因同质化问题而恶性竞争的企业。由于其主要的业务是针对玩家的，所以玩家与玩家的虚拟交易的安全性就成为其业务的重中之重，只有保证这一方面的安全才能使这个平台生存。

因此，5173 在安全方面做了以下几方面的工作。

一是与游戏运营商的深度合作，并配合监管部门打击违法犯罪行为。要想通过监管部门做好配合，最重要的就是取证工作。而取证就需要与游戏运营商合作才能做到，因为只有通过游戏运营商的后台监控，才能掌握一些盗号、刷币、外挂等行为的数据。因此与多家网游运营商进行合作桥梁的建设就成为 5173 最重要的工作。而有时候，一些买家被卖家钻空子设局受骗的，也可以通过在平台的交易记录成为证据，将损失降到最低。

二是通过建立安全系统有效防止欺诈行为。首先，以交易担保的形式。与传统的网购平台不同的是，这种担保交易由 5173 工作人员全程监督，担保整个交易过程是安全的，在事先买卖双方是不能自行交易的，当全程操控结束后，然后再确认交易。其次，以寄售的形式。寄售就是服务人员直接到卖家账号提取虚拟物品，交给买家进行交易。通过这两种主要的交易模式基本可以保证其安全性。

三是对欺诈手段验证服务。假客服和钓鱼网站等欺诈现象经常出现，所以 5173 还为用户提供了验证客服和网页的真假的服务。

四是信用体系的建立。这一点还是沿用网购平台的特点，相对的还是有效提高了安全性。

除了在安全方面的工作，最重要的就是服务专业的深化和多种类服务。首先，交易服务繁多，涉及网游的装备、游戏币、账号、点卡、代练、道具及其他数字点卡等众多领域。其次，多范围游戏覆盖。除了较为全面地将网游纳入交易系统外，5173 还于 2011 年开拓了页游市场的交易平台。提供国内流行的网页游戏产品的交易服务，成为首家能进行网页游戏交易的平台。该游戏平台涵盖了所有国内的网页游戏运营商，包括百度、4399、多玩、人人网等主要运营商，产品则涉及包括战国七雄、弹弹堂、烽火战国、小小忍者等诸多热门游戏在内的上千款网页游戏。交易品种越来越多元化，平台也就越来越专业化。因此，虽然说其他传统网购平台也开始不同程度参与虚拟交易平台业务，但同 17173. com 一样，这个平台的建立也是需要多年的行业网络建设，加上在行业内部的口碑效应，所以并非一朝一夕能够夺取。虽然在该平台还是会出现欺诈的现象，但在国内相关法律监管都不成熟的前提下，虚拟交易平台能够达到这样的水准和规模，已经不容易。

从 17173. com 和 5173 的发展可以看出，抓住产业链的衔接点，然后在上游或在下游进行特色服务的商业模式，反而是具有持续发展竞争力的。不过其中的关键还是专业化的网络建设以及针对性的市场化服务。在庞大的网游市场中，并非真正去做网游才有利益获得，能够抓住产业链关键点进行有效的构建才是企业发展的好立足点。

除了网络游戏市场，单机游戏市场的商业形式也在随着时代发展而不断调整和进步。其商业模式也可以不断改进发展，并在残酷的市场竞争中立于不败之地。

单机游戏的逆袭：烛龙的绝地反击战

在国产游戏业中，单机游戏一直占着非常重要的地位。不过随着网络游戏市场的逐步开拓，单机游戏市场也产生了很多的变化。要说到单机游戏市场如何随着网游市场的发展而变化调整的，就不得不说 20 世纪 90 年代开始风靡全国的 RPG 游戏，即角色扮演游戏——《仙剑奇侠传》系列（以下简称《仙剑》）。

这个游戏之所以在刚开始就大受欢迎，是因为其完美的意境，动听的音乐以及感人至深的剧情和悲剧的结局，真正诠释了遗憾即是完美的创作真理。由于《仙剑》第一部的成功，其制作公司当然会继续制作，但在《仙剑 3》之前，无论剧情还是整体人物刻画等都无法与第一部相提并论。

因为第一部的成功，掀起了一股国产 RPG 游戏的潮流。但国产 RPG 游戏随着网络游戏的不断出现以及盗版问题带来的困扰，从《仙剑 3》上市之后就一直存在。虽然《仙剑 3》很成功，但其利润也仅仅能达到收支平衡。到了《仙剑 4》出来之后，因为盗版带来的问题就集中爆发了。因为这是仙剑制作团队经过两年以上的制作才完成的，不论是其画面、3D 效果、人物性格刻画、服装、画功等都下了很大的功夫，甚至一些大的环境如渲染流水、花草树木都有很大的飞跃。江山、美人、侠骨、柔情、神仙、凡人的剧情交错，将中国武侠情节与唯美的民族、自然风情完美结合到一起，也开拓了 RPG 类国产游戏的很多新的细节操作。

公道地说，这部游戏是在《仙剑 1》之后的游戏中堪称经典的一部，但这部游戏恰恰也就是令其制作团队上海软星解散的原因。说起来很悲壮，在《仙剑 4》的制作与销售中，虽然有大批死忠粉丝的支持，销量也不错。但制作游戏的成本、心血与收入不成正比必然会加大其制作公司内部的矛盾，最根本的问题还是一个国产单机游戏如何在相关法律规范不健全的前提下有效运作并找到生存发展的关键点。

因为这个时候已经是 2007 年了，国产单机游戏必然要面临着几方面的盗版问题。第一，传统的盗版渠道。这就是那些各地售卖盗版光碟的店面或者摊贩。第二，网络购物平台的渠道。这是很具有杀伤力的。因为玩游戏的玩家对于网购平台非常熟悉，而那些售卖盗版光碟的店主略加指导，然后就可以用几块钱卖掉价值数十元的游戏。第三，网络下载。网络时代已经普及，网速也逐步提升，使得从网络下载也成为极具杀伤力的途径。虽然要面临一些病毒、木马的侵袭风险，但其传播速度快，成本更低。

所以仅仅这几项，就可以让游戏的利润被抢光。又因为当时上海制作团队掣肘于总公司，没有足够的制作、销售自由，也没有合理的激励措施，也就必然导致其制作团队的心灰意懒。所以《仙剑 4》虽然是一部很好的作品，但就是在这种大环境以及内部矛盾的前提下没有能够将其真正价值发挥出来。随着《仙剑4》的发售中盗版使用者的谩骂与内部矛盾丛生，上海软星解散了。

不过一切并没有彻底结束，如果说盗版加上网游是导致单机游戏危机时代到来的根源，那么在这重重危机之中，也不是毫无生机可言。因为有时候，危险当中也会存在机会。就在由原上海软星负责人张毅君带领的团队离开之后，他立刻于2007年10月成立了上海烛龙，并打算重整旗鼓再战单机游戏。其下属团队依旧是《仙剑4》的制作团队。在经过了近三年的研发之后，上海烛龙推出了新的单机RPG游戏——《古剑奇谭》。

《古剑奇谭》的推出可以说开创了很多个里程碑，将国产民族单机游戏推向了一个巅峰。这个巅峰不仅是游戏制作，更多的是一种新的市场生存模式。这种新的市场生存模式有效地保证了产品盈利的同时还增加了游戏能够带来的附加价值，使之产生了无限的可能。仅从这一点来看，《古剑奇谭》并非仅仅是一个游戏这么简单。下面我们就仔细分析一下其如何从游戏制作到销售及其发展的过程中发展商机。

《仙剑4》虽然导致了公司解散，但带来的并不仅仅是副作用，还给后来烛龙运作带来了很多宝贵的经验，对于剧情、画面、人物刻画、环境渲染也都带来了指导性的经验。所以从《古剑奇谭》的这些方面可以看到，其对于人物、剧情、服装、画风、雾效的运用都有着更多的突破，画面更清新淡雅，具有浓郁古韵和中国味。

不过单机游戏最重要还是反盗版。如何保证游戏不被复制呢？烛龙进行了内、外双方面的工作。内，就是制作的技术要求。建立一套系统，通过激活码将游戏激活。游戏本身不重要，激活码才重要。所以游戏可以从其建立的官方网站下载，也可以购买光盘套装，但激活码只能通过官方途径购买；而一个激活码最多只能在两台机器上激活。这么做的目的是在保证有些玩家在有两台机器的情况下可以给予玩家方便；或者因操作失误导致激活游戏失败，那么就还有第二次机会。但一旦在两台机器上激活，就不能在其他电脑中用同一激活码激活游戏。而重做系统可以用反激活程序，做好系统后再重新激活游戏即可。通过这样的程序设定，就给盗版设了“坎儿”，想要破解这样的设定就需要具有一定实力和技术的公司，而这样的公司往往会顾虑到法律问题。

为防止意外，就需要在“外”的工作。对外的工作分为两方面：第一，就是与那些破解类网站进行合作，有了正规途径的利益获取就不会再冒风险破解；第二，直接受到国家相关部门的重视，展开打击盗版的风潮。仅仅这几方面，就将游戏反盗版工作做到了位。另外其制作方面也有很多突破。比如，其游戏过程更重视故事的悬疑性和游戏的趣味性，在里面穿插了很多的分支剧情任务以及各主要人物的独立剧情拓展，甚至有制作团队的人物形象及相关任务。

而人物主线，也不仅仅围绕男女主角，而是以团体形象出现。这个团体每个人都是主角，都有自己的故事，但都有一条故事主线将他们联系在了一起。故事悲情但合理，煽情但不做作。这一点其实很难做到。同时其配音系统的开发也是单机游戏的突破，更带来一种看华美的电影的感觉。而其故事的结尾，虽然也有不同结局，但却并没有《仙剑 3》因为不同结局而带来的混乱感觉，只是延伸了剧情。正是由于“多主角”“多分支剧情”“不同结局的任务”，才让《古剑奇谭》有了更多的持续盈利模式。

每一次升级，每一个支线的剧情发布，都牵动着每一个玩家的心，并从各个分支剧情不断购买补丁包的激活码，将盈利持续化。甚至在每个人的服装设计上也有了很多的突破，不管是中式、西式、中世纪、民族元素，都添加到了各大主角的可选服装中，让玩家可以有更多的选择，增添视觉效果。这种多层次的间隔时间发布，不仅让玩家时刻关注官网，还有效地降低了玩家从一些非合作网购平台购买，直接提高了其销售渠道的稳定性。而其游戏的各种版本售卖，丰富了不同层次玩家的选择，并有效提高了利润。

在产品的商机衍生方面，《古剑奇谭》也有很多突破。第一，衍生产品的开发与合作。通过跟制作厂商的合作，不断推出《古剑奇谭》的人物产品以及游戏周边产品，甚至还推出了高端产品游戏人物的 BJD 娃娃，即球关节娃娃。

第二，影、视、书籍的版权合作。这方面以前仙剑系列的收益已经是最好的参考了，而《古剑奇谭》则是在这三方面，获益颇丰。

第三，网络游戏的拓展。正是由于《古剑奇谭》的成功，让众多玩家自然也就期待其网络版的推出。而实际上这方面的工作也在有条不紊地进行中。

第四，《古剑奇谭》后续作品的持续发酵。《古剑奇谭》的成功，也就引发了此一系列故事的持续推出。就像《仙剑》系列，烛龙推出的《古剑奇谭·琴心剑魄今何在》也仅仅是此一系列的第一部。在此游戏尚未正式发布之前，其实已经为后续的推出铺排好了。虽然《古剑奇谭》带来的商机尚在运作过程中，但已经可以看到其未来发展前途了。

在《古剑奇谭》运作成功之后，国内一些制作单机游戏的公司从中借鉴了很多。可以说，《古剑奇谭》是开启了国产 RPG 游戏新时代的钥匙，不仅让国产单机游戏找到了核心竞争力，还能够在维护了创作的合法权益的同时产生了新的持续盈利模式。

也就是说，烛龙借用了《古剑奇谭》这个单机游戏的一个点，向四周扩散出一大片新的商机。仅从这一点上来说，《古剑奇谭》就必然会在中国单机游戏产业发展史上留下浓重的一笔。从《古剑奇谭》的突破性发展中我们可以看到，一个企业的发展是否成功，不仅在于其产品的品质，更在于其如何在大环境不利的情况下进行创造性的突破，同时又能进行产业链条的深化衍生，确立自己的市场地位。在后危机时代，能够在危机中调整自己的发展策略，才能成为商业场的胜者。

团购网站崛起、失落与再生

随着后危机时代的到来，国内消费市场逐步萎缩，受到危机影响的企业和商家，也从外向型企业逐步扩散到了餐饮、电影、服装、娱乐、美容、日用消费品等相关的产业。就是在这样大背景下，很多商家也就普遍以打折的形式招徕顾客。但打折就意味着低利润，“薄利多销”就需要推广媒介的帮助，所以团购网站的异军突起恰恰也就是在2009年后。

其实团购网站早就出现，但在2010年后逐步突破性地发展，就是因为受到环境的变化而出现的变化。团购网站从其本身发展来说也是有其规律的。从现实的角度来看，团购网站从2010年开始大量的密集出现非常符合经济规律。因为2010年以后，人民币汇率上升导致的企业倒闭潮，而民生物资不断上涨，包括大蒜、绿豆、玉米、生姜、猪肉等的轮番炒作。在这种大的前提下，占消费主导的中层消费者市场开始萎缩，不管是消费者还是商家，都处于一种非常被动的局面。

对消费者来说，吃、喝、穿、用的消费品不断涨价，而工资却没有多大改变，同时还有因公司倒闭失去工作的危险，所以也就在这个时候勒紧裤腰带。每月去饭店吃饭的次数减少，买衣服鞋帽的频率降低，商家自然也就感到压力。因为房租、人工、产品成本都在上升，但流水却日益减少。在这样的情况下，省钱就成为当务之急。到哪里吃得便宜、买得便宜、消费得便宜就成为第一选择。在这样的环境下，团购网站看准了商机也就因此趁机进入了密集发展期。

在2010年以后，其实也就进入了电商大发展的时代，但是团购网站在进入电商快速扩张期之前就已经开始悄悄渗透了。所以在2010～2011年是团购网站发展密集期，全国各地的团购类网站达到5000家以上。相对来说，团购网站有以下几个优势。第一，很方便，支付方式可以通过网银、支付宝、财付通以及手机支付方式来实现，非常便利。浏览也可以轻轻一点就能够比较出各商家和提供产品的性价比。第二，适应了很多消费人群的需求。这方面包括很多内向、不喜欢与商家砍价打交道的人群，满足了很多经济实力较弱、但又想买物美价廉商品的人群，还有一些没有时间逛街和买东西有选择困难症的人群。第三，相对能有一定的信誉保证。有了团购网站做中间人，也会有一定的保障。另外，团购网站还会因为地域的特点有一定的服务辐射范围，也就有着很强的地域性，所以地域性的小团购网站非常多。只要经由他们的网站就能够相对获得同地域的饭店、商铺、影院等地的较低的折扣。

但正是由于这一新兴的团购市场平台门槛较低，没有太高技术性的要求，所以也就因为同质化越来越严重导致了恶性竞争。这个时候各团购网站把所有的精力都用来比拼折扣，团购网站也进入到了“战国时代”。但是这种恶性竞争往往持续不了多久，因此，团购网站很快进入到了淘汰期。

其实团购网站进入淘汰期并不仅仅是这种硬拼带来的。最重要的是，那些实力雄厚的电商以及网络公司开始进入市场抢“蛋糕”了。相对而言，这些包括天猫、腾讯、京东商城、苏宁易购等各渠道的电商纷纷加入，加快了团购网站的优胜劣汰速度。到 2012 年 10 月份，团购网站已经从 2011 年鼎盛时期的 5058 家，缩减到 2900 多家。导致这些网站倒闭速度加快的原因除了竞争原因，还有连锁反应问题。那就是越来越多的网站退出市场，遗留的法律问题很多，因此很多网站一夜之间就消失了，导致已经订购的客户拿不到货或者优惠券失效。

这样的网站越来越多，很多人因为惧怕网站倒闭带来的损失而不敢进行团购。本来是为了省钱，现在却无缘无故赔钱，所以很多人开始不相信团购。由于网站建立过多导致了服务参差不齐，因为服务所产生的问题并非个体事件，所以也就带坏了整个行业的名声。这里面包括：一、欺诈性的网站，就是假装有优惠，骗了钱就关闭网站；二、对团购物品或者服务的具体数量和时间等闪烁其词，实际与介绍相差很远；三、虚高原价，谎报折扣。

正是因为这么多自身不规范以及竞争后的倒闭出现的连锁反应，让整个团购市场的消费者产生了信任危机，所以整个团购市场也产生了变化，开始倾向三个方面。第一，电商巨头们。由于他们的实力雄厚，加上其旗下原有的电商业务，产业链优势开始展现。团购市场是长期必须占领的市场，对他们来说，短期的利润获取并不重要，团购本身对他们来说只是多了一项业务而已，所以他们本身就打算打持久战。加上他们因实力强大不会瞬间倒闭，所以消费者的信任度也就会加大。

第二，具有地方优势的小网站。不要小看这些网站，虽然这些网站无法在短期做大，但是由于他们与当地的商家保持的良好合作关系，加上一些小型商家的支持，也有不小的竞争力。因此他们虽然不能做大，但却可以长时间生存。

第三，逐步专业化、特色化服务的大型专业团购网站。当然这种团购网站也会有因资金问题倒闭或者被其他电商并购的情况，但相对来说，这一类网站还是因为其专业化以及规范化逐步赢得市场。这方面的代表就是大众点评、千品网、美团网、拉手网、窝窝团等网站。

大众点评就属于其中的典范，早在2003年即成立，有着多年的行业运作经验；并且由于很早就获得国际资本的风险投资，所以资金实力也较为雄厚。而其服务的覆盖面也非常之广，差不多集中了全国主要的一线和二线城市。多年的运作让其收录的商家超过了180万家，每月有着超过5400万稳定的活跃用户量。到2012年，其月综合浏览量达到12亿以上，其中移动用户浏览量达到了60%。

也就是说，其针对不同领域的专业化服务起了作用。大众点评能够如此成功，主要获益于以下几个方面的工作。第一，就是对移动用户的专业化软件服务。针对国内市场占有率较多的手机用户，包括苹果、安卓等手机用户推出方便易操作的客户端。到2012年，其客户端已经能支持iPhone、Android、iPad、WP7、BlackBerry、Symbian、Windows8等移动平台。2012年还发布了专业化的“点评团购”客户端与“周边快查”客户端，让用户更加方便地享受到其服务。

第二，地域性的特色商家服务的专业化覆盖。其中包括：一、优惠券的获得，免费下载多个城市的优惠券，覆盖餐饮、休闲娱乐等多个本地生活消费行业，增加地域性服务竞争力；二、“摇一摇”功能，快捷轻松地找出附近物美价廉的餐饮店铺；三、可以最快速地抢购超值团购券，并按照距离的远近选择身边的团购，省时省力省心。

第三，签到功能的连锁化营销渠道建立。通过签到的功能，让商家、客户、团购网站三方得益，一方面商家得到了推广，另一方面客户得到了优惠，最后大众点评获得了双方的资源，同时也给自己带来了潜在的广告效应，一举多得。

第四，利用信息收集优势及时进行市场调整。由于多年的累积加上信息化的逐步完善，从各大城市网络中收集的团购交易信息就是第一手的商业资料。通过这些信息收集就可以更细致地调整服务方向，提供更专业化的针对性服务。从这一点来说，也是一种无形的竞争力。从大众点评网我们可以看到，当团购网专业化运作之后，提供了具备核心竞争力的专业化服务，就会逐步占领市场。像这样的网站，即使遇到实力强大的电商巨头们，也能在团购领域与之一较高下。因为能够抓住团购网站生存的关键点，就不惧怕任何实力雄厚的竞争者；因为市场是倾向于为消费者提供最贴心服务的商家的。

团购网站的发展，让我们看到“团购”这个在后危机时代兴盛起来又逐步展开淘汰赛的行业，也必须拥有专业化的服务、规范化的管理以及正确的策略制定，否则，即使实力雄厚也可能被市场淘汰。2012 年 10 月份以后，团购网站的倒闭速度逐步减慢，也正说明了在非理性的发展与竞争之后，团购网站也将进入一个稳定的专业化调整期。

婚恋网站的发展态势和商业核心窥探

在众多后危机时代里异军突起的商业模式中，婚恋网站成为较为突出的一种发展方式。从 2003 年开始，国内的婚恋网站就已经开始发展，但真正让婚恋网站成功运作的，还是在后危机时代中。我们可以看到，婚恋网站在 2007 年以后开始呈加速式增长，到 2010 年后进入黄金发展期。但从开始的创业期、发展期、低落期，到新发展期、黄金期，也是因大环境和行业内的变化产生的。

其实，随着社会的发展和网络的普及，整个社会的婚恋形势发生了改变。很多城市的白领单身男女，因为工作原因导致他们没有时间为自己寻找人生的另一半，所以“相亲”的需求也就越来越多。

不过选择心仪的对象可没有那么简单。据说，能够通过相亲找到最合适的伴侣的机会就像中六合彩一样。亲戚朋友的介绍往往是在尚未了解相貌条件的前提下，因此被“忽悠”了一次又一次，最后搞得身心俱疲，甚至产生了自我怀疑情绪。曾经有一时期，婚恋介绍所大为盛行，在各个城市的报纸广告中，成片成片的婚姻介绍所打着广告。这些地方也确实曾经火爆了一段时间。但是，由于这些地方的资质参差不齐，再加上很多地方并没有相关的资源来支持在一个较大的范围内挑选对象，所以婚托也就大量出现。

谎言终究会被拆穿，在经历了几年之后，此类婚介所几乎诚信尽丧，很少有人再相信这个途径了。在“婚介所模式”逐步迷失之后，市场又有大量需求，婚恋网站就应运而生。

婚恋网站的优势在于，可以足不出户就能够对相亲对象有一个初步的筛选，同时大家都是在同一个平台之上，因此婚托的生存空间被大为挤压。不过婚恋网站也是逐步经过市场的淘汰，将一些不够专业化的网站逐步淘汰掉。而在此类网站中逐步脱颖而出的，就是百合网、珍爱网和世纪佳缘婚恋网站三巨头。

这几个网站在几轮的融资之后，在以资本作后盾、系统性建设作前导的情况下走向稳定。尤其是进入后危机时代，单身男女普遍缺少安全感，想要成立家庭的欲望与日俱增，所以在2007~2009年，这些网站的发展基本处于一个逐步快速稳定增长的阶段。不过，相对而言这个阶段的网站发展虽然在上升期，但由于品牌没有成熟，其盈利模式并未拥有强大的客户支持，所以虽然是不断增长，但盈利却很微薄，这几大网站只能维持盈亏平衡。

自2010年以后，国内婚恋交友节目大行其道。这种节目极具眼球效应以及趣味性，作为旁观者清的角度又能够看出相亲双方各自优势和问题，并产生讨论交集。所以随着“非诚勿扰”等节目的出现和火爆，婚恋网站三巨头也因为嵌入节目而带来爆发式增长的效应。

以百合网为例，其注册用户在2009年底为2000万户，仅2010年一年，就增长到3000万户，营业收入也从2009年的5000万元暴涨到2010年的过亿，整整翻了一倍多。而世纪佳缘本来在2010年初开始传出有意寻找下家出售，但随着其逐渐火爆，得以在美国上市，迅速成为业界大佬，其出售传闻也就烟消云散了。由此看来，“非诚勿扰”等节目的火爆给这些婚恋网站带来了品牌的提升，同时也加快了淘汰速度，将一些小的婚恋网站逐步淘汰出局。

不过婚恋网站的三巨头迅速在后危机时代崛起，也是因为他们有着各自独特的运作方式，我们就来比较分析一下。婚恋网站原本有两类发展趋向，第一类就是靠线上的活动进行，另一种是举办线下的聚会。但随着市场的不断成熟，这些婚恋网站巨头已经形成从线上到线下针对性的一条龙服务，尤其是组织线下见面的网络覆盖也在逐步形成中。国内三巨头的运作模式几乎都是借鉴了国外的成功经验，但只是选择了不同模式而已。

百合网主要以“心灵匹配”作为自己的经营特色，就是将客户分为意义追求、知识追求、安全追求、刺激追求四大板块。先通过 100 多道心理测试题的测试，然后通过测试之后基本可以将客户分到与之心灵相近的匹配区去，这样就减少了独自筛选的麻烦，在效率就是金钱的现今社会，此做法为客户降低了时间成本，增强了核心竞争力。相比较之下，这种“心灵匹配”的成功率比其他网站要高得多。同时，客户可以通过升级系统，将自己的资质升级，然后就可以享用查看视频认证、排名靠前、搜索优先、反向搜索、精确收入等多项服务，为自己的相亲成功增加概率，也增添了相亲的可选择空间。当然这些是需要通过收费系统达到的，也是其主要的盈利模式之一。

同时百合网在对客户的虚假信息进行监测、对客户资料的保护不被滥用的方面也做得比较好。尤其在注册和测试题阶段会有意识对此方面进行测试，一旦发现潦草注册或者前后资料不一致，将予以处理。

珍爱网，则是以“搜索 + 红娘”模式为主。所有注册用户必须升级为“珍爱通”，才能以 2999 元半年的价格收费享有红娘牵线服务。这种“一步到位”的“经纪人模式”收费也有其优势，就是用高收费挡住一些欺诈的行为，同时也将网站用户定位为高端人群。

世纪佳缘网则更加细化服务，一方面推出包月服务，可以享受增值服务，如线上聊天、搜索优先、精确搜索等；另一方面开展了邮票功能，以每张两元的价格售出，然后在男女双方写信过程中消费，只需寄信过程中消费邮票，看信回信不需要收费。这种单向收费的低价营销模式成为世纪佳缘独具竞争力的盈利模式。如果说珍爱网是注重高端客户，那么世纪佳缘就是以低端客户群体作为主要盈利目标。

婚恋网站的三巨头就是根据自己独特的运作方式来满足客户的不同需求。但实际上婚恋网站在未来还是要面对各种问题的，其中最为重要的，也是妨碍婚恋网站稳定发展的，就是会员的资料监管瓶颈。

由于处于开放式的竞争环境，且目前国内在相关法律方面以及对客户资料保护的严密度方面都有缺陷，所以就不可能保证每一个客户的资料都是真实可靠的。这个难题对几大网站来说都必须面对，这也是未来必须面对的挑战。因为在婚恋网站中，客户同时也是其盈利资源，这种交互式的影响非常大。一方面客户是资源享用者，有着享受服务的权利；另一方面客户也是资源的提供方，但却不受网站管理，所以可监控的机会不大。

实际上这个问题也不是不能解决。因为随着婚恋网站的品牌效应起到主导作用，网站品牌美誉度就等于其核心竞争力，在这种前提下就能逼迫婚恋网站进行改革。比如可以对收费用户发布的实际有效的认证资料进行鼓励，资料填写越完整越真实，其优惠套餐给的折扣越多。

在短期看起来虽然会对盈利有所影响，但长期看来大量付费用户的信息可信度越高，欺诈的可能性也就越低。而相对的，诚信客户的资料被恶意泄露的可能性也就越低。如果仅仅靠高收费来设定门槛将欺诈和非法泄露资料挡在门外，还是治标不治本。所以当这种诚信资料以累进式增长之后，往往其网站的口碑也就越来越好，更多的人自然愿意接受收费服务的模式。其实这是一种对长远战略的考虑，也是一种双赢。因为仅仅靠法律对网站真实资料的审核是不可能推动网站这么做的，除非这么做有利于其在市场中的竞争地位。

婚恋网站虽然面对着各种各样的问题，但这种商业形式已经成为未来极具发展潜力的产业，并已经找到了自己在市场环境中的位置。婚恋网站除了各自独具匠心的特色服务之外，最核心的还是如何保证其品牌的诚信度。诚信度保证的前提就建立在能够将客户资料的完整性和真实性做到法律层面的基础上，但是要做到这点强制的要求就会流失客户。所以只有通过对客户的优惠激励措施以及更好的服务升级，才能带来与一般客户的差别性。虽然看起来这样有所损失，但在一定时间之后就会将更多免费用户发展成为付费用户，并出现蝴蝶效应，产生强大的正面影响，带动诚信体系建立。只有把这一点做好，才能在未来的市场竞争过程中拔得头筹，成为行业中的佼佼者。可以相信，未来必然会出现这样的企业。

后危机时代的新商业环境中的思维变革

从整个后危机时代经济的新商业模式发展中我们可以看到，其实在危机的时代有进入危机的产业就有显露商机的产业。而即使那些进入危机的产业，也能够通过转变思维方式焕发出企业的第二个春天。任何的经济体都需要经历经济形势不断变换的考验。所以只有在市场经济中不断地学习总结，才能在后危机时代将企业带进一个全新的发展空间。

从本章说到的网络游戏的发展案例我们可以看到，商业运营和营销其实都应该抓住重点。不过，不管营销的手法多么奇特，最终也是围绕着产品来运作的。比如《问道》的运营，一款2D贴图游戏可以做这么长久，其实就是将2D游戏的劣势缩小，优势放大。一方面2D游戏占空间小，相对影响运行速度的因素不大，而且当游戏运作的时候玩家也不会像玩一些3D游戏般感到眩晕。但仅仅有这点是不够的，因为在后危机时代做起来的国内网游拥有这个特点的层出不穷。但《问道》将回合制与2D结合，就开创出了一机多开的形式，让玩家能够在有团队感的同时玩起来也更利于升级和完成任务。这样，同时也带旺了游戏。

一个玩家可以同时开5个账号甚至更多，只要有足够的配置支持就可以。不过组队一般来说就是5个人，从这方面来看，其实其一机多开也是为组队服务的，这就比其他的国产网游多了一项特色。加上其活动、优惠、做装备、道具低端、价位等元素，就形成一套很不错的游戏系统。

这么多独特的创新运作，其实就是将游戏的核心竞争力开发出来，并有效地延长了游戏的获益寿命。除了《问道》之外，史玉柱的独特营销法确实非常让人佩服。因为在国内，一般来说做网游的都有自己的一帮团队，不管是总运营还是团队研发，一般来说都是一帮内行领导运作。而注资的大老板一般是处于一种风险投资的地位，对于整体运作是不插手管理的。但史玉柱强就强在能够以一个外行人的角度，用自己擅长的营销战略打入网络游戏的推广中，并将其网游当作自己创建的品牌来做。

这一点国内鲜有人能做到。因为隔行如隔山，每一个行业的运作模式和营销方法都不同。一旦在企业发展战略上出现分歧，那后果就非常严重，必然会导致企业出现危机，甚至有可能直接倒闭，就像前面说过的上海软星一样。所以，史玉柱能够立足于网游，又避开自己不擅长的游戏内部运作，只给了框架式的发展前景以及自己的全套营销方案，实际上就是清醒地认识到扬长避短这个道理。他的确发挥了其在“脑黄金”“脑白金”“黄金搭档”“黄金酒”的营销能力，运用强行入侵的手法，硬生生地把游戏放到玩家面前，利用了消费者“喜欢免费”“又想玩又想赚钱”的心理。

抓住了低端消费群体的心理，再以农村包围城市、央视广告提升品牌格调的手法将游戏普及化，通过“史式营销法”以最快的速度成为当时全国第三家同时百万人在线的游戏。而如今，史玉柱带领的《征途2》又将第三种公平运作模式带到市场上，巩固品牌的核心竞争力，不论从哪一方面来说，这都可说是经典的战例。

网络游戏中，《问道》的运行模式、史玉柱的强行突破和营销与运作的配合都开辟了国产网游的新竞争力格局，而国外的游戏也不再独霸天下。逐渐找到自己运行规律的国产网游，在这个后危机时代反而成为异军突起的商业模式之一。

同样的，借助了网游的火爆，17173. com 和 5173 这样的网站也跟着发展出了自己的运作模式。17173. com 网立足于网游的上端，成为网络游戏和玩家的连接点，成功地将网游的玩家互动交流与游戏的推广联系到了一起。玩家既能随时了解新的游戏讯息，又可以对自己感兴趣的游戏进行了解和学习攻略、互相讨论。17173. com 作为衔接点，让玩家、游戏运营商、自己三方都获益。当然，这也离不开其专业化的运作和细化的系统分类。同时通过多衍生娱乐项目，巩固竞争力，增加赢利点，这点从其游戏频道以及美女板块的建立就可见一斑。

5173则是立足于网游的下端，将游戏内玩家的虚拟交易转为中间平台，通过传统网购平台的转化调整，保证了游戏虚拟道具的安全、公平、公正交易。从这一点来看，5173确实做得比全国同行先行了一步，所以电商企业竞争同质化也就没有在它的身上出现。从这两个案例又能看出，有时候不一定要出现在一个行业的主战场与众多竞争对手展开恶性竞争，而是只要能抓住产业链中的一端，利用自己专业化的经营模式来适应市场要求，就可以打造属于自己的一片天地。

与上面说的企业不同，单机游戏的发展则确实进入了一个死胡同。不管是反盗版方面，还是单机游戏本身创造的价值，都已经进入一个付出和收益不成正比的时代。所以当国产特色的单机RPG游戏进入到一个死胡同时，整个产业也出现了危机。但正是因为危机的来临，才促使像烛龙这样的企业华丽转身。由走进死胡同的《仙剑4》，一转身变成了《古剑奇谭》的重生。

《古剑奇谭》代表的不仅仅是一个游戏，而是整个单机市场绝地反击的明证。其通过技术门槛设置、同行业的渠道合作，让盗版这个十余年来没有解决的行业难题解决。这样，虽说不能绝对杜绝，但已经降低到对原创无太大威胁的局面。

仅仅游戏的成功反盗版，只是初步成功。其网站分剧情的剧情情报不断推出，各种版本客户端的售卖，甚至包括服装、武器等道具的突破性收费模式，都延长了单机游戏本身的获益期，也在一定程度上帮助了产品营销。最厉害的是全面将游戏开发的利益最大化，不管是周边产品还是影视剧、书籍的版权合作，甚至于将古剑网游和未来系列产品的推出都考虑在内。可以说这一桩桩一件件都是单机游戏产业的突破。仅《古剑奇谭》一个游戏就能够带领打开单机游戏新格局，确实是国内产业发展转型案例中不可缺少的参考素材。

当然，与整个游戏相关产业的发展相比，还有一些就是因为危机时代的到来才迎来春天的产业。他们在迎来机遇的同时，似乎也带来了竞争压力。

就像团购网站和婚恋网站，他们都是因为时代的变化让这些行业产生了巨大的社会需求，但同时也都是门槛极低的产业，同质化现象很容易出现。那么在这样的产业中，也就不分谁的实力强谁的实力弱，而是分谁的专业化和特色经营更能吸引客户。最重要的是谁能够在保证诚信的情况下又不流失客户，不因为成本提高而失去竞争力，这就需要动脑筋了。

团购、婚恋网站都是抓住自己的强项进行专业化的长久铺垫，然后经受住淘汰赛的考验，最终靠行业口碑和品牌建立赢得市场。在这些行业中，花样翻新的营销手段只能赢得一时，但不用三年就能看出是不是真有竞争力了。就像对婚恋网站的分析那样，长久的核心竞争力还是要靠诚信。但诚信本身并非自己能掌控，而很多也因为客户受到限制，也怕因为引起客户反感而引起客户流失。那么就要将一点利益让给客户，让客户帮助建立诚信系统，这样核心竞争力基础才能确立。因此，从这些案例可以看到，有时候转换一下思维，即使是门槛低、淘汰率高，也能够在市场中立于不败之地。

总之，本章介绍了诸多的商业模式，能够让我们学习的东西很多，但最重要的是，一定要在后危机时代中学会转换商业思路。有时候，一条新的思路会帮助企业华丽转身，进入全新、充满希望的产业发展格局中。而一味去扎堆新的盈利产业，不考虑自己赢得市场的竞争核心，最终也会被市场打败。最后总结一句话：只要学会抓住市场的关键点，处处都是新的生机。

后　记

经过了前面对诸多案例的仔细分析，后危机时代国内企业的生存和竞争的谋略已经呈现在了大家的面前。我们会发现，在后危机时代，实际上是进入了一个利益挤压的时代。大家在同一个锅里吃饭，虽然锅还是那个锅，但里面的饭却变少了。该如何在众多“抢饭吃”的竞争对手中尽量多地抢到锅里的饭，是门大学问。

实际上，本书列举了很多的案例，这些案例分属不同的行业，有不同的企业环境和内部问题。但是通过不同行业、不同状态下的企业案例分析，我们可以看出很多的问题，得到很多的经验。这些商战，不仅是实体企业的战争，也会出现在网络平台，甚至还会出现在企业内部。通过这些商业战争，很多的企业虽然分属不同行业，但很可能出现类似的商业争斗现象。

利益的分配出现问题，核心领导层的大权旁落，同行业的同质化竞争等等，都可以成为商战的爆发点。在这种商业博弈的生态环境中，有时候是不能单纯以道德去评价一件事情的。比如雷士照明、康师傅及蒙牛……他们其实就是在我们中国特色的经济发展中成长起来的企业。他们靠国际资本起家或度过危机，但同时也陷入了国际金融资本编织的金融圈套中。

在这种情况下应该怎么办？运用国际游戏规则，你永远都玩不过他们，因为规则是他们定的，庄由他们来坐。当你一脚踏进这个金融编制的“梦想”的时候，同时另一只脚也踏进了圈套之中。在与狼共舞之时，不要期待共赢，因为你面对的是金融资本的饿狼。他们没有仁慈之心，只有获取短期巨额利益的贪婪。所以当天时、地利都时不我与的时候，利用“人和”去扭转乾坤，其实也是迫不得已的办法。有的时候我们不得不打一些擦边球，因为大环境使然，因为行业面临的危机使然。

摆在这些企业家面前的除了咬着牙硬顶上去之外，毫无其他办法。这些国际资本大鳄在自己的国家受限于各种严苛的法律制度，不敢过分侵犯实体经济的利益，可是到了我们这里由于没有相关的法律限制，基本上就可以为所欲为了。因此近些年来我们倒下了很多名牌企业。

这些企业中的空降股东不是金融资本大鳄就是国际企业巨头。他们基本都来自欧美国家，有的为了利用资本市场进行滚雪球式的利益获取，有的是专门为了清除一些对自己品牌具有潜在威胁的民族企业。如此外患之下，国内相关法律法规又跟不上，那么只有那些企业的高层领导人们自己想办法了。

他们只能利用自己手里的“人和”资源打反击战，很多时候不能说其行为是光明磊落的，但不得不承认，正是由于自己利用多年的人和效应抵抗住了这些外资侵犯。赫赫有名的阿里巴巴创始人马云，如果不能审时度势将支付宝私有化，又怎么会逼迫雅虎将股份卖还回来呢？当企业核心团队都被赶出去了，又何谈什么未来的战略发展，一切也只是空谈而已。

除了“外忧”，还有“内患”。实际上国内的企业互相厮杀已经成为司空见惯的事情了。很多企业的竞争已经不是自身产品或者服务的问题了，而是谁的实力够强大，谁的资本更雄厚，谁就能在恶性竞争中坚持最久。看看2012年整年都未消停的电商大战，还有视频网站的版权大战，从京东商城、苏宁易购到天猫、凡客、亚马逊，从土豆、优酷到爱奇艺、乐视，大家想到的都是谁能挨到最后谁就是胜利者。

原本不同主业的电商网站都能打成了一锅粥，由一个主要点走向全面发展的同质化竞争，更不用说那些视频网站、手机制造商们了。所以在这种同质化非常严重的前提下，各大企业也就产生了“死磕”的现象。当然，想要在商业战场中存活下来资金实力是必不可少的基础，但是能够将自己的产业整合调整，降低成本，并通过别人无法复制的商业模式保持核心竞争力，才是关键中的关键。

而在后危机时代中，也有很多的大手笔收购行动。有的是为了将自己的产品国际化而进行国际的大手笔收购，有的则是为了借机造势为自己获得其他利益。这些从吉利汽车和腾中的实虚并购就能看出来，吉利实实在在地想要并购沃尔沃，目的是通过并购帮助其转型，摆脱低端产品的利润危机，所以它的并购过程比较低调。而腾中明知道自己不够资格生产汽车，还大张旗鼓地要并购悍马，利用信息披露将上市公司股价推高。这种虚晃一招的手法，其实违反了契约精神，但任何人也无法奈何得了。不管怎么做，最终能够给企业带来真正的实惠是最重要的。

吉利相对而言走的这条路比较艰险，但也比止步不前要好很多。所以在大笔并购的时候一定要想好自己的主要目的是什么，能不能消化得了。联想其实也是因为并购造成了危机。但是其掌舵人柳传志用超乎常规的手法，用自己多年来的人脉优势将联想转危为安。实际上这也是民族企业家硬被逼着闯出来的路。从这些企业大手笔收购背后的自救行动，可以看出来，实际上中国企业家的商业智慧也是非常值得肯定的。

当进入后危机时代之后，很多企业竞争更加激烈，所以也就有更多的企业有转型的想法。但转型最重要的是在新的发展核心成熟之前先确保旧的核心竞争力不丧失掉，否则两头不到岸就可能沉沦在商海之中。国内著名品牌“李宁”就是最好的例证。李宁最大的错误就在于将品牌全部押上，调整战略失败以后，没有后路可走，就带来了连锁反应陷入了资金链危机之中。当然，危机之中也会产生很多新的商机。这方面做得最好的就数烛龙的《古剑奇谭》了，不仅有运作转型，还有创造性的新的核心竞争力的铸造，最终成为单机游戏市场的领头羊。

商业竞争其中的手段千变万化，也可以允许出现打擦边球的行为，但是，最终还是要围绕企业真正要发展的核心来做。一切都要以“产品”的核心竞争力为准，否则即使短期获得利益，长期也必然会出现问题。当然即使是具备核心竞争力，也应该知己知彼，适当地利用一些商业诡道，也是丛林法则中必不可少的一环。核心与手段，其实相当于恩爱夫妻，两者都是缺一不可。

商业诡道，道为本，诡为末，本末不可倒置。